日本の横穴墓

池上　悟

雄山閣

宮城県・八ツ穴横穴墓群

栃木県・長岡百穴横穴墓群

埼玉県・吉見百穴横穴墓群

千葉県・西大須賀横穴墓群

神奈川県・熊ケ谷横穴墓群

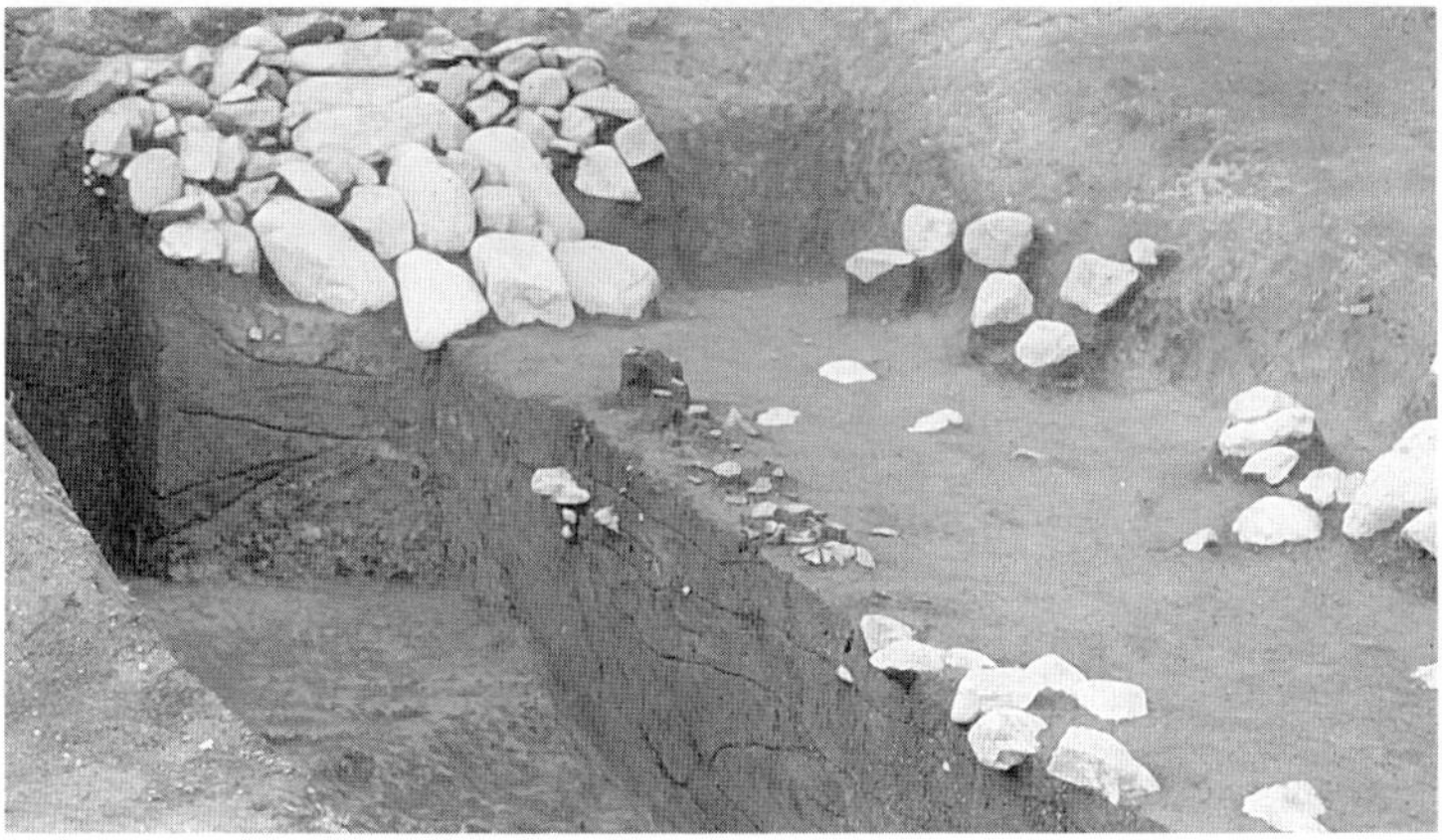

東京都・中和田第 4 号墓墓前域

東京都・中和田第 10 号墓人骨出土状況

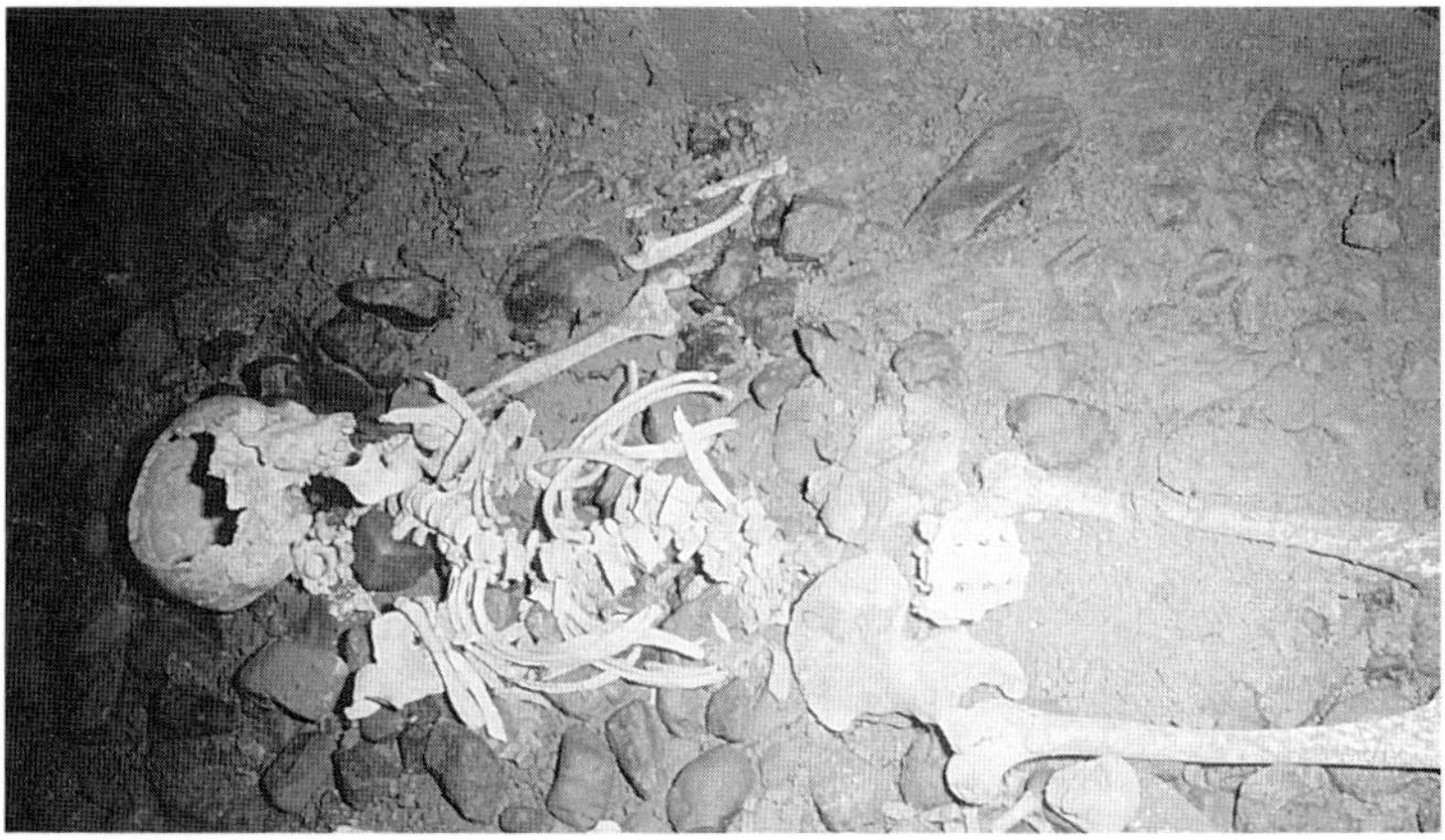

東京都・中和田第 11 号墓人骨出土状況

島根県・大井谷横穴墓群

大分県・滝尾百穴横穴墓群

序文

古墳時代の墓制研究は、高塚古墳の調査と研究が中心であり、かつ主流となっている。古墳時代の墳墓は時代区分の名称となっている〝古墳〟に代表されるごとく、古墳以外の墳墓の実態については必ずしも明らかにされていない。大型の前方後円墳をはじめ小型の円墳群より構成される群集墳の調査と研究は、全国的に進展している。

それに対し、古くから古墳時代墓制の一として知られてきた横穴墓については、高塚古墳のそれと比較すると、とかく傍系的な位置付けがなされてきていた。

横穴墓に対する関心は、古く明治一〇年代に遡ることができるが、それは「穴居論争」として明治時代の考古学界の動向を象徴するものであった。穴居説・墳墓説の応酬は、吉見百穴（埼玉県）における二三七基におよぶ横穴の調査と相俟って一陣の疾風として当時の学界を席巻したのである。横穴墳墓説が市民権をえた後、被葬者の階層論があらわれ、高塚古墳の性格と対比して、庶民階層の墓制とする見解が流布し、それが一つの方向性を定めることになった。ここにおいて、高塚古墳の副葬品に対して貧弱な副葬品の認識例によって被葬者のイメージが固定化していくことになった。ついで、被葬者の出自を大陸・半島に求める見解もあらわれ、横穴墓の系譜・性格論に触れる研究者もみられるようになってきたのである。そのような動きは、群集墳の形成と展開にかかわる新たなる研究視角の顕現とともに、古墳時代墓制研究の一つのうねりとして登場するにいたるのである。

このような時に、横穴墓の研究に意欲を注ぎ初めたのが本書の著者である。ときあたかも各地において横穴墓を群集墳の一つの型として把握し、「横穴墓を群集の相」において理解しようとする動きが活発化していたのである。横穴墓の副葬品が高塚古墳と類同の事例が存在することが知られる一方、横穴墓を「高塚古墳と同様にその価値を正当に評価」したいと考えていた私にとって、著者の姿勢は頼もしく映じるところとなった。横穴墓の研究を目指して立正大学大学院に進学した著者は、その後、横穴墓を求めて東奔西走して知見を拡めるとともに、自ら横穴墓の調査を心掛け、幾多の調査を遂行するところとなっていった。

横穴の研究は、研究史の古さもあって、関係文献は汗牛充棟、それの探索も決して容易ではなかったが、それを克服して『横穴墓』（考古学ライブラリー4）を上梓したのは一九八〇年のことであった。以降、倦むことなく横穴墓研究の道を直走っている著者は、その一区切りとして本書をまとめることになった。とかく、横穴墓の地域的調査が支配的な現状にあって、汎日本的な視点にたっての本書の完成は、有用な仕事として考古学界に膾炙されるであろう。著者がとくに意を込めている横穴墓平面計画単位論は、今後とも単位論を確実な論拠に基づく尺度論に展開して、横穴式石室尺度論と対比検討することが望まれるし、さらに、古墳時代の墓制の一類型としての横穴墓のあり方を巨視的に展望する仕事なども残されている。それらは、古墳時代の地域的展開の実態を明らかにしていくことに連なることは疑いない。今後における研究成果を大いに期待している所以である。

何はともあれ、積年の研究成果が盛られた本書の研究を心から祝いたいと思う。

二〇〇〇年四月

於　立正大学文学部考古学研究室

坂　詰　秀　一

第一章　横穴墓研究の課題

一、横穴墓研究の始まり

横穴墓の本格的な研究は、明治二〇年の坪井正五郎の武蔵・吉見百穴の調査を嚆矢とするものであり、すでに一〇〇年を過ぎている。この調査により、以後長らく明治期を主導することになる次の二点の見解が明らかにされている。一点は、横穴が貝塚と類似する斜面に立地することなどから、それ以前に考えられていたように石器時代に属するものではなく、内部加工の精密さなどから鉄器時代に属するという点である。この点は明治期のみならず、現在においても研究の前提とされるものであり、その後の時代区分の定着により古墳時代に属するものと考えられている。

いま一点は、横穴の機能についてであり、二三七基という多数の横穴が調査されたにもかかわらずそれほど多くの人骨が確認されなかった点を、横穴内部の構造が住居内部に類似するものと考え、居住のために掘削されたものと推定している。またこれが居住者としては、主に文献史料を参考として、日本人の祖先ではなく土蜘蛛と呼ばれた種族であろうと想定している[1]。

この横穴穴居説は、同時期に問題とされた石器時代人種とともに活発に論議されたものであり、坪井正五郎が主唱し、白井光太郎などが反駁した。大勢としては横穴墳墓説が強かったものの、坪井の帝国大学理科大学教授としての地位を反映してか、明治期にあっては石器時代人をアイヌの伝承に窺えるコロボックルとする坪井説とともに横穴穴居説が生き続けた[2]。

大正から昭和初期にかけては、新発見の横穴内部から人骨の確認される例などが増え、横穴を墳墓として考える方向で定着し、研究の前提が確認された。しかし、顕著な遺物の発見は認められず、豪華な遺物の発見される高塚古墳とは異なり、横穴は庶民の墓と位置づけられて来た[3]。また本邦横穴墓の起源については、中国漢代の崖墓などとの関連より、横穴式石室と同じく大陸からの伝播と理解されている。

横穴が横穴墓として、その機能が正しく位置づけられた後には、横穴墓構造の変化が問題として採り上げられている。どのような構造の横穴墓がより古く編年されるかという点は、すでに明治期に言及されてはいた。しかしこの見解は、ようやく明らかになりつつあった石槨の構造的差異、すなわち羨道を有する横穴式であるかどうかという点を横穴に対応させて、羨道の短い構造を古く考えるという観念的なものであった。(4)

この時期に新視点で横穴墓構造の変遷を問題としたのは東上総の押日横穴墓群を扱った三木文雄であり、横穴墓の構造を埋葬様式と関連させて考えるというものであった。(5)すなわち単一の石棺を造作する例を単葬を意図したものとして古く位置づけ、これに続くものを複数の石棺を造作する構造として複葬、続いて玄室全体が高くなり構造的に埋葬数を限定しない多葬という変遷を辿ったものと想定されている。これは従前の個別横穴墓の構造のみを問題とした段階から、横穴墓群全体を対象としての考察として優れた視点として以後の研究の指針となった。

また、横穴墓の地域的構造の差異もすでに問題とされている。小松真一による武蔵地域の、吉見百穴に代表される北部の凝灰岩に掘削された矩形平面・ドーム形天井構造の横穴墓と、多摩川下流域のローム層に掘削された逆台形平面・アーチ形天井構造の横穴墓の差異を、年代的というよりもむしろ村落的な差異に基づくものと理解している。(6)

以上、わが国の考古学の草創期に採り上げられた横穴は、横穴墓として確認され、昭和初期までに、起源、被葬者、編年、地域色という点に言及されてきた。

二、横穴墓研究の進展

以上の研究史を踏まえ、新たなる進展の認められたのは昭和三〇年代である。昭和三〇年代の初頭に赤星直忠は、戦前からの相模地域の横穴墓調査の実績を踏まえ、以後長らく主導的な位置を占めることとなった横穴墓の起源・変遷に関する見解を公にした。(7)これは、横穴墓はここに葬られている人々が生前居住した竪穴住居内部を模倣した構造、すなわち家形横穴墓として初現したものであり、時代とともに徐々に簡略化されて変遷したというものである。とくに横穴墓内部の玄室前側の省略が顕著であり、玄室の矩形平面は逆台形に、中央の高いドーム形天井は前の低いアーチ形天井に変化したというものである。

地域に即したこの横穴墓変遷の想定は、初現の構造を家形とせず、さらに横穴墓初現以降に数次にわたる他からの構造的影響を考慮すれば、総体としては現在でも首肯し得る見解ではある。しかしながらこの変遷は個別横穴墓からの出土遺物を考慮した過程の想定ではなく、したがって横穴墓の所産年代も横穴式石室の盛行した古墳時代後期に併存するという以上には出ない。また、横穴墓の起源は地域を限定するものではなく、多元的に複数の地域における初現の可能性が考慮されるものであった。

この赤星見解に対し、昭和三〇年代の後半に認められる西の出雲地域を研究基盤とした山本清の考察は、古墳時代後期に占める横穴墓の位置づけを明確にしたものとして重要なものである(8)。横穴墓の所産年代を出土した須恵器により明確にし、地域内における時期的に並行する種々の型式の横穴墓の存在を確認している。この結論としては、横穴墓の型式は必ずしも時期を明示しないというものであり、横穴墓の起源としては、この地域の横穴式石室に窺われる九州地方との関連を考慮して、九州地方で初現した後に出雲地域に伝播し来ったものと想定している。また時期的には、出雲における横穴墓の出現が六世紀中頃と確認できる時に、横穴墓の初現は六世紀の前半と推定している。

こうした見解は、須恵器の編年的研究を十分に踏まえたものとして、また横穴墓と同時代に構築された横穴式石室を内蔵する高塚古墳との関連をも考慮したものとして、以後の研究の基本を示したものであった。

横穴墓を群集する墓域として位置づけ、これと集落址および生産址との関連を問題として設定し、この解明を目的としたのは南武蔵・多摩丘陵の市ヵ尾横穴墓群の調査である(9)。しかし、この点は近接する集落址を発掘調査したものの、明確にはならなかった。現在に至るまで、個別横穴墓群と明確に関連する集落址の調査は果たされていない。限定された地区内における墓域としての横穴墓群と、集落址という関連は少なからず認められるものの、研究の進展は顕著ではない。

市ヵ尾横穴墓群の調査はまた、従前の横穴墓内部のみでなく前側のいわゆる墓前域の部分をも含め、横穴墓群の全体を発掘し群の形成過程を明確とするという方針で行われたものであり、以後の調査の指針となった。横穴墓群が複数の小群から成り立っており、これが並行して形成されていった点は、そこに葬られた被葬者集団の動向を窺知し得るものとして重要な点である。

横穴墓にはいかなる階層の人が葬られたか。この点はすでに赤星見解において、横穴墓の構造変遷による時期的な変化を想定して、徐々に一般化していった点が想定されていたが、この時期には新たに相模地域を対象とした数的な点から、そこに埋葬された人達はけっして庶民ではあり得ないという見解も示されている。[10]横穴墓が後期古墳として位置づけられる限りは、この見解は妥当なものであろう。横穴墓が古墳時代における単なる墓ではなく、種々の規制のもとに構築された群集墳である点に研究の意義が認められるところである。

昭和三〇年代から四〇年代にかけては、特定地区の横穴墓の総括も認められる。一定地区内に存在する横穴墓の実態を把握する点を目的として行われたものであり、主として関東地方において、相模の大磯丘陵、[11]杣川流域、[12]東上総の一の宮流域[13]などの様相が纏められている。この時期には初めて横穴墓の総括的な研究も認められ、同時期に時代的特質をもって位置づけられる高塚群集墳との関連を考慮して、横穴墓の性格を考察すべき点が指摘されている。[14]

この時期には、従前研究の主体をなして来た関東地方以外にあっても研究の進展が顕著であった。東北地方にあっては氏家和典による東北横穴墓の発掘調査をもとにした精力的な研究が認められる。[15]横穴墓構造の把握をもとに被葬者の性格について考察したものであり、古代東北開拓との関連をも考慮したものである。関東地方にあっては、研究史上著名な吉見百穴横穴墓群の実態が金井塚良一により纏められ、[16]種々の点から考察されており、地区内における後期古墳との関連で位置づけられている。

北陸地方にあっては加賀・法皇山横穴墓群が群構成の把握を目指して、出土遺物による年代の推定をもとに横穴墓掘削企画と群構成が分析されている。[17]また、山陰・出雲地方にあっては、山本清・門脇俊彦[18]による地域に即した研究が認められる。

横穴墓に葬られた被葬者については、古くは庶民、下ってこれが否定されていたが、地域の実態に即してさまざまな説も唱えられている。特異な出土遺物あるいは装飾図文から想定される葬祭などの特定の職掌を司った集団、あるいは渡来系の集団、地域の開発を意図して定着した新来の集団、古代文献史料を考慮した特定の氏族などさまざまである。[19]

ここには一つの共通した要因を認めることができる。それは横穴墓は古墳時代の墳墓ではあるとはいえ墳丘を伴わない点を基本とする新様式の墳墓であり、唐突に初現しているという点である。この点が強調された結果として伝統的でない墳墓様式の定着の背景に外来の要素を考慮するということになる。しかしながら、地域に即したさまざまな被葬者像の想定は、横穴墓という墳墓様式を採るとはいえ、これを単純には理解し得ないことを明示するものといえよう。

三、横穴墓研究の新展開

横穴墓研究の新たなる進展が認められたのは、昭和四〇年代の末である。福岡県(豊前)・竹並遺跡[20]において調査された横穴墓の数は一〇〇〇基に近く、わが国最大の調査例である。数の多さのみではなく、この調査によって横穴墓の初現形態が明確にされた。従前に確認されていた六世紀の前半を遡る五世紀後半代の須恵器を伴う横穴墓の確認は、この地域において横穴墓が発生したことを明示するものであった。この初現期の横穴墓の構造は、従来確認されていた構造とは異なるものであり、埋葬空間である玄室に至る通路である羨道が玄室側に傾斜する特徴を有するものである。これはすなわち遺骸を横から搬入するのではなく、斜上方から運び入れる構造であり、当然に類似する構造を採る横穴式石室との関連が問題となった。

この種の横穴式石室は当時竪穴系横口式石室と呼ばれる特異な構造の石室であり、五世紀の後半代に北部九州で盛行したものである。石積みにより類似の構造を採っており、福岡市・老司古墳などの存在により五世紀前半代の初現と推定されていたものである。[21]

北部九州において同じく横穴系の墳墓であり、先行して存在していた石室の構造を、斜面に掘削して埋葬空間を確保し、模倣したのが横穴墓の起源となったものと考えられるものであり、現在においてもこの考えは基本的には変化していない。

また、この竹並遺跡の横穴墓群では従前の常識を破って墳丘を有する横穴墓も確認された。斜面の上位に横穴墓を掘削し、尾根の縁辺に墳丘を構築したものであり、よく横穴式石室の代用として発案された事情を反映するものと理解される。実際に福岡県・久戸古墳群[22]においては、同一の尾根上に展開した五世紀後半代の古墳の内部主体が竪穴系横口式石室から横穴墓へ変遷しており、簡略化した石室として構築されている状況が顕著に窺われる。

この五世紀後半代の初現期の横穴墓は、その後北部九州の筑前・豊前・豊後地区においてかなりの数が確認されて来ている。中には肥後型と認識される横穴墓に顕著な棺台に類似する構造を造作する例も認められ、北部九州全般に及ぶ関連も考慮されるところである。また、最近は横口式石室から直接横穴墓の発生を考慮する方向に対し、竪穴系横口式刳貫石室という石室類似の構造を岩盤に掘削し、これに天井石を横架した埋葬施設を中間過程に想定する考察もなされている。[23]

竹並遺跡に次いで纏まった横穴墓群が調査されたのは、大分県・上ノ原横穴墓群[24]である。調査総数八〇基以上の横穴墓群が河川に面する斜面に配置されており、五世紀後半代から六世紀代後半に及んで造営されている。この横穴墓群では、横穴墓群形成の当初に墓域中の個別の横穴墓小群が区別されて形成されたものと推定されている。しかしながらこの点は、個別家族の墓域である横穴墓小群を群中でいかに捉えるかという点に関連するところであり、理解のしかたによっては報告されている内容とはならない。

見かけの上の小群の形成契機となった五世紀代の最古の大形の横穴墓には、墳丘が伴っている。この点は竹並遺跡の前半代の横穴墓が、同時期の横穴墓が近接して群をなす様相とは異なっている。

初現期の横穴墓の特徴の一つともいえる墳丘を伴う横穴墓は、その後本州西端の山口県・朝田墳墓群[25]においても確認され、六世紀前半代の所産と判明している。墳丘を伴う横穴墓に後続する横穴墓は既存の墳丘を意識して構築されており、横穴墓群中の小群の単位の把握は容易である点は上ノ原に等しい。

また山陰の出雲地方においては地方的な特徴ともなっている前方後方形の墳丘を伴う例も確認されており、最近では前方後円形の墳丘を伴う例をも確認されるに至っている。これらの六世紀中頃と推定される出雲初現期の墳丘横穴墓は、源流の地である北部九州との関連の想定される構造を採るものと、出雲に伝播後に在地化したものが認められる。[26]現在の松江市周辺を中心とする出雲中枢部においては六世紀後半代に在地首長墓は特有な前方後方形を採用しており、古墳の秩序に従って横穴墓にも前方後方形→方形という墳丘が被葬者の地位に従って採用されている。一方、出雲東部の安来平野の周縁部においては、六世紀後半代に前方後円形→円形という墳丘が採用されており、中枢部とは際立った違いを示している。

墳丘横穴墓は、安来平野周縁部に隣接する鳥取県西部の伯耆地区においても調査されている。米子市・尾高第一号横穴墓[27]、同・陰田横穴墓群[28]、同・大谷山横穴墓群[29]、西伯町・マケン堀横穴墓群[30]などで確認されており、陰田横穴墓群では方形、これ以外の横穴墓群では円形の墳丘が、横穴墓群形成の初期に造営されている。[31]

墳丘を有する横穴墓は、その後広く東国の横穴墓群でも確認されるようになって来ている。古く昭和三〇年代に調査された研究史上著名な市ヵ尾遺跡においては、横穴墓群の立地する尾根上の墳丘から、埋葬主体部が検出されないにもかかわらず須恵器が纏まって出土しており、この解釈としては斜面に立地する横穴墓群を対象とした祭祀が尾根上の墳丘で実修されたことが想定されている。[32]

東国各地において、類似の様相を呈する例は既報告事例の中にかなり確認することができる。しかしながら、いずれも発掘調査時点において斜面に立地する横穴墓との関連を想定しておらず、墳丘墓の存在は想定の域にとどまる。近年の調査にかかる事例で明確に横穴墓上の墳丘を意識して発掘したのは、千葉県・米満横穴墓群[33]のみである。これらによれば、東海地方から東北地方南部の横穴墓分布の北限地帯にまで及ぶ分布を確認することができる。時期的には静岡県掛川市・向山第一号墓[34]の六世紀初頭を最古として、多くは六世紀後半から七世紀初頭の所産にかかるものである[35]。このうちとくに向山第一号墓にあっては横穴墓立地の尾根上から須恵器が出土しており、その横穴墓型式とも関連して、よく横穴墓発現の地である北部九州地方との関連を物語る資料となっている。この遠江地区にあっては、六世紀中頃までは類似する様相を保持するようである。さらに隣接する伊勢地区においては、近時発掘調査により七世紀代の所産と想定される墳丘を有する事例が確認されており、東海地方における墳丘横穴墓は継続して命脈を保ったようである[36]。

最近認められる横穴墓研究の新しい一つの方向は、全国各地の横穴墓の構造を型式的に把握し、これにより伝播の過程を明確にするというものである。横穴墓造営の風は、五世紀後半代の北部九州地方における初現以後徐々に東方に広がり各地に展開している。各地に定着した以後には種々の要因により地区に特徴的な構造の横穴墓が構築されているが、各地における初現期の横穴墓の構造を把握し、他地域の横穴墓の構造と比較・検討することにより関連性を明確にするというものである。

横穴墓の西方地域からの東方への伝播という点は、古墳時代後期により一般化した墳墓様式である横穴式石室と同様に漠然とは理解されていた。地域を異にする中における特定地域の横穴墓と遠隔の地域への伝播という点が最初に問題とされたのは、乙益重隆による九州・肥後地域における横穴墓と東北は宮城県北部の大崎平野周辺部における横穴墓との関連である[37]。

九州・肥後地域に特徴的な、玄室平面矩形でドーム形天井、床面には奥および両側に三棺座を造作する肥後型と呼ばれる構造の横穴墓は、この地域の首長墓として五世紀代以来築造された特徴的な横穴式石室の構造を模倣することにより現出したものである。これに酷似する構造の横穴墓が宮城県は大崎平野周辺部の丘陵部に認められるが、この間の地域には認められない。懸隔はなはだしい地域間に認められるこの事象は、従前に一般的に考えられて来た漸進的な伝播という観点を否定するものであり、重要な指摘であった。

この個別特徴的な横穴墓の構造を型式的に把握する方法は、花田勝広により畿内地域に至る西日本で試みられ、伝播の過程を明確にしている[38]。畿内地域における横穴墓は、河内・大和などでは地区を限定して大横穴墓群を形成する特徴を示すが、その初現形態は六世紀前半における北部九州地方からの導入であり、これが地域に定着して特徴的な横穴墓型式を現出している。

東国における初現期の横穴墓型式は輻輳著しい。東海地方ではとくに静岡県に多数密集しているが、現在までの調査ではその初現構造は必ずしも明確ではなかった。しかしながら近時調査された六世紀初頭に遡及し得る掛川市・向山第一号墓の様相より、現状では畿内地方よりも早く北部九州地方から新来の墓制が導入されたものと確認することができる。六世紀中頃以降には畿内地域からの横穴墓構築要素が導入され、以後は地域に特異な構造を採り定着している。この様相は横穴系葬法としての横穴式石室の東国への導入過程と類似している。横穴式石室にあっても、まず北部九州地方および中九州は肥後地域に起源する構造の石室が東海地方までに導入され、次いで畿内で定型した構造が伝播している。横穴墓の導入は時期的にやや遅れるところであり、埋葬様式の差異は被葬者の区分に従って採用されたものと考えられるところである。

南関東地方の初現期の横穴墓も東海地方に類似する様相を示すものの、北関東以北では様相を異にしている。すなわち、はるか西方地域との関連の想起される横穴墓構造が初現期の横穴墓型式として確認される点である。茨城県北部から福島県南部にかけては九州・豊前地域の横穴墓の構造と類似する型式、福島県北部から宮城県南部にかけては山陰・出雲地域との関連が考慮され、宮城県北部ではすでに指摘のある九州・肥後地域との関連である。これらがほぼ六世紀の後半代に中間の地域を飛び越えて伝播し来たっているものであり、強力な外的規制のもとでの初現を考えせしめる[39]。

最近行われている横穴墓研究の一つの方向として、他の埋葬施設と同じく、出土の人骨による形質人類学的な被葬者自身の追及がある。昭和三〇年代以来横穴墓を家族墓と考える方向にあったが、これを実際に検出された人骨より推定するものである。同一の横穴墓から検出された個体相互の関連が想定されており、五世紀後半代にあっては父系の兄弟を中心とする埋葬、六世紀代前半以降に単婚家族を中心とする埋葬に変化する様相が把握されている(40)。

出土人骨による研究の方向としては、最近ようやく明確になって来た横穴墓の埋葬様式の問題がある。横穴墓の埋葬様式としては従来から個別の横穴墓で完結する埋葬様式が考えられて来たが、実際の人骨の出土状態からこれが当初埋葬のまま検出されたものではなく、骨化してから別に改葬されたものと考えられる例が、近年東北地方において顕著に確認されている(41)。この改葬横穴墓のあり方は、小形の施設を付設するのが一般的であるが、通常規模の横穴墓を改葬墓として構築する例も僅少ではあるが知られている。

第一次葬として通常規模の横穴墓を利用し、第二次葬として小形の改葬墓を付設する埋葬様式は、東国では福島県南部から茨城県北部に集中して認められるところであり、六世紀後半の横穴墓の初現期から知られる(42)。その後徐々に東北地方の北部、あるいは南関東地方でも認められるようになる。しかし東国横穴墓の総体からすればけっして主体をなす埋葬様式ではない。

以上の小形改葬墓とは異なる、通常規模の横穴墓を第二次葬としての改葬墓として構築する場合も認められる。山陰は米子の大峪山横穴墓群で指摘され、地域的な特異な埋葬様式と考えられていたものであるが、福島県は会津の駒板新田横穴墓群で確認されるに及び、これがある程度の定型化した埋葬様式であったものと想定されるところである。

改葬墓を伴う横穴墓群の造営は、東国に特有なものではない。東国横穴墓の初現期である六世紀後半代より認められる点は、西方の他地域から導入された埋葬様式である点を容易に想定させる。出現以来改葬墓を伴う福島県南部の初現期の横穴墓型式は北部九州との関連が想定されるところであり(43)、小形改葬墓も実際に認められる。北部九州における改葬墓は現在のところ六世紀中頃を上限とする如くであり、横穴墓本来の埋葬様式ではなかったものとも考えられるところである。その後横穴墓の東方への伝播に従い各地に認められるようになっている。

この間山陰地方においては、特異な展開を示している。出雲東部から伯耆西端部において認められるところでは、横穴墓の発展期である六世紀の後半代に、個別家族の墳墓として同時期に二基の通常規模の横穴墓を構築し、一方を遺体の骨化の場所、他方を遺骨を改葬・収納する施設として使い分ける様式であり、人骨の出土状況より想定されるところである。またこの地域にあっては、横穴墓内部に須恵器の大甕の破片を敷いた「須恵器床」が特徴的に確認されるところであるが、これも埋葬法に伴って現出したところと考えられる。[44]

したがって現在は、横穴墓の利用方法、すなわち埋葬様式に二つの異なる実際を確認できるところであり、主体的ではない改葬墓を伴う横穴墓群の造営は、各地における横穴墓以前あるいは同時期に併存する横穴式石室などに一般的な様式とは異なる。この点を強調すれば、異なる埋葬様式を保持した集団の移動の結果として東方各地に広まったという想定も可能となる。しかし、人骨の遺存状態の劣悪な横穴式石室においても改葬例はわずかに確認されるところであり、さらに東国の後期に顕著な箱式石棺にはかなり類例が知られる時[45]に必ずしも断定できるものではない。いかなる埋葬施設において改葬が普遍化していたかをあわせ今後に考察すべき点が多い。

横穴墓の埋葬様式に関連する点として、横穴墓群の群構成の問題がある。多数として存在する横穴墓群は、これが個別横穴墓の累積された結果として確認されるものであり、家族墓の集合として認識される。群中の数基よりなる横穴墓の小群が有機的に関連して累代的に造営されたものと想定されるが、この小群の捉え方によってその意味するところは異なる。一般的には個別家族が一世代一基ずつ累代的に造営した結果であると想定されるものの、出土遺物あるいは型式的に数基の横穴墓が同時期の存在と推定される場合もある。また、各世代に一基ずつの単純な構成ではなく、ある時期に複数の横穴墓が同時に構築された場合も想定される。

この点は高塚群集墳を含め従来追及のあまい点であり、総体として単純な一基ずつの累代的形成の想定にとどまる。確かに群集墳築造の基本は、墓域を分割占有する複数の個別造営主体による累積的な造営の結果であるにしろ、実際は一つの類型を呈示したにすぎない。群集墳中の数基よりなる小群は基本的に、A〜同時期に形成されたものと、B

～前後の時期に及ぶものに分かたれる。Aは個別造営主体の明確でない群集墓として世代を重ねる類型も認められ、中途において個別主体の明確化する場合もある。Bは単純な場合は一基ずつの形成であるが、特定の時期に複数の横穴墓を構築する例も知られる。(46)

これらの単位が集合して一つの群集墳を形成するのであるが、その構成は特定地区内における古墳築造の規制を反映しており、とくに地区の首長墓としての古墳のあり方に関連する。古墳を個別に研究するのではなく古墳群として研究する視点は、特定地区における高塚首長墓を対象としてすでに昭和の一〇年代から追及されているものの、地区総体としての把握には十分なものではない。今後に追及すべき重要な点の一つである。

四、横穴墓研究の課題

以上に一〇〇年を越える横穴墓の研究史を瞥見したが、そこで問題とされ考究されて来た点は次のようである。

一、横穴墓の機能

この点は明治期に文献史料を重視するあまりに穴居説が唱えられたものの、以後はまさしく墳墓として考察され現在に至っている。新たに問題となっているのは、墳墓としてそこにいかなる血縁関係にある人々が埋葬されたか、あるいはどのように埋葬されたかという点である。出土人骨を分析する方法は唯一直接的に追及が可能な点として重視できるが、その解釈は絶対的なものではない。個別横穴墓内部出土例を対象として分析する限りにおいては問題とはならないが、隣接する横穴墓をも含めて家族関係を想定する場合には横穴群中の、個別家族の造営にかかる単位群をいかに捉えるかが問題となる。現状では、群集墳に一般的な解釈としての単純な横穴墓群の構成のみを想定しており、実態に即した柔軟な解釈の要求されるところである。

また横穴墓をいかに利用して実際の埋葬を行ったかという点は、これまた出土人骨の資料と関連するところであるが、実際は複雑である。数次にわたる複葬が一般的な中にあって、確実に一体しか埋葬していない例が確認され、男性のみを埋葬した横穴墓あるいは女性のみの埋葬が確認される実例も知られ、同一世代に数基の横穴墓が組み合わさっての横穴墓の造営の実際が想定される場合も多い。実態に即した考察の要求されるところである。

二、横穴墓の初現

従来の北部九州地方における横穴墓の発現という想定は、昭和四〇年代末の豊前・竹並遺跡の調査により明確となった。さらに周辺における調査の集積は北部九州地方における発現を確実なものとし、初期の横穴式石室との関連の上で初現した点もほぼ明らかになって来ている。しかしその実態は必ずしも明らかではない。

初現期の横穴墓の構造を中心とする他の埋葬施設との関連は考慮されているものの、いかなる環境のもとでいかなる性格の墳墓として横穴墓が初現したかという点の追及が果たされてはいない。群集墳としての高塚古墳群、あるいは横穴墓群を含む群集墳を統括したであろう在地の首長墓としての有力古墳との関連も追及されてはいない。初現期の横穴墓に認められる墳丘は、よく横穴系埋葬施設としての実際を物語るものとして横穴式石室の簡略化としての様相と理解されるものの、北部九州地方における墳丘横穴墓相互の関連はいまだ十分には明確とはなっていない。

三、横穴墓の被葬者

この問題も古くから追及されて来ている重要なものである。明治の初頭、日本人研究者が横穴の機能について論争する前に、すでに在日の外国人研究者では北武蔵の横穴群を、まさしく墳墓と理解した上で付近の地名との関連で被葬者を渡来系の集団とする見解も知られる。類似した考察は近年各地でも知られるところであり、在地に伝統的ではない墳墓様式の一つの解釈となっている。横穴墓からの出土遺物が高塚古墳のそれよりも一般的に劣る点を重視して、一時期庶民の墓としての位置づけがなされたこともあるが、この遺物の点は相対的には現在も揺るがない。さらに一般に古墳の表徴としての墳丘を欠如する点は、高塚古墳との構築に要する労働力の差異を考慮して、後期古墳としては相対的には下位に位置づけられるものと解釈されてはいる。しかし中に地区の首長墓としての高塚古墳に匹敵する顕著な遺物を出土する例も知られるところであり、さらに近年は墳丘を有する横穴墓の確認が急増しており単純ではない。特定の埋葬様式をもとに特定の被葬者集団を想定することはできない。地域を異にする初現と伝播、定着の過程で変化した様相を窺うことができる。

四、横穴墓の編年

横穴墓の編年は、いかなる構造の横穴墓が古いか、その初現形態はどのようなものか、どのような変遷過程を辿ったかなどという視点で追及されてきた。当初の研究は十分に出土遺物による年代を考慮したものではなかったが、横穴墓構造の変遷を埋葬様式の変化と対応させるなどの視点は現在においても評価される点である。

いかなる技術的なもとで変遷したかという点についての研究は必ずしも十分ではない。特定型式の横穴墓の出現には複数の要素の独自の融合と理解できる場合もあり、また同時期に存在した横穴式石室からの影響を大きく受けた場合なども知られる。前者は地域に特徴的な構造の多くに認められ、後者は肥後型、出雲の意宇型などに顕著であるが、各地において多少の影響が考慮される。また、重要な点は変遷過程で数次にわたる新要素の導入をも図っている点であり、それぞれに重要な意義を有す(47)。

五、横穴墓の地域色

横穴墓は北部九州地方における初現以降各地に伝播・定着すると、地域に特徴的な構造を採るようになる。基本的には初現期の横穴墓型式をもとにして、これに地区に特有の要素が融合されて特定の型式が成立・展開している。特徴的な横穴墓型式の存在は、新様式の墳墓の伝播経路を想定させ、また成立の背景を考慮させる。特定型式の横穴墓の存在はこれを掘削する特定技術の定着を意味するところであり、同時期に併存する横穴式石室構築技術との関連も問題となる。一体にいかなる状況で墳墓構築にかかわる工人集団が存在し得たか。古墳が時代を表徴する構築物として存在する場合に考慮さるべき問題であるが、ほとんど考究されていない。石室と横穴墓の構造の類似は、工人集団相互の密接な関連を考えさせるところであり、同一工人集団による石室と横穴墓の構築も出雲などで想定されるところである(48)。横穴墓は必ずしも同質の基盤層に掘削されているわけではない。土地に適合した構造へと変化する場合も知られ、地域色現出の一つの要因となっている。

六、横穴墓の性格

後期古墳としての横穴墓の性格の考究は、昭和三〇年代以降に横穴式石室を内蔵する高塚群集墳の研究が盛んとなると同時に行われるようになった。地区の首長墓ではない小型の古墳が限定された墓域に密集して存在する群集墳は、後期に至り古墳築造者の極端な増加があった点を物語るものとして、多分に政治的意図を反映しての現出であろうと考えられている。横穴墓はつねに高塚古墳からなる群集墳と比較され、基本的に墳丘の欠如を根拠として相対的に下位に位置づけられている。しかしこの点は横穴墓が横穴式石室ほどに均一に分布していない現状に照らす時に問題なしとし得ない。両者拮抗する数の知られる地域は少なく、いずれかが主体的に存在し、他が従属する。また群集する後期古墳としてはほとんど横穴墓のみという地区も確認されるところであり、その位置づけは地区ごとに差異があり、これが出土遺物に反映するものであろう。一般に武器を特徴とする群集墳にあって、展開期の横穴墓からの出土は顕著ではなく、地域内における比較では高塚群集墳に劣る。相対的に各地の初現期には豊富であるが以後激減する傾向にある。しかしこれまた変容著しく地区の特質に従っている。

七、横穴墓の基盤集落

横穴墓の被葬者が生前居住した集落を特定することは難しい。地区を限定し、現在知られている横穴墓と集落という意味において関連し得る例は少なからず知られるものの、近時明確となって来た古墳時代の前・中期の豪族居館址と近隣の有力高塚古墳ほどの確実性はない。集落内に居住した集団のいかなる階層が、横穴墓に埋葬されたか。これまた現状では想定する資料に欠ける。群集墳の造営主体としての集落内での纏まりは、数基からなる竪穴住居址の単位として一般に認識され、これを統括する家長の死を契機としての群集墳の築造が想定されてはいる。したがって群集墳に埋葬され得るのは、家長と血縁関係にあった特定の有力な家族のみと推定されている。しかしこれまた確実ではなく、地域によっては個別竪穴住居址一基ごとの横穴墓の造営を想定する場合もあり、ここでは家族構成員のすべてが横穴墓に埋葬されたものと考えられている。今後に研究すべき点の多い分野ではある。

八、横穴墓の群構成

横穴墓群の構成は複雑である。その実態が特定地区内における横穴墓の実際を物語るものとして重要であるが、ほとんど考慮されていない現状である。群集墳は個別造営主体の単純な累代的形成であるとする見解[49]を短絡的に採り入れた結果でもあろう。関西方面で群集墳の分析に群内に墓道を想定して形成過程を復元する試みがなされたが[50]、一世代一基の造営の類型を強く印象づける結果となった点は否定できない。対象となった高塚古墳群がそうであったにせよ、時期と地域を異にするすべてが同じ類型であったとは限らない。

群内における数基からなる小群の内容の確認は、造営主体の動向を反映したものとして、さらにまた特定地区内における当該横穴墓群の位置づけを明確にするものとして重要である。群内の小群の類型の違いの想定される横穴墓群にあっては、おのずと有力な造営主体が明確となる。個別の造営主体は、横穴墓を造営し得るという意味においては等質ではあるが、実態はかなりの変容を内包するところである。

以上に横穴墓の研究の課題を八点として纏めたが、これ以外にも問題とすべき点は多い。九州と東北に知られる彩色の装飾を施した横穴墓の問題、全国に知られる横穴墓の線刻図文、そのほか出土遺物に関する問題点は多い。上記の八点を含め、いずれも横穴墓の検討のみで果たされる課題は少ない。後期古墳総体としての検討が望まれるところである。

最近ようやく横穴墓の研究が盛んになりつつある。初現期の横穴墓の集中する大分県において[51]、南の高塚群集墳に対する北の横穴墓と対照的に分布する茨城県において[52]、さらには南関東における横穴墓の重要な分布地域である神奈川県において行われた横穴墓についての討論会[53]はこれを如実に物語るものであり、今後の継続的な研究の進展を期待したい。

註

（1）坪井正五郎「本邦諸地方に在る横穴は穴居の跡にして又人を葬るに用ゐし件も有る説」『東京地学協会報告』第九巻第五号　明治一〇年
（2）池上悟「横穴墓の被葬者と性格論」『論争・学説　日本の考古学』五（古墳時代）　昭和六三年
（3）後藤守一『墳墓の変遷』　雄山閣　昭和七年
（4）小松真一「横穴に就いて」『人類学雑誌』第三七巻第六号　大正一一年
（5）三木文雄「上総国長生郡二宮本郷村押日横穴群の研究」『考古学雑誌』第二六巻一・二号　昭和一一年
（6）（4）に同じ
（7）赤星直忠『鎌倉市史』考古編　昭和三四年
（8）山本清「横穴の型式と時期について」『島根大学人文科学論集』第一一号　昭和三七年
（9）岡田清子「古代東国の一村落」『歴史地理教育』第二三号　昭和三一年
甘粕健「横浜市市ヵ尾遺跡群調査の概況」『私たちの考古学』第三巻第四号　昭和三二年
（10）阿部黎子「横穴被葬者に関する一考察」『考古学雑誌』第五二巻第二号　昭和四一年
（11）赤星直忠『神奈川県大磯町の横穴』　大磯町教育委員会　昭和三九年
（12）鵠沼女子高校地理・歴史研究部『横浜市戸塚区舞川流域の横穴墓群について』　昭和三九年
（13）上智大学史学会「長生郡一宮川流域の横穴」『東上総の社会と文化』　昭和四三年
（14）佐藤興二「古墳時代後期における横穴墓の様相」『駿台史学』第一六号　昭和四三年
（15）氏家和典「辺境における横穴古墳群の諸問題」『日本考古学の諸問題』　昭和三九年
「横穴古墳にみられる古代東北開拓の様相」『古代文化』第一六巻第三号　昭和四三年
「東北横穴の問題」『日本考古学・古代史論集』　昭和四九年
（16）金井塚良一『吉見百穴横穴墓群の研究』　昭和五〇年
（17）加賀市教育委員会『法皇山横穴古墳群』　昭和四六年
（18）門脇俊彦「出雲国大井谷横穴群の研究」『私たちの考古学』第八号　昭和三一年
（19）（2）に同じ
（20）竹並遺跡調査会『竹並遺跡』　昭和五〇年
（21）柳沢一男「北部九州における初期横穴式石室の展開」『九州考古学の諸問題』　昭和五〇年

(22) 宗像町教育委員会『久戸古墳群』宗像町文化財調査報告書第二集　昭和五四年
(23) 橋口達也「横穴発生過程についての覚書」『古文化談叢』第三〇集（中）平成五年
(24) 大分県教育委員会『上ノ原横穴墓群』平成元年
(25) 山口県教育委員会『朝田墳墓群』Ⅰ　昭和五一年
(26) 池上悟「山陰地方における横穴墓の受容と展開」『立正考古』第三七号　平成一〇年
(27) 鳥取県教育文化財団『尾高一号横穴墓』平成七年
(28) 米子市教育委員会『陰田』昭和五九年
(29) 鳥取県教育文化財団『大峪山横穴墓群』昭和六二年
(30) 西伯町教育委員会『マケン堀古墳群・北福王寺遺跡』平成二年
(31) 池上悟「日本の墳丘横穴墓」『立正大学文学部論叢』第一〇九号　平成一一年
(32) 大塚初重「市カ尾車塚の調査」『横浜市史史料集』第二一号　昭和五七年
(33) 津田芳男「米満横穴墓群」『平成九年度千葉県遺跡調査研究発表会発表要旨』平成一〇年
(34) 掛川市教育委員会『出土文化財展図録』平成九年
(35) 池上悟「日本の墳丘横穴墓」『立正大学文学部論叢』第一〇九号　平成一一年
(36) 池上悟「東海墳丘横穴墓の受容と展開」『考古学論究』第七号　平成一一年
(37) 乙益重隆「装飾古墳系横穴の伝播」『考古学叢考』中巻　昭和六三年
(38) 花田勝広「畿内横穴墓の特質」『古文化談叢』第二二集　平成二年
(39) 池上悟「東国横穴墓の型式と伝播」『おおいた考古』第四集　平成三年
(40) 田中良之「朝田墳墓群被葬者の親族関係」『九州文化史研究所紀要』第三五号　平成二年
「古墳の被葬者とその変化」『九州文化史研究所紀要』第三八号　平成五年
(41) 高橋信一「福島県内横穴墓における埋葬形態の検討」『しのぶ考古』第一〇号　平成六年
(42) 池上悟「東北横穴墓の埋葬様式」『立正考古』第三二号　平成五年
(43) 池上悟「東国横穴墓の型式と交流」『高嶌正人先生古稀祝賀論文集・日本古代史叢考』平成六年
(44) 池上悟「山陰横穴墓の埋葬様式」『多知波奈考古』第四号　平成一〇年
(45) 上野恵司「房総における古墳時代後期の埋葬施設の研究」『立正考古』第三二号　平成五年
(46) 池上悟「南武蔵における古墳終末期の様相」『国立歴史民俗博物館研究報告』第四四集　平成四年

(47) 池上悟『東国の横穴式石室と横穴墓』 甎全舎 平成三年
(48) 出雲考古学研究会『石棺式石室の研究』 昭和六二年
(49) 広瀬和雄「群集墳論序説」『古代研究』第一五号 昭和五三年
(50) 水野正好「群集墳の構造と性格」『古代史発掘』六 昭和五〇年
(51) 大分県考古学会「特集・横穴墓」『おおいた考古』第四集 平成三年
(52) 茨城県考古学会『関東横穴墓遺跡検討会資料』 平成三年
(53) 神奈川県考古学会『入門考古学講座～横穴墓とは何か～』 平成六年

第二章　横穴墓型式の伝播と交流

一　東国横穴墓の型式と伝播

一、はじめに

横穴墓の研究は、日本考古学の揺籃期には主要な研究対象として活発な論争も行われて来たものの、これが横穴式石室と性格を等しくする古墳時代の庶民の墓として位置づけられて以降は、耳目を引くほどの遺物の出土も少なく、長らく古墳研究の傍流としてあった感は否めない。

昭和三〇年代以降にようやく群小古墳にも視点を据えての研究が認められて来た中にあって、東の赤星直忠[1]、西の山本清[2]両者の研究は以後の研究の礎となった点において重要である。前者は南関東の資料をして、横穴墓の構造の規範を居住した竪穴住居内部の天井構造に求め、これが簡便化の方向で横穴墓の編年を想定したものであり、本邦において地域を限らず多元的に発生したものと思考された。

これに対し後者は、西山陰の例を中心として、横穴墓の構造は単線的な変遷を辿るものではなく、複数の型式が並行して行われたものにして、六世紀の前半代に九州地方での発現を想定するものであった。この点は以後の研究の基本として、西より東への伝播として横穴墓は各地で発現するものと理解されて来た。

以後は各地での様相が徐々に明らかにされて来たが、とくに横穴墓の分布において主体をなす東海・関東・東北地方の東国の内容が明確となり、被葬者集団の性格の把握、墳墓としての横穴墓の性格の究明、地方発現の歴史的背景の追及などが課題として論及されて来たものである[3]。

しかし、特異な墳墓である横穴墓の構造の系譜、すなわち東国発現に至る伝播の様相は地域内に拘泥するあまり、必ずしも明確に意識して追及されては来なかった。

昭和四〇年代末における福岡県竹並遺跡における一〇〇〇基に近い大横穴墓群の発掘調査は、調査の大規模なる点において留意されたのみならず、中に五世紀代に遡及する本邦最古の横穴墓を内包していたがゆえに注目され、この調査以後横穴墓研究は新局面を迎えたものということができよう。[4]

以後この発現期の横穴墓は豊前・久戸[5]、豊後・上ノ原[6]などの様相が明らかとなり、北九州各地で六世紀前半代に展開し定型化した後に東方各地に伝播して行った点が明確とされて来た。各地への横穴墓なる特異な墳墓の伝播・定着は、各地に特徴的な構造を発現せしめ、各地に主導的な位置を占めた横穴式石室構造との関連を明示する例も認められる。九州の肥後型[7]、山陰の意宇型[8]が顕著であり、九州横穴墓の型式をうけての畿内・河内型の定着も想定されるに至っている。[9]

東国にあっては、横穴式石室も同様であるが、西方各地からの技法の流入に従い多様な構造を顕現させている。中に西方の特定地域に展開する型式に酷似する構造の横穴墓も地区を限って認められる例もあり、その出現に至る背景が考慮されてはいる。[10]しかし、総体としての位置づけは果たされてはおらず、残された課題も多い。

したがって、本稿では東国各地の横穴墓の発現期の構造を通し、その系譜を想定するとともに、以後における展開状況を瞥見して、東国横穴墓の様相の一端を多少なりとも明らかにしてみたい。

二、東国各地の初現期横穴墓

東国各地の横穴墓は地区に特有な構造を初現期以来顕著に明示するところであり、以下地区を分けて概略を記す。

（一）　東海地方

この地方における横穴墓は遠江地区に集中して分布するものであり、隣接する駿河地区では若干、伊豆地区では時期的に遅れてかなりの横穴墓が造営されている。

この地方にあって初現期の横穴墓としての不動の位置を占めるのは掛川市・宇洞ケ谷横穴墓[11]であり、装飾付大刀・

1．白地横穴墓群　2．追戸・中野横穴墓群　3．ハツ穴・高岩横穴墓群　4．亀井囲横穴墓群　5．山畑横穴墓群　6．大代横穴墓群　7．善応寺横穴墓群　8．宗禅寺・大年寺山・愛宕山横穴墓群　9．長谷寺横穴墓群　10．亘理町横穴墓群　11．表西山横穴墓群　12．福迫横穴墓群　13．大窪横穴墓群　14．羽山横穴墓群　15．駒板新田横穴墓群　16．清戸迫・岩井迫横穴墓群　17．北向横穴墓群　18．小申田横穴墓群　19．中田・白穴横穴墓群　20．泉崎横穴墓群　21．笊内横穴墓群　22．幡山横穴墓群　23．千福寺下・赤羽横穴墓群　24．長岡百穴横穴墓群　25．関峯崎・野中横穴墓群　26．西大須賀横穴墓群　27．押日・鏡谷横穴墓群　28．地引・長楽寺・東谷横穴墓群　29．大満横穴墓群　30．西山・神宿・岩井作・向原横穴墓群　31．吉見百穴横穴墓群　32．津田山・東方・市ヵ尾横穴墓群　33．代官山横穴墓群　34．下田・諏訪脇横穴墓群　35．伊庄谷横穴墓群　36．大淵ケ谷・西宮浦・毛森山横穴墓群　37．宇洞ケ谷・本村・岡津横穴墓群　38．観音堂横穴墓群　39．羽崎横穴墓群　40．法皇山横穴墓群　41．才合地山横穴墓　42．佐島・鳥ケ崎横穴墓群

図 1　東国の横穴墓分布図

武器・鏡鑑・土器などの豊富な遺物の出土とともに著名である。この構造は、幅四・二メートル、長さ六・四メートル、高さ二・七メートルという巨大な玄室の中央に、各壁から離れて長さ四・五メートル、幅三メートルという石棺を造り付けるものであり、他に類例のないものである。所産時期は六世紀の中頃と位置づけられており、東国最古といえるものである。同時期あるいはやや遡る遺物の出土は掛川市・山麓山横穴墓[12]で知られるものの、構造は不明であり参考にならない。

六世紀も後半代になると遠江各地で確実な横穴墓の存在が多数確認され、多くの横穴墓型式を確認することができる。横穴墓の中で主体をなす一つの型である。六世紀代に遡るこの構造の横穴墓は、森町・観音堂[13]、袋井市・道ケ谷、掛川市・別所、同・本村横穴墓群[14]など、天竜川以東の遠江の横穴墓の集中分布する太田川・原野谷川流域に広く認められるものであり、さらに駿河地区にあって著名な静岡市・伊庄谷横穴墓群[15]もかかる構造を基本とする。この構造の横穴墓は以後七世紀代にあっても主流をなす型式の一つである。

この長方形玄室平面・アーチ状天井構造に匹敵するいま一つの型式は、矩形平面・ドーム状構造を呈するものである。出土遺物により最古の位置づけの可能な例は、遠江における横穴墓集中地区である菊川流域の大淵ケ谷横穴墓群[16]の中に求められ、六世紀の中頃の当地区の初現期に遡及するものである。近接する篠ケ谷・西宮浦横穴墓群を含め最古期の横穴墓の構造は、一辺三メートルほどの隅丸平面で高さ一・五〜一・八メートルの低平なドーム状天井で、羨道幅が五〇センチほどと極端に狭い点を特徴とするものである。この羨道幅の極端に狭い点は宇洞ケ谷横穴墓にも共通する当地区の初現期の構造的特徴であり、以後は徐々に幅を広げている。

この菊川流域の横穴墓にあっては、初現期以来玄室内に組み合わせ石棺を施設する例が主体をなすものであり、大淵ケ谷・篠ケ谷などにあっては六世紀代の大半、毛森山横穴墓群では全体の半数近く認められ、構造とあわせて特質の一つとなっている[17]。

この矩形平面・ドーム状天井構造の横穴墓は、ひとり菊川流域にのみ所在するものではなく、掛川市・岡津[18]、本村

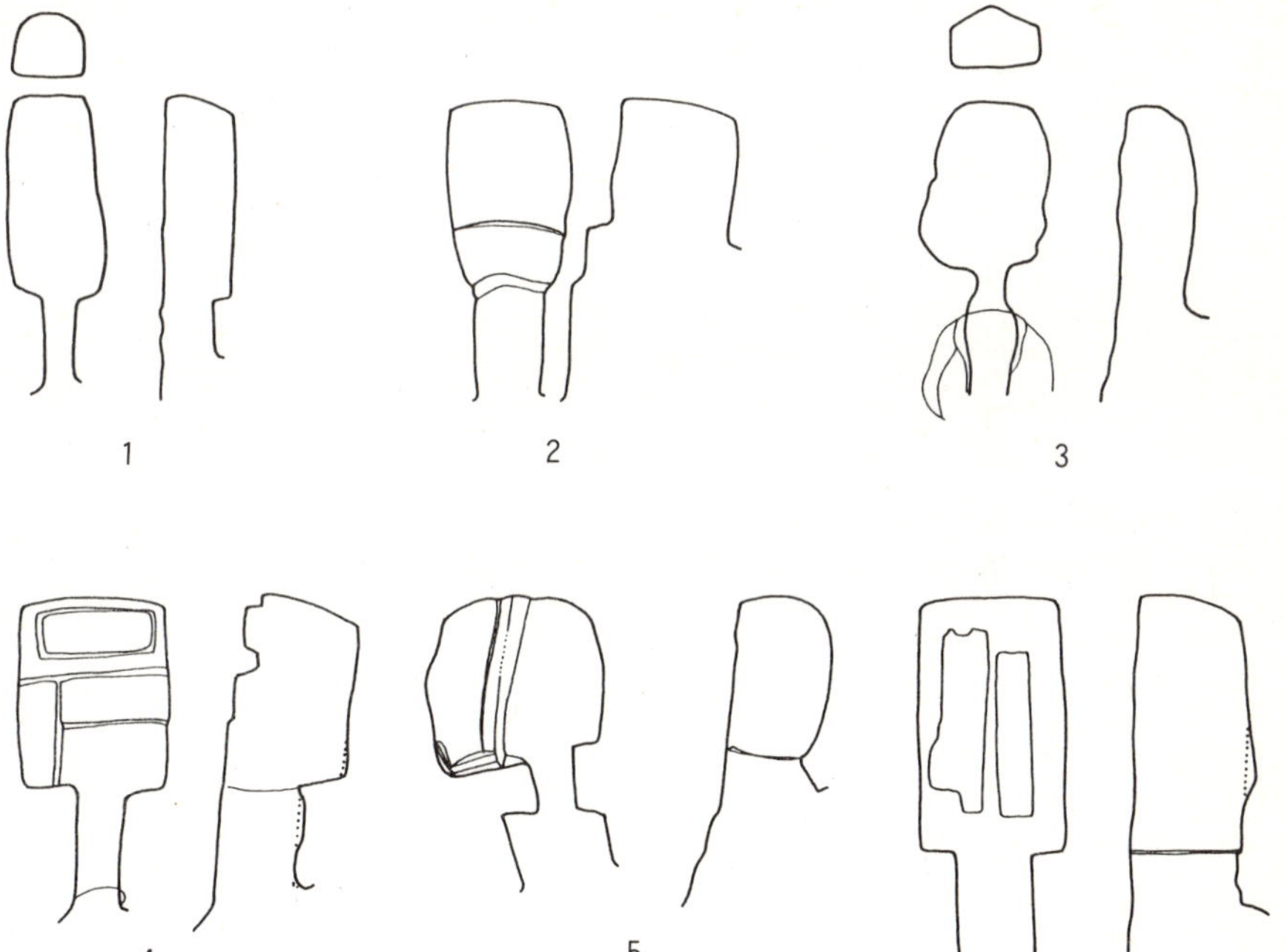

1．袋井市・道ケ谷B-2号墓　2．森町・観音堂第3号墓　3．掛川市・本村A-3号墓　4．掛川市・キンペイヤダD-1号墓　5．掛川市・大谷代B-1号墓　6．静岡市・伊庄谷第6号墓　7．掛川市・宇洞ケ谷横穴墓　8．菊川町・篠ケ谷B-7号墓　9．菊川町・西宮浦第2号墓

図 2　東海地方初現期横穴墓

横穴墓群などにおいても六世紀代より認められるものであり、所産時期は遅れるものの、駿河東部から伊豆地区の初現期の横穴墓の構造もまたこうした様相を明示するところである。

これら二つの横穴墓型式が主流をなして、互いにほとんど交錯することなく群を形成するものであるが、このほかにも数は僅少なものの横穴墓の東国への系譜を考える時に無視できない特徴的な構造の横穴墓の存在が若干知られる。造り付け石棺を付設する構造の横穴墓であり、掛川市・大谷代B—一号墓、同・キンペイヤダD—一号墓、大東町・岩滑八ツ谷第二号墓[19]が報告されている。矩形ないし長方形平面の奥・側壁沿いに造作するものであり、出土遺物の知られる例では六世紀代に遡る。

(二)　関東地方

関東地方における横穴墓の分布は、①南関東の相模および隣接する南武蔵地区、②房総地区、③東関東の常陸北部から下野東部に濃密であり、内陸部には少なく、④北武蔵の吉見・黒岩周辺に集中するのみである。各地区ごとに盛行期の型式を異にしており、これは初現期の横穴墓型式の差異とも関連する事象である。

①の地区における六世紀後半代の初現期の横穴墓型式は、長方形平面・ドーム状天井構造と矩形平面・ドーム状天井構造のものが主体をなしており、玄室床面の敷石を特徴としている。その分布は両型式ともに相模西部、三浦半島部、多摩丘陵部に認められるものの、三浦半島部にあっては横須賀市・鳥ケ崎[20]、佐島横穴墓群[21]などに代表される前者が多く、相模西部においては二宮町・諏訪脇横穴墓群に確認されるように後者の矩形平面型式が卓越する。また多摩丘陵部においては川崎市・津田山地区の横穴墓群中[23]に、長方形平面・ドーム状天井構造で玄室内に組み合わせ石棺を安置する例が三例ほど認められ、遠江地区菊川流域の横穴墓との関連が地区においては横穴式石室との関連、さらには新たな型式要素の付加など構造の変容が著しい[24]。

初現期の横穴墓で主体をなすものではないが、七世紀代に相模東部で一つの地方型式を創出した基本となった構造として造り付け石棺を造作する型式が認められる。相模西部の二宮町・諏訪脇横穴墓群に集中しており、他は相模東

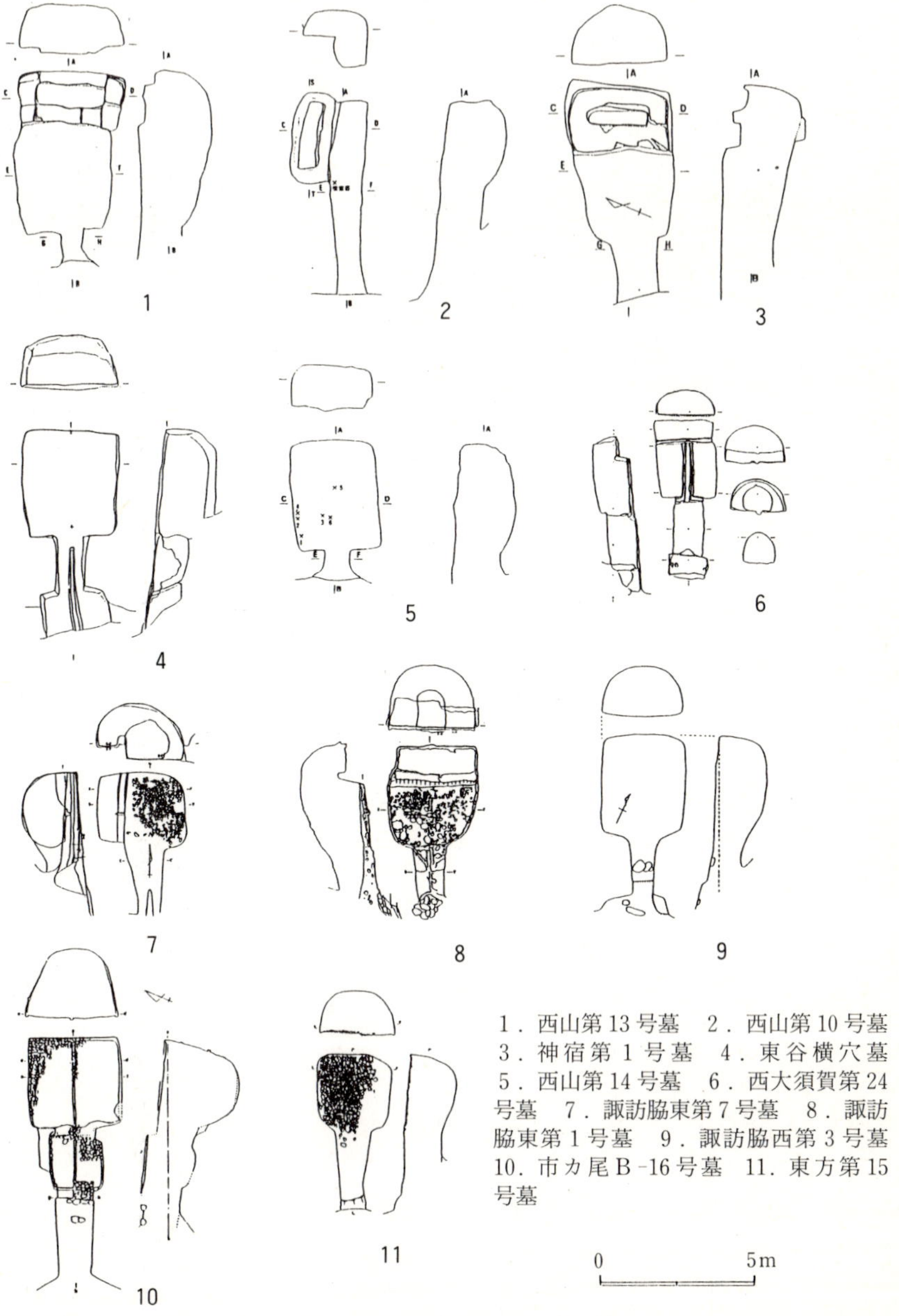

1．西山第13号墓　2．西山第10号墓　3．神宿第1号墓　4．東谷横穴墓　5．西山第14号墓　6．西大須賀第24号墓　7．諏訪脇東第7号墓　8．諏訪脇東第1号墓　9．諏訪脇西第3号墓　10．市カ尾B-16号墓　11．東方第15号墓

図 3　南関東の初現期横穴墓

部・多摩丘陵部にわずかに所在するのみである。基本型としての長方形平面の玄室の奥壁に付設する例としては諏訪脇横穴墓群中に一基、藤沢市・代官山横穴墓群中[25]に二基、川崎市・久地西前田横穴墓群中[26]に二基が知られる。またこの変容としての右側壁付設例四基、左側壁付設例一基、奥壁と右側壁の二箇所付設例一基はいずれも諏訪脇横穴墓群中にのみ確認される。

また、学史に著名な横浜市・市カ尾横穴墓群[27]にあっては、最古の横穴墓型式として複室構造の例が知られる。この型式の横穴墓も東国の初現期の横穴墓型式としては重要なものであるが、近隣の横穴墓群においてこの系統をうける構造が七世紀代に若干認められるものの、関東地方においては初現期の例は類例が乏しい。

②の房総地区における横穴墓も同じく六世紀の後半を初現とするものであり、東海地方よりは一段階遅れる。遺物の出土により確認される例と、構造により想定される初現期横穴墓の型式は、①の地区と同じく玄室平面が長方形でドーム状の天井を呈するものと、矩形平面・ドーム状天井のものが認められる。しかし異なる特徴は玄室床面に敷石を施さない点であり、以後七世紀代においてもこの点は変わらない。さらに造り付け石棺付設のものも上記した二型式以上に認められ、①の地区との差異が明瞭となっている。

これらは東上総では一の宮川流域、東京湾岸の西上総では富津市域に集中しており、他地区では七世紀代に入ってからの初現である。玄室床面に特別な遺体収納のための施設を造作しない型式では矩形平面のものが多く、西上総では西山[28]・岩井作[29]・山岸横穴墓群などで七基ほど、東上総では地引[30]・上永吉鏡谷[31]・東谷[32]・長楽寺[33]・瑞穂横穴墓群などで八基ほどが認められる。また、長方形平面型式は西上総では西山・諏訪谷・向原横穴墓群などで若干認められるが、東上総ではわずかに野本横穴墓群で知られる程度であり様相を異にする。[35]

これに対し造り付け石棺付設例は、西上総の西山・神宿[36]・大満[37]の三横穴墓群に集中して三〇基ほどが認められ、東上総では押日横穴墓群[38]などが知られるにすぎない。これらは奥壁に付設するよりはむしろ左右の側壁に造作する例が多く、①の地区とはまた異なった様相を明示している。

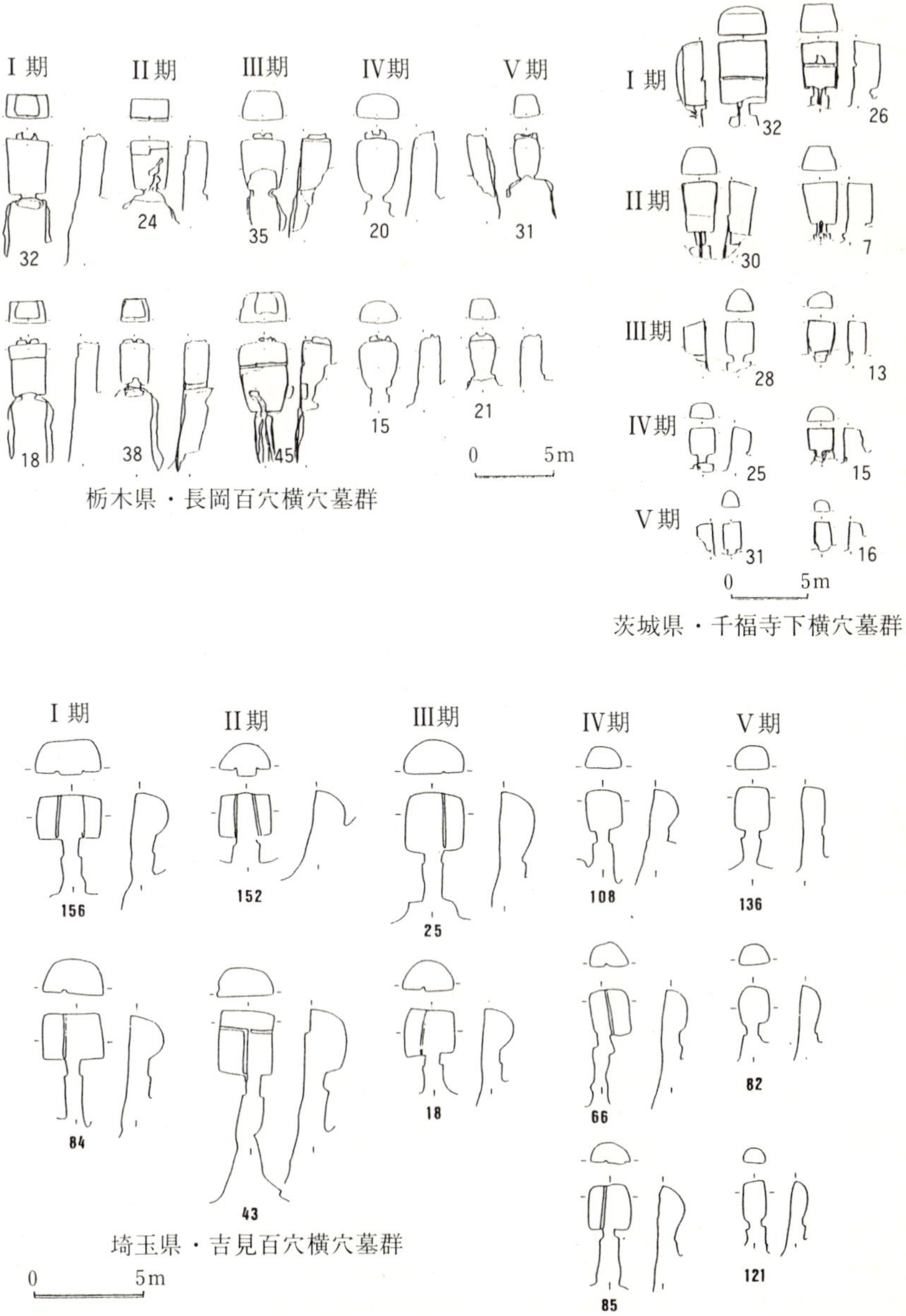

図 4 関東地方横穴墓編年図

房総地区の盛行期である七世紀代の横穴墓構造は以上の初現期の型式から大きく逸脱する。[39] 東・西上総ともに高壇式と呼称される、羨道と玄室床面に二メートルほどの落差をもってする構造であり、東上総にあっては寄棟平入り天井構造と部材の浮彫りを要素としてきわめて特徴的な型式を現出させている。高い玄室の床面には複数の造り出し石棺を造作する点より、その構造的系譜は造り付け石棺付設の型式に求められるところではあるが、飛躍が大きく、他要素の融合による現出と考えられ、高い玄室床の創出は石材に乏しい地域的特質によるとも考えられる。

房総地区にあってはこれら以外の特徴的な構造として、玄室内の左右に二区、あるいは奥壁にも沿って三区に有縁棺座を施設する例が利根川南岸の下総台地北縁に展開している。[40] しかしこれらは現在確認されている中では他の初現期の横穴墓型式と異なり、六世紀代に遡る資料は確認されていない。

③の地区における横穴墓は、常陸北部に集中して分布しており、河川の流域沿いに下野東部の那須地区に及ぶものである。やや離れて内陸部に纏まって五〇基以上が確認される宇都宮市に位置する長岡百穴横穴墓群が認められるが、これも地区に特有な横穴墓型式の変化形と認識されるものである。

この地区における初現期の横穴墓として確認されるのは、玄室長方形平面で簡略化した寄棟妻入りの天井構造にして、床面を有縁により前後の二区に分け敷石を施す型式であり、関東地方の他地区には確認されない地区に特有の型式である。これが明確に六世紀代に遡る遺物は出土していないが、地区の横穴墓総体としての規模の縮小・掘削にあたっての基準となる尺度の変遷を勘案した構造変遷より想定すれば、関東地方の他の地区に遅れることなく六世紀代後半の初現と理解することが可能なものである。

この地区の基本型式からの変遷は、日立市・千福寺下横穴墓群[41]、常陸太田市・幡山横穴墓群[42]などで顕著に窺うことができる。ここに千福寺下横穴墓群をしてその変化を見てみると、規模の縮小・矩形指向・天井の平坦化などを指標として五段階の変遷が考慮され、六世紀代より七世紀代後半に至る変遷が想定されるところである。近隣諸横穴墓群における横穴墓構造も、これよりの系譜を想定することができるものであり、小宮山楓軒とともに学史に著名な勝田市・十五郎横穴墓群[43]は三段階以降、地区の装飾横穴墓として著名な十王町・かんぶり穴横穴墓[44]は天井の箱形・平坦化を特徴として二段階並行として七世紀の初頃の所産年代が想定されるところである。さらに河川沿いの下野・那須地区[45]の多くは三段階以降に考えられ、やや離れた宇都宮市・長岡百穴横穴墓群は二段階以降に独自な変化を辿ったものと理解されるところである。

④の地区における代表的横穴墓群はこれまた坪井正五郎とともに学史に著名な吉見百穴横穴墓群[46]であり、隣接する黒岩横穴墓群[47]も明治期より知られた横穴墓群である。この地区の横穴墓の構造は、主軸に直交する横長平面の玄室と、左右壁沿いの有縁棺座を特徴とするものである。その変遷は小型・施設の簡略・矩形より長方形の平面の変化として五段階に理解でき、企画の点より六世紀後半代の初現より七世紀後半までの変容と想定される。

この基本形に類似する構造の横穴墓は多摩丘陵・房総・常陸地区に認められるもののきわめてわずかでしかなく、主体型式とはなっていない。

(三) 東北地方

東北地方における横穴墓の分布は、太平洋岸の福島・宮城県域のみであり、以北の岩手・青森、日本海岸の地域では確認されていない。南の福島県域では海岸沿いの浜通り地区が、磐城より相馬に至る間に横穴墓が集中し、中通りでは須賀川以南に認められ、さらに会津地区に若干の横穴墓の所在が知られている。

北の宮城県域では、南の仙台平野と北の大崎平野周辺の丘陵部に集中するほか、南の海岸沿いの亘理郡域、内陸部の白石盆地にも集中分布している。東北地方の横穴墓の最大の特徴は装飾横穴墓の存在であり、内部を赤白などの顔料により種々の図文を表している。この分布は広く東北地方の各地に及ぶものであり、初現期横穴墓の一翼を担っている。しかしこれらの横穴墓型式は変化に富み、出現に至る背景が単純ではなかったことを推察させる。

福島県下における初現期の横穴墓としては、いわき市・中田横穴墓[48]が著名である。この横穴墓は矩形を連接した複室構造を呈するものであり、内部を赤白二色により連続三角文を表している。馬具・武器・鏡鑑などの豊富な出土遺

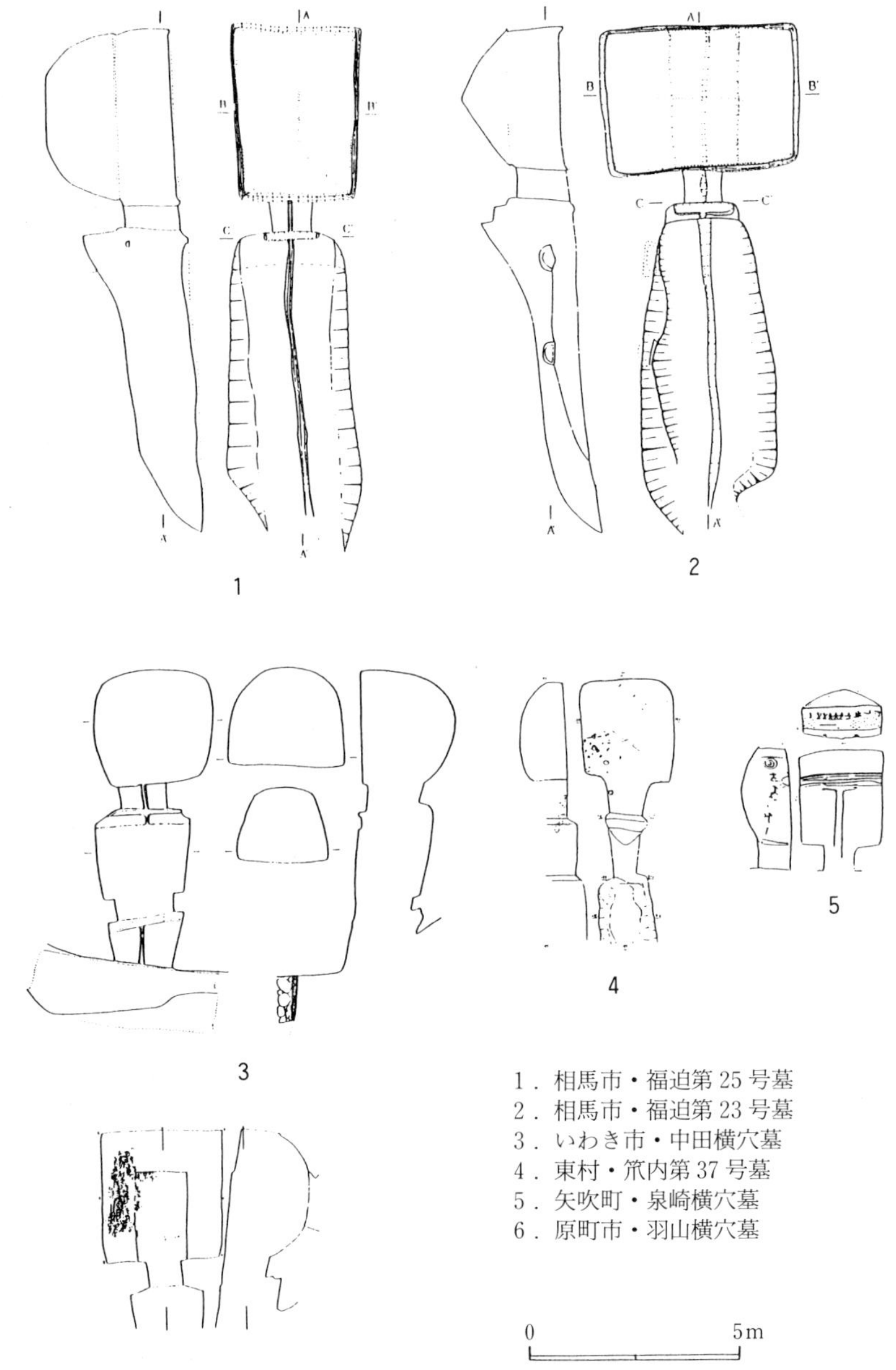

図 5　福島県初現期横穴墓

物により六世紀代の後半の所産と想定されている。

また、もっとも古く確認された装飾横穴墓である西白河郡泉崎村・泉崎横穴墓(49)は、長方形平面で宝形造りの天井構造であって、奥壁沿いに棺座を付設する構造であり、奥・側壁に人物・騎馬・狩猟文、天井に渦文などを彩色で施す。出土須恵器より六世紀末頃の年代の想定されるものである。このほかの装飾横穴墓としては、浜通りの原町市・羽山横穴墓(50)は矩形平面で簡略化した宝形造りの天井構造であり、床面は奥・側壁沿いの三方がやや高くなって棺座をなしており、一部に敷石が認められるものである。装飾は奥壁に人物・馬・鹿・渦文など、側壁・天井に珠文を赤白二色で表す。必ずしも明確ではないが、土器・馬具などの出土から六世紀末頃の年代が想定されている。

また人物・馬・鹿・渦文などを彩色で表した双葉郡双葉町・清戸迫第七六号墓(51)、人物などを表した相馬郡鹿島町・大窪横穴墓群(52)中例などは矩形平面・ドーム状天井構造であり、東北地方においては主体をなす初現期型式の一つである。この型式で六世紀代にまで遡及し得る類例は、いわき市・白穴横穴墓群(53)、西白河郡東村・笊内横穴墓群(54)、岩瀬郡長沼町・才合地山横穴墓(55)などが知られ、さらに会津河東町・駒板新田横穴墓群(56)中の例も同列に位置づけ得る可能性のあるものである。すなわち、このような構造の横穴墓は福島県下の大半の横穴墓の分布地区において初現期横穴墓として主体をなすものであり、中に羽山横穴墓に代表される三棺座型式を内包して展開していったものということができるのである。

いま一つの初現期の六世紀代に遡及し得る横穴墓型式としては、明確な家形を呈する構造のものが認められる。すなわち浜通りの北・相馬郡域に顕著なものであり、相馬市・福迫横穴墓群(57)を代表とする。このうち第二三号墓は寄棟平入り構造でT字形の床面の両側壁沿いに幅広い棺座を造作するものである。また第二五号墓は、寄棟妻入り構造で長方形平面を呈するものであり、両者は間に矩形・平天井の第二四号墓を挟んで近接するものである。出土土器類からの年代は七世紀代であるものの、構造的には初現期の横穴墓として位置づけ得るものである。類似する様相は同・表西山横穴墓群(58)にも窺われ、寄棟の平入りと妻入り構造の横穴墓が矩形・ドーム状天井構造の横穴墓と共存している。

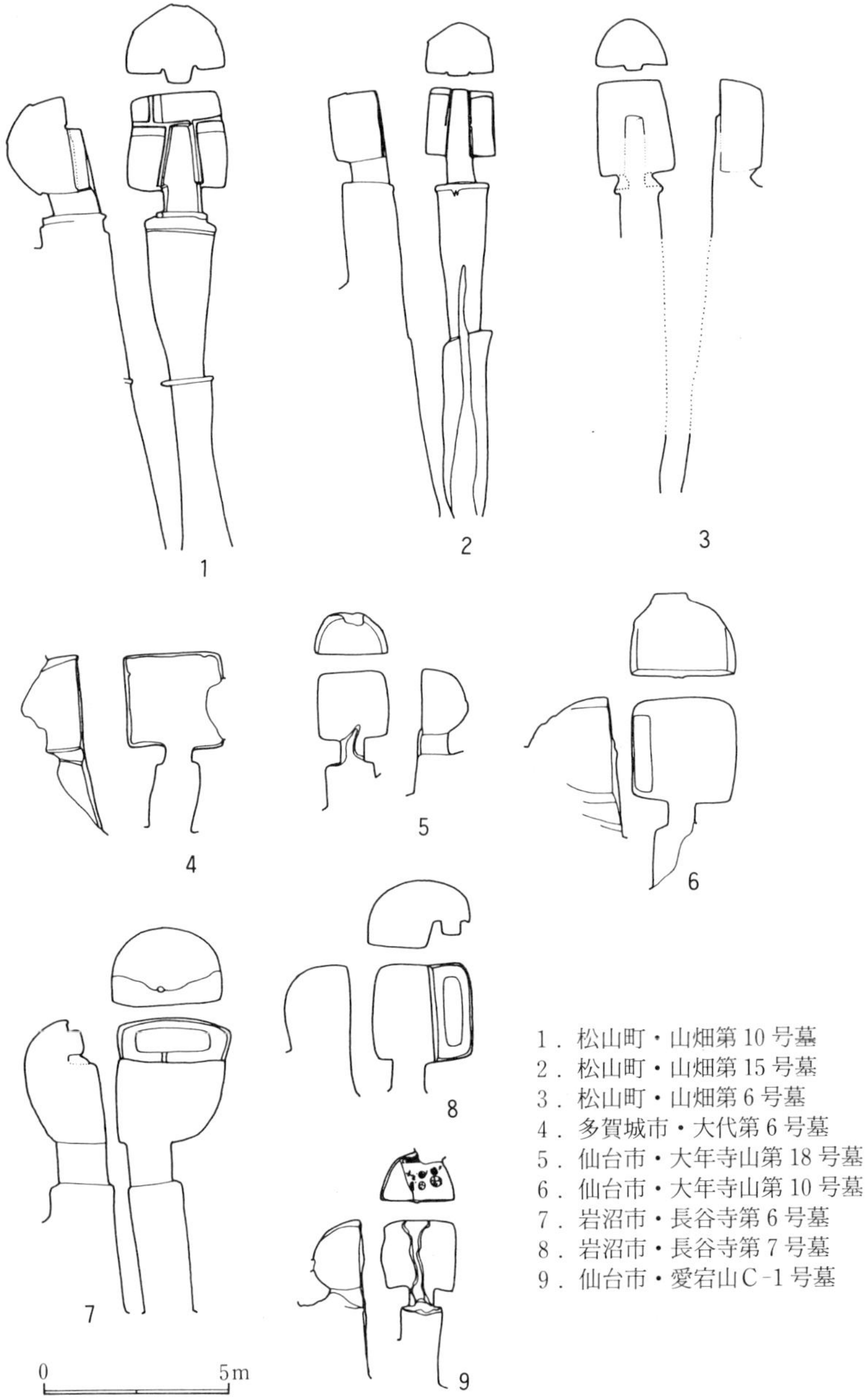
1
2
3
4
5
6
7
8
9
0
5m
1．松山町・山畑第 10 号墓
2．松山町・山畑第 15 号墓
3．松山町・山畑第 6 号墓
4．多賀城市・大代第 6 号墓
5．仙台市・大年寺山第 18 号墓
6．仙台市・大年寺山第 10 号墓
7．岩沼市・長谷寺第 6 号墓
8．岩沼市・長谷寺第 7 号墓
9．仙台市・愛宕山C-1 号墓

図 6　宮城県初現期横穴墓

この構造の横穴墓にも装飾を施す例が認められる。鹿島町・大窪横穴墓群中の第一〇号墓であり、矩形平面で寄棟平入り構造の天井に朱塗りで梁・棟などを表すものであり、片側壁沿いに有縁棺座を付設するものである。またこの横穴墓群中には矩形平面・ドーム状天井で奥壁沿いを一段高くして全体に敷石を施すものも認められる。群中よりは六世紀代の所産年代が想定される須恵器も出土しており、家形横穴墓は初現期型式の可能性の高いものである。

次いで宮城県下における様相であるが、志田郡松山町・山畑横穴墓群[59]では第六・一〇・一五号の三基の横穴墓の内部に朱彩図文による装飾が認められる。第一〇・一五号墓で同心円・軒回り線、第六号で軒回りの線であり、これらは群中では規模の大きな部類である。それぞれが構造を異にしており、第一〇号墓は矩形平面・宝形造り天井で床面には奥・両側壁に沿って有縁の三棺座を造作するものである。第一五号墓は矩形平面・切妻妻入り天井で両側壁沿いに有縁の二棺座を付設し、第六号墓は矩形面・アーチ天井で床は奥・両側壁沿いを一段高く三棺座とする。この装飾を施す三基の横穴墓は第一五号墓→第一〇号墓→第六号墓という編年が可能なものであり、出土遺物より六世紀末頃の初現年代が想定されている。

類似した梁・軒などの軒回りを朱彩により表す横穴墓は遠田郡涌谷町・追戸横穴墓群中のA—二号墓も知られている。矩形平面・切妻妻入り天井で床面には有縁の三棺座を付設し極端に長い羨道を有するものであり、この羨道の側壁に装飾が認められるものである。

この大崎平野周辺には家形・三棺座型式の横穴墓が地区を限って展開するものであり、志田郡鹿島台町・八ツ穴、高岩横穴墓群[60]を典型として九州肥後地方の横穴墓型式との類似が指摘されるところである[61]。また高岩第一八号横穴墓の内部側壁には、白地に朱彩による珠文が装飾されているが、他とは様相を異にする長方形・アーチ天井構造のものである。近隣では志田郡松山町・亀井囲横穴墓群[62]が古くより知られた類例であり、北部の登米郡中田町・白地横穴墓群[63]もこの系譜上の初現と認められるものである。

以上の肥後系統の横穴墓型式の展開した大崎平野部に対し、南の仙台平野周辺部では福島県北部の相馬地区と同様相としての家形横穴墓が展開している。仙台市・善応寺[64]、同・宗禅寺[65]、亘理町の袖ケ沢・雁田・堤の内横穴墓群[66]などに窺えるものであり、宗禅寺横穴墓群を典型とすることができる。

この一五基からなる横穴墓群の中で大型の三基が家形構造を採るものであり、寄棟平入り・T字形平面・無縁三棺座の第八号墓――→寄棟平入り・崩れたT字形平面・無縁三棺座の第四号墓――→矩形平面・宝形造り・無縁三棺座の第三号墓という変遷を辿ったものと想定することができる。以後はドーム天井・矩形平面・無縁三棺座の第一号――→ドーム・隅丸方形平面・奥棺座の第五号墓――→ドーム・隅丸方形平面・無棺座の第六号墓という変遷を推定することができ、この点は追戸A横穴墓群をして家形・三棺座よりドーム・無棺座への変遷の氏家編年と同じである。

しかしこの宗禅寺横穴墓群の出土遺物からする開始年代の想定は七世紀後半であり、問題なしとはいえない。他の類例も出土遺物による初現期への確実な遡及は確認し得ないものの、横穴墓群構成および企画の点よりは、典型例の寄棟平入り・T字平面の構造をして初現期横穴墓の型式と認識することができるものである。

この宮城県南部地区には家形横穴墓とともに、矩形平面・ドーム天井の横穴墓も広く展開するものであり、宗禅寺横穴墓群の所在する仙台市向山では同一地区に混在している。このうちで愛宕山C―一号墓[67]は奥壁に朱彩による円文などの装飾を施すものであり、出土土器の様相より七世紀中頃の年代が想定されている。また近年の報告にかかる大年寺山横穴墓群[68]では中に宝形造り・矩形平面・無棺座のものを一基含み、他は矩形平面・ドーム天井系のものである。出土遺物より年代の推定される例では矩形平面・ドーム天井構造の型式で、第二・一〇号墓などが六世紀末～七世紀初頭の所産と想定されている。

また多賀城市・大代横穴墓群[69]では矩形平面・ドーム天井の第六号墓が、出土した金銅製の頭椎大刀より七世紀前半の年代が想定されている。すなわち、この仙台平野周辺部においては、出土遺物よりする限り、かかる横穴墓型式が初現期の横穴墓として確実に展開した点が明確である。

以上の主要な二型式のほかに、東海地方より関東地方にかけての初現期の横穴墓として重要な位置を占めている造

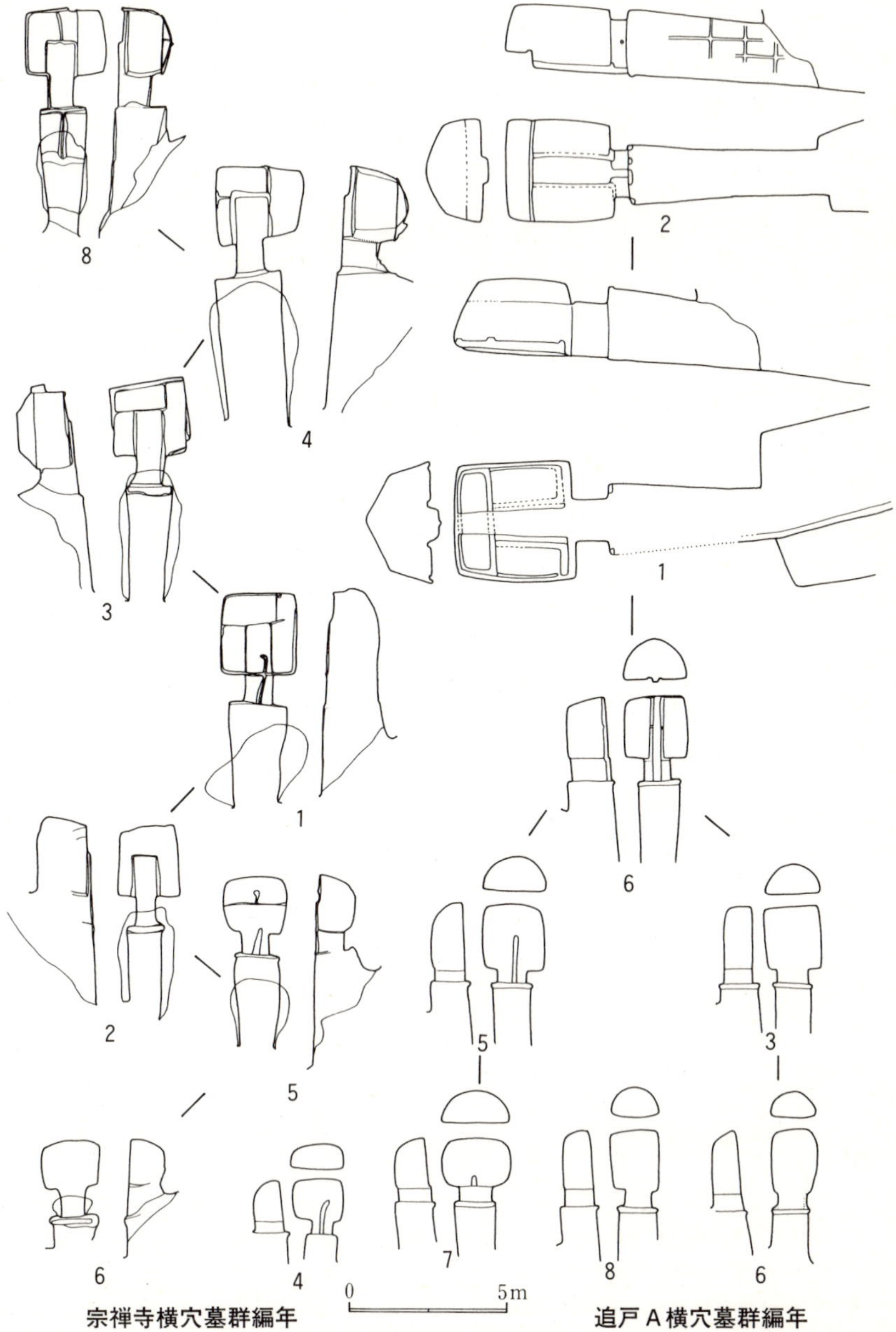

図 7　東北地方横穴墓編年図

り付け石棺を造作した構造も僅少ではあるが認められる。名取市長谷寺横穴墓群[70]八基中に四基認められるものであり、第三・六号墓では奥壁沿いに、第一・七号墓では右側壁に沿って付設されている。しかし、出土遺物からは第三号墓の造営の一端が七世紀の中頃にある以上の点は不明である。この地区では他に亀井囲横穴墓群中の第六号墓に一基知られる程度であり、弱小型式としてのみ存在している。

三、東国初現期の横穴墓型式の検討

以上、東海・関東・東北と地区を分かって初現期と想定される横穴墓の型式を瞥見してきたが、ここでこれらを総括して纏めとしたい。各地で確認できた初現期横穴墓の型式は多岐にわたるが、以下での記述の利便に従いその特質を纏め類別しておきたい。

A～玄平面長方形・アーチ（ドーム）状天井構造の横穴墓
B～玄室平面矩形・ドーム状天井構造の横穴墓
C～玄室平面長方形（矩形）・ドーム状天井構造で奥壁（側壁）沿いに造り付け石棺を付設する横穴墓
D～玄室平面長方形・寄棟妻入り天井構造で、奥壁沿いに有縁棺座を造作する横穴墓
E～玄室平面矩形（長方形）・寄棟（切妻）妻入り天井構造で、奥・側壁沿いに三棺座を造作する横穴墓
F～玄室平面T字形・寄棟平入り天井構造で、両側壁沿いに二棺座を造作する横穴墓
G～玄室平面矩形・ドーム（家形）状天井構造で、床面に無縁の三棺座を造作する横穴墓
H～玄室平面矩形連接の複室・ドーム状天井構造の横穴墓

すなわち、以上の八型式が東国各地で主体をなす初現期の横穴墓として確認されるものであり、このほかに変異例としての横穴墓もまた存在するものである。これは静岡県掛川市・宇洞ケ谷横穴墓に代表される如くの基本型式の在地における変容として初現するものであり、単独例にして型式としては成り立たないものである。

八型式の横穴墓はそれぞれが系譜を異にしての現出であり、分布する地区にもまた差異を表している。A型式は遠江における主体をなす一型式として、さらには分布の稀な駿河では唯一例として認められるものであるが、関東においては必ずしも主体をなすものではない。また、天井構造も観音堂・伊庄谷横穴墓群における明確なアーチ状と、本村・道ケ谷横穴墓群に窺われるようなドーム状との差異が認められ、地区ごとの変容もまた認められる。さらに内部の造り付け石棺を除けば宇洞ケ谷横穴墓も同構造を呈するものであり、遠江にあっては横穴墓現出の当初より認められる主要な型式である。

この型式の横穴墓は、西方各地の六世紀代に若干認められるものの安定した型式として認められるほど集中する地区は認め難く、この系譜を特定の地区に限定することは現状では困難である。想定し得るところは、最古の位置を占める宇洞ケ谷横穴墓の構造に窺われる長方形・ドーム状天井・造り付け石棺をして、畿内・河内型からの系譜である。河内においては六世紀後葉に矩形平面から長方形平面への転換が認められ、家形天井構造の内部に最大の特質である造り付け石棺を奥壁沿いに付設するものであり[71]、河内型に認められるこれら要素を一部省略・変容させて新型式の創出を図ったものと考えることができよう。

これが南関東地方にあっては、床面に敷石を施すという要素を付加して定着するものであり、房総地区ではわずかに初現期の横穴墓の集中する地区に認められるのみである。すなわち関東地方においては、このA型式は直接的には東海系と認識されるものであり、関東以北には直接には伝播し来っていない。

このA型式は畿内・河内型の変容型として認識されるものであるが、より直接的に河内型からの系譜が明瞭に想定されるものとしてC型式が認められる。横穴墓の分布の集中する遠江地区との中間の岐阜県可児市・羽崎横穴墓[72]の存在を考慮すれば、その過程がより明瞭に想定されるところである。しかし、東国所在例はいずれも天井構造として家形を採るものではなく、型式要素の省略としての地区に特有な構造を具現している。この型式はまた石棺を付設する位置により変容するものの、基本形は奥壁沿いに付設するものであり、平面は長方形を呈するものである。遠江地区においては掛川市域に三基知られるのみであり、奥壁付設例にあっても前部の玄室床面に造作を施すなどの変化が窺える。また、片側壁沿いに付設する例も認められ、この構造にあっては玄室平面は矩形を呈するものである。

これが南関東にあってはとくに相模西部に主体をなす型式となっており、奥壁と片側壁沿いの二棺付設例をも現出させている。房総地区ではとくに東京湾岸の西上総にあってこの型式が卓越して初現期横穴墓として認められるものであり、両側壁に沿う二棺付設例も認められる。このC型式もA型式同様に東海より関東南部に展開するものであるが、主体となって展開する地域を異にする。このC型式にあっては南関東地区に集中するものであり、その伝播先としては東北北部に及ぶものである。すなわち名取市・長谷寺横穴墓群に四基が認められ、北部の亀井囲横穴墓群中に一基である。A型式よりも東に重点を置く型式であるがゆえの東北北部までの伝播とも考えられるところである。

これらA・C型式と共存する型式としてB型式が認められる。遠江地区にあってはとくに菊川流域に顕著に展開するものであり、ここではまた内部に組み合わせ石棺を安置する例が多い。これまた周辺地方で安定した型式として畿内・河内型のうちに系譜を求め得るものである。しかし、この地区においては整正な構造に留意するというよりはむしろ石棺内蔵のための空間確保に腐心した点が顕著であり、この石棺内蔵という点を強調すれば出雲地方の横穴墓との関連も想起されるところである。

この様相は南武蔵多摩丘陵部の津田山横穴墓群中に窺えるものの、武相地区にあってはA型式と同様に床面に敷石をもって定着し、主としてC型式と同様に相模西部に展開している。房総にあっては東上総・一の宮川流域の初現期横穴墓の主体をなすものであり、ここでは玄室床面の敷石は型式要素とはなっていない。

このB型式の横穴墓は、関東地方北部を飛び越えて東北南部にも所在を確認することができる。他型式横穴墓の変遷の結果としての類似構造の発現と考えられる類例を除くと、福島県下の横穴墓分布の全域と宮城県南部の仙台平野周辺にまで確認することができるものである。しかしこれらの地区にあっては、東海・南関東地方における様相とは異なり、他型式の横穴墓と地区内で共存するものである。仙台平野周辺ではF型式であり、福島浜通りではG型式である。

とくにG型式よりの変遷としては容易に類似構造の発現が想定されるところである時に、あるいは浜通り地区のB型式はF型式の後続として現出するものとも考えられる。しかし、G型式そのものが東国の他地区においては認められず、また天井構造の家形を採る例が僅少にすぎる時に、G型式がB型式と他の型式との融合の結果現出したものとも考えられるものである。G型式のうちで家形を呈する例が浜通り北部のF型式分布地区に隣接して所在する時に、後者の可能性の高いものかと考えられる。

宮城県南部・仙台平野周辺ではF型式の分布が特徴的であり、南は福島県北部の相馬地区に及ぶ。型式の基本要素を保持する例は少ないものの、この系譜は山陰・出雲地方の意宇型[73]に求めることができるものである。意宇型横穴墓は、六世紀中頃以降に出雲地方で定着した切石を用いた天井を寄棟平入りとする特徴的な構造の横穴式石室[74]の影響下に、六世紀後半代にその構造を横穴墓に直写したものであり、七世紀中頃まで限定された状況で構築されたものである。

これが、中間に畿内・東海・関東地方を挟んで唐突として東北地方北部に現出するものである。しかし、関東地方にあっては内陸部の北武蔵・吉見百穴横穴墓群の想定される初現期横穴墓も、T字形平面で左右の側壁沿いに二棺座を付設するものである時に、この系譜下の現出で理解されるところである。しかし、ここでは重要な要素である家形天井は欠落しており、在地での変容の結果としての発現と考えられるところである。

仙台平野周辺部におけるこのF型式の横穴墓で、出土遺物により確実に六世紀代にまで遡及する例はない。東北地方の横穴墓を出土遺物にのみ拘泥して所産年代を考慮すれば、七世紀代を欠落して八世紀代に盛行したものとなる。しかし、この点は横穴墓造営の一端を八世紀代に求め得ても、後半代から九世紀にかけての例は再利用の可能性が高いものであり、今後の分析を必要とするところである。

ここで横穴墓の所産年代想定のためにこのF型式の横穴墓を企画の点で考えてみると、典型例としての寄棟平入りの福迫第二三号墓は、三五センチを基準長とする幅一四で長さ九、壁高四となる。また、寄棟妻入りの第二五号墓は三五センチの九×一一で壁高四となる。ともに三五センチを基準長とする類似した企画を採るものであるが、家形の寄棟で平入りと妻入りが近接して存在する様相も出雲地方の十王免(75)・狐谷横穴墓群(76)などに認められる様相であり、彼の地からの伝播の想定をよりいっそう確実にするものかと思える。

また、このF型式横穴墓の変遷を群中で明瞭に確認できる宗禅寺横穴墓群中での企画を見ると、型式としてもっとも整った第八号墓は三五センチの七×五、第四号墓は三〇センチの九×八、宝形造りの第三号墓は三〇センチの八×七、ドームの第一号墓は三〇センチの八×八の床面企画となり、基準長の三五センチから三〇センチ、平面の長方形から矩形への変遷を窺うことができる。

企画を年代の根拠とする場合には、特定企画の年代を確実な出土遺物で明確にしなければならないが、東北地方の横穴墓にあっては資料が十分ではない。このF型式横穴墓の展開した仙台平野周辺部にはまた、B型式の横穴墓も初現期の横穴墓として認められるところであり、この中で出土遺物により年代の想定される例の企画を分析して、F型式の年代を想定してみたい。

宗禅寺横穴墓群に近接して所在する大年寺山横穴墓群では、馬具により六世紀末～七世紀初頭と想定される第一〇号横穴墓が三五センチの八×八であり、フラスコ形提瓶(77)により七世紀前半の年代の想定される第二号墓は三〇センチの七×八の企画と想定される。さらに、頭椎大刀より七世紀前半の年代が想定される多賀城市・大代第六号横穴墓は三五センチの七×七の床面企画となる。

以上を総括すれば、六世紀末～七世紀前半にかけて三五センチを基準長とする企画で横穴墓が掘削され、ついで七世紀の前半以降に三〇センチの企画が流布したものとすることができよう。この点は東北南部(78)および南関東(79)で想定されるところに合致するところであり、ほぼ企画よりの年代推定が有効である点を確認することができよう。

この点を重視すれば、この地区のF型式の横穴墓をして西暦六〇〇年前後までの初現とすることができよう。さら

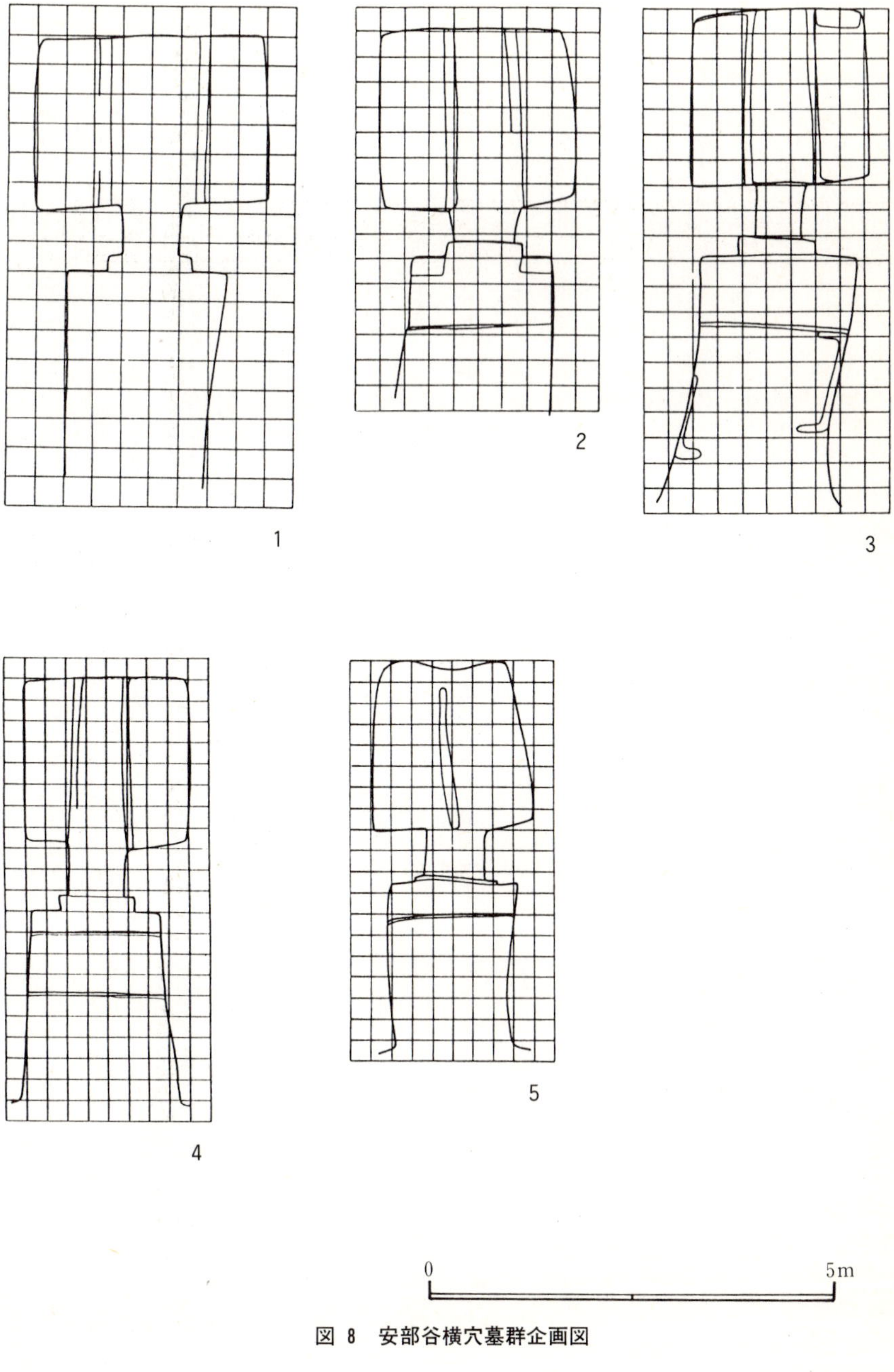

図 8　安部谷横穴墓群企画図

に同系譜と想定される南関東内陸部の吉見百穴横穴墓群でも三五センチから三〇センチへの基準長の変遷が窺え、六世紀末頃の開始年代が考えられるところである。

次いで型式確立地としての出雲・意宇地区でのこの型式の横穴墓の企画を、安部谷横穴墓群(80)をして見てみると、第一号墓が三五センチの八×六、第二号墓が三〇センチの八×七、第三号墓が三〇センチの七×七、第四号墓が二五センチの八×八、第五号墓が二五センチの八×八という床面企画の変容を、平面の矩形・棺座の消失という変遷で確認することができる。すなわち仙台地区のF型式の横穴墓は企画の点でも源流地での様相を受継したものということができよう。

この地区のF型式の横穴墓はまた単独で存在するのではなく、B型式とともに初現期の横穴墓型式をなすものであるが、ここで問題となるのがその系譜である。このB型式は東海地方の諸例をして想定したように、ひとり畿内・河内地区にのみ展開するものではない。肥後地方を除く北九州各地、さらには出雲地方においても普遍的な横穴墓型式として多数の存在が確認されるものである時(81)に、畿内にのみその系譜を限定することは困難と思える。

遠江地区のこのB型式の系譜を畿内・河内に求めた最大の要因は、共存する他型式が畿内・河内に系譜を求め得るということであり、この地区でこの点を強調すれば、F型式とともに出雲系とすることもできるであろう。また、この地区のB型式をかく想定した場合には、隣接する東北南部地区のB型式も必ずしも畿内・河内系とのみ限定されるものではない。

次いで宮城県北部の大崎平野周辺の初現期の横穴墓であるが、この地区はすでに指摘あるように九州・肥後型横穴墓の伝播し来った地区としてE型式の横穴墓が展開するところであり、出土遺物よりは山畑横穴墓群が六世紀末頃の開始年代が想定されている。この型式の横穴墓も家形よりドーム、三棺座―→二棺座―→無棺座という変遷が窺えるところであり、ほとんどがこの系譜としての展開を見せるが、当初より極端に長い羨道を有する点など若干の改変も行われており、東国に展開した他型式と同様の変化を明示するものである。

東国におけるこのE型式は、南関東千葉県の利根川南岸の下総台地縁辺にも展開している。銚子市から香取郡下総町にかけて分布するものであるが、現状で出土遺物により六世紀代に遡及する例は確認できず、その系譜の確定は困難ではある。この地区のE型式は明確な家形を呈するものもなく、この点で大崎平野周辺部の横穴墓とは異なる。この点はF型式における仙台平野周辺部と吉見百穴横穴墓群との関連と同様であり、類似した様相を推定することができる。

残る型式は北関東より東北南部にかけて展開したD型式である。その構造的特徴は、さらに装飾要素を加えて九州筑前地方との関連が想定されており、彼の地からの伝播が想定されるところではある。九州地方における横穴墓は、大きく肥後型と筑前・豊前型に区分されてはいるものの、肥後型以外の型式区分は十分ではない。二分類ではその系譜は後者に求められよう。

この筑前・豊前型はまた、とくに豊前における型式が畿内地方に伝播し来って河内型を現出せしめており、次期の波及が北関東方面にあったものと考えられよう。また常陸北部例はもっとも近似する例として豊後・飛山第一号墓[82]が確認できるものであるが、この型式の横穴墓の出現に至る系譜および以後の展開の追及が十分ではない現状に鑑み、ここでは東国に展開するこのD型式横穴墓をして広く北九州系と想定しておきたい。

他に東国の初現期の横穴墓にあっては僅少にすぎ定着した型式とは認められないものの、複室構造の横穴墓が認められる。H型式としたものであり、神奈川県・市ヵ尾B—一六号、福島県・中田、同・笊内第一八号墓などであり、矩形連接・ドーム天井を基本とする。とくに中田横穴墓は東北装飾横穴墓の最古例として、重要な位置を占めるものである。本邦で複室型式の集中展開する横穴墓群は、加賀・法皇山横穴墓群[83]である。しかしここでは主体をなす奥室と前室の規模の差は歴然としており、関東北の矩形連接とは異なるものであり、また六世紀後半代の群形成当初より家形横穴墓を含むなど、より複雑な様相を明示している。したがって、関東北の複室横穴墓はこの法皇山横穴墓群からの直接的な系譜を想定し難く、複室構造を地域に従って個別に具現化したものとして西方地方よりの伝播と考えら

図 9　東国初現期横穴墓の型式

れるところである。

法皇山横穴墓群以外のかかる構造の横穴墓の分布は、畿内で三基、出雲で一〇基、九州で二〇基ほどであり、おのずとその源流の地は明らかとなる。さらに、横穴墓の規範形としての横穴式石室の分布では、より明白に九州の地の優勢が確認できる。[84] 九州における複室横穴墓は、特徴的な構造の肥後型の中にも一〇基以上認められる以外は筑前に集中する。関東北のH型式には有縁棺座を施設する例はなく、さらに横穴式石室における集中を勘案してこのH型式の淵源を筑前の地に求めておきたい。しかし、東国へは九州のみならず出雲・畿内の地から横穴墓葬法が伝わって来ており、直接的な系譜は今後の問題としておきたい。

四、ま と め

以上、東国の初現期の横穴墓の型式を区分し、個別にその系譜を想定したが、その結果はきわめて興味ある事実が明らかとなった。

すなわち、異なる型式の横穴墓が地区を限って展開したという点であり、異なる型式はまた現出に至る系譜を異にするということである。時期的には東海・遠江地区で六世紀代の中頃と他地区に先行して横穴墓が受容されており、ここで推定された畿内・河内系と想定される横穴墓は六世紀の後半代には南関東に波及し、以後の隆盛の礎をなしたものである。

また北関東以北では、ほぼ四地区としての異なる型式の横穴墓の分布が明瞭であり、地区別に北九州・出雲・肥後系として、西国の横穴墓の主要な密集地からの系譜が想定されるところである。

この中で最北に分布する肥後系の横穴墓が、その現出に至る背景として著名な歴史的事象との関連で問題とされたものであるが、[85] かく東国の横穴墓の系譜を想定した時、その意味はまた異なるものとなろう。問題とすべきはこの事象が何を反映しているかという点であり、いかなる体制下での現出かということであろう。

かかる懸隔の地においての葬法の現出には、特定集団の移徙との関連で問題とされるところであり、東国にあっては装飾古墳が問題とされて来た。[86]

ここで初現期の所産と位置づけられる例の多い装飾横穴墓を型式別に見てみると、それぞれにおいて認められるところであり、特定の型式の横穴墓に固執しての装飾技法の展開ではない。装飾技法流入の以後の各地への拡散の結果としての地域色の顕示であり、装飾という点のみでの追及は問題のあるところであろう。

異なる型式の横穴墓は、それぞれの想定された系譜の地からの掘削技術の伝播の結果であり、この点は明白である。しかしながら、葬られた集団の出自を直截的に物語るかどうかは別である。一般的に埋葬遺構の特徴のみをして、これを考究するのは問題が多い。しかし関東北地方の横穴墓は、それぞれの地区に横穴式石室とほぼ同時に出現した新来の葬法であり、南武蔵・多摩丘陵の横穴墓群あるいは福島県・笊内横穴墓群に顕著に窺われる、横穴式石室を内蔵する高塚古墳と一体になっての横穴墓の現出は、高塚古墳に従属するという性格を表すところである。さらには北関東以北に顕著な、同時期の異型式の横穴墓の展開も内在的要因にのみ起因するものとも思われず、前方後円墳体制下での最後の事象としての横穴墓の現出として、かなりの規模の集団の移徙を反映したものと考えておきたい。

註

(1) 赤星直忠『鎌倉市史』考古編　昭和三四年
(2) 山本清「横穴の型式と時期について」『島根大学人文科学論集』第一一号　昭和三七年
(3) 池上悟「横穴墓の被葬者と性格論」『論争・学説　日本の考古学』五（古墳時代）　昭和六三年
(4) 竹並遺跡調査会『竹並遺跡』　昭和五〇年
(5) 酒井仁夫『久戸古墳群』　昭和五四年
(6) 村上久和ほか『上の原遺跡群』Ⅰ・Ⅱ・Ⅲ　昭和五七・五八・五九年
(7) 小田富士雄「横穴墓総覧～北九州地方」『歴史読本』第二〇巻第八号　昭和五〇年
(8) 出雲考古学研究会『石棺式石室の研究』　昭和六二年

(9) 花田勝広「畿内横穴墓の特質」『古文化談叢』第二二集　平成二年
(10) 乙益重隆「装飾古墳系横穴の伝播」『考古学叢考』中巻　昭和六三年
川崎純徳「東日本における壁画『古墳・横穴墓』研究メモ」『婆良岐考古』第一三号　平成三年
(11) 静岡県教育委員会『掛川市宇洞ヶ谷横穴墳発掘調査報告』　昭和四六年
(12) 静岡県教育委員会『遠江の横穴群』　昭和五八年
(13) 日本楽器製造株式会社『観音堂横穴古墳群』　昭和五四年
(14) 静岡県教育委員会『東名高速道路関係埋蔵文化財発掘調査報告書』　昭和四三年
(15) 望月薫弘ほか『駿河伊庄谷横穴墳』　昭和三八年
(16) 明星大学考古学研究部『大淵ヶ谷・篠ヶ谷・西宮浦』　昭和五八年
(17) 静岡県教育委員会『遠江の横穴群』　昭和五八年
(18) (14) に同じ
(19) (17) に同じ
(20) 赤星直忠「相州鴨居の横穴」『考古学雑誌』第一五巻第八・九・一一号　大正一四年
(21) 赤星直忠「相模佐島横穴」『考古学雑誌』第一九巻第二号　昭和四年
(22) 三上次男・大井晴男「諏訪脇横穴群東部分」『神奈川県埋蔵文化財発掘調査報告書』三　昭和四七年
赤星直忠「諏訪脇横穴群西部分」『神奈川県埋蔵文化財発掘調査報告書』四　昭和四八年
(23) 新井清「川崎市津田山付近横穴概要」『たちばな』第五・六号　昭和四一年
(24) 池上悟「東国横穴墓の一様相」『立正史学』第五二号　昭和五七年
(25) 上田薫ほか「代官山遺跡」『神奈川県立埋蔵文化財センター調査報告』一一　昭和六一年
(26) 新井清「久地西前田横穴墓群」『川崎市史』資料編一　昭和六三年
(27) 甘粕健ほか「市ヵ尾古墳群の発掘」『横浜市史』資料編二一　昭和五七年
(28) 富津市教育委員会『西山横穴群調査報告書』　昭和五四年
(29) 君津郡市文化財センター『岩井作横穴墓群』　昭和六三年
(30) 上智大学史学会「長生郡一の宮川流域の横穴について」『東上総の社会と文化』　昭和四三年
(31) 茂原郡市文化財センター『年報』第一号　昭和六二年
(32) 睦沢町教育委員会『東谷横穴群第一号横穴墓発掘調査報告書』　昭和五七年

(33) 睦沢町教育委員会『長楽寺横穴墓群D地区発掘調査報告書』平成二年
(34) 富津市教育委員会『向原横穴群』昭和五五年
(35) 松本昌久・上野恵司「千葉県内の横穴墓群」『関東横穴墓遺跡検討会資料』茨城県考古学協会　平成三年
(36) 富津市教育委員会『神宿横穴群発掘調査報告書』昭和五三年
(37) 富津市教育委員会『大満横穴群発掘報告』昭和四八年
(38) 三木文雄「上総国長生郡二宮本郷押日横穴群の研究(一)(二)」『考古学雑誌』第二六巻第一・二号　昭和一一年
(39) 西原崇浩「上総地方の横穴墓の様相(上)」『立正考古』第三〇号　平成三年
(40) 渋谷興平『横穴の研究』昭和四七年
池上悟「西大須賀横穴墓群」『下総町史』資料編　平成二年
(41) 千福寺下横穴群発掘調査会『久慈千福寺下横穴墓群』昭和六〇年
日立市教育委員会『千福寺横穴墓群』昭和六一年
(42) 常陸太田市教育委員会『幡山遺跡発掘調査報告』昭和五二年
(43) 勝田市史編纂委員会『勝田市史』考古資料　昭和五四年
(44)『茨城県史料』考古資料編〜古墳時代　昭和四九年
(45) 上野恵司「野州・横穴墓瞥見」『栃木県考古学会誌』第九集　昭和六三年
(46) 金井塚良一『吉見百穴横穴墓群の研究』昭和五〇年
(47) 金井塚良一『黒岩横穴群』昭和四四年
(48) いわき市教育委員会『中田装飾横穴』昭和四六年
(49) 上田三平「泉崎横穴」『考古学雑誌』第二四巻第六号　昭和九年
矢吹町刊行会『七軒横穴群』昭和五八年
(50) 原町市教育委員会『羽山装飾横穴発掘調査概報』昭和四九年
(51) 双葉町史編纂委員会『双葉町史』第二巻　昭和五九年
(52) 福島県教育委員会『福島県東部地区遺跡発掘調査報告書』昭和三八年
(53) いわき市教育委員会『白穴横穴群調査報告』昭和五二年
(54) 福島県教育委員会『母畑地区遺跡発掘調査報告』III　昭和五四年
(55) 長沼町教育委員会『才合地山横穴古墳調査報告書』昭和四五年

(56) 福島県教育委員会『東北横断自動車道遺跡発掘報告』六　平成元年
(57) 相馬市教育委員会『福迫横穴群』I　昭和五三年
(58) 『福島県史』六　考古資料　昭和三九年
(59) 宮城県教育委員会『山畑装飾横穴古墳群発掘調査概報』　昭和四八年
(60) 鹿島台町教育委員会『大迫横穴群』　昭和五二年
(61) (10) に同じ
(62) 氏家和典「辺境における横穴古墳群の諸問題」『日本考古学の諸問題』　昭和三九年
(63) 中田町教育委員会『白地横穴古墳群』　昭和五三年
(64) 伊藤俊雄・氏家和典『仙台市燕沢善応寺横穴古墳群調査報告書』　昭和四三年
(65) 仙台市教育委員会『宗禅寺横穴古墳群発掘調査報告書』　昭和五一年
(66) 亘理町教育委員会『亘理の古墳』　昭和五〇年
(67) 仙台市教育委員会『愛宕山装飾横穴古墳発掘調査報告書』　昭和六〇年
(68) 宮城県教育委員会『大年寺山横穴群』　平成二年
(69) 多賀城市教育委員会『大代横穴古墳群発掘調査報告書』　昭和六〇年
(70) 佐藤宏一「宮城県岩沼町長谷寺横穴古墳群」『仙台湾周辺の考古学的研究』　昭和四三年
(71) (9) に同じ
(72) 林魁一「美濃国可児郡平牧村大字羽崎の石棺及び横穴」『考古学雑誌』第九巻第四号　大正九年
(73) 出雲考古学研究会『石棺式石室の研究』　昭和六二年
(74) 池上悟「出雲における切石使用横穴式石室の一類型について」『立正大学考古学研究室彙報』第二二号　昭和五七年
(75) 島根大学考古学研究会「十王免横穴群発掘報告」『菅田考古』第一〇号　昭和四三年
(76) 島根県教育委員会「狐谷横穴群」『島根県埋蔵文化財調査報告書』VII　昭和五二年
(77) 池上悟「古墳出土の須恵器について～フラスコ形提瓶～」『立正大学人文科学研究所年報』第二三号　昭和六〇年
(78) 大竹憲治「いわき地方の古墳・横穴墓の企画性」『潮流』特別号　昭和六二年
(79) 池上悟「南武蔵・多摩川流域における横穴式石室の導入と展開」『物質文化』第三九号　昭和五七年
(80) 山本清「安部谷古墳」『島根県文化財調査報告書』第五集　昭和四三年
(81) 門脇俊彦「西山陰における横穴墓の受容(上)」『島根考古学会誌』第二集　昭和六〇年

（82）真野和夫・渋谷忠章『飛山』（大分県教育委員会）　昭和四八年
（83）加賀市教育委員会『法皇山横穴古墳群』　昭和四六年
（84）池上悟「東北南部における横穴初現についての一試考～複室横穴を中心として」『南奥古文化』第一号　昭和五二年
（85）（10）に同じ
（86）大場磐雄「古氏族の移動と装飾古墳」『季刊どるめん』第四号　昭和四九年
（87）松崎元樹・池上悟「東京都内の横穴墓群」『関東横穴墓遺跡検討会資料』　平成三年

二　東北横穴墓型式の成立と展開

一、はじめに

東北地方はわが国における横穴墓の北限地帯として、また横穴墓の密集する地方の一つとして特色ある様相を呈しており、横穴墓研究にとってきわめて重要な地方である。この地方における横穴墓については、氏家和典による昭和三〇年代末から四〇年代にかけ精力的に進められた先駆的な研究が認められるが、以後は必ずしも十分には考究されては来なかった(1)。しかしながら、この地方の横穴墓を特色づける要素の一つである装飾横穴墓は、これが発見されるたびに注意を喚起し、相応の研究がなされて来た(2)。

開発に伴い続々と調査され、興味をひく内容を提示する東北地方の横穴墓については、昭和五〇年代の初頭以後に注意して若干の検討を行ってきた。初現期の複室構造の横穴墓について、西方地域からの伝播の結果としての出現を想定し(3)、その後、東国における初現期横穴墓を扱った時に、地域別の横穴墓型式の出現を問題とした(4)。

また、いわき地域における横穴墓の埋葬様式と群構成について、改葬という視点で分析し(5)、これを東北地方全体に及ぼしても考察した(6)。さらには報告のなった福島県の会津・駒板新田横穴墓を対象として、群構成を分析するとともに、ここに顕著な羨道部の積石施設を検討して、これが東北地方横穴墓に施設される意義について言及した(7)。

関東地方と東北地方の横穴墓の関連については、宮城県加美郡宮崎町の米泉館山横穴墓群を対象として検討し、彼我の横穴墓型式の交流について考えてみた(8)。

近年では東北地方の研究者にあっても、従前の出土土器を重視しての横穴墓所産年代を大幅に下降しての想定は是正されつつあるものの、これは出土遺物偏重の傾向にして(9)、横穴墓構造と一体となっての検討はいまだしの感が強い。

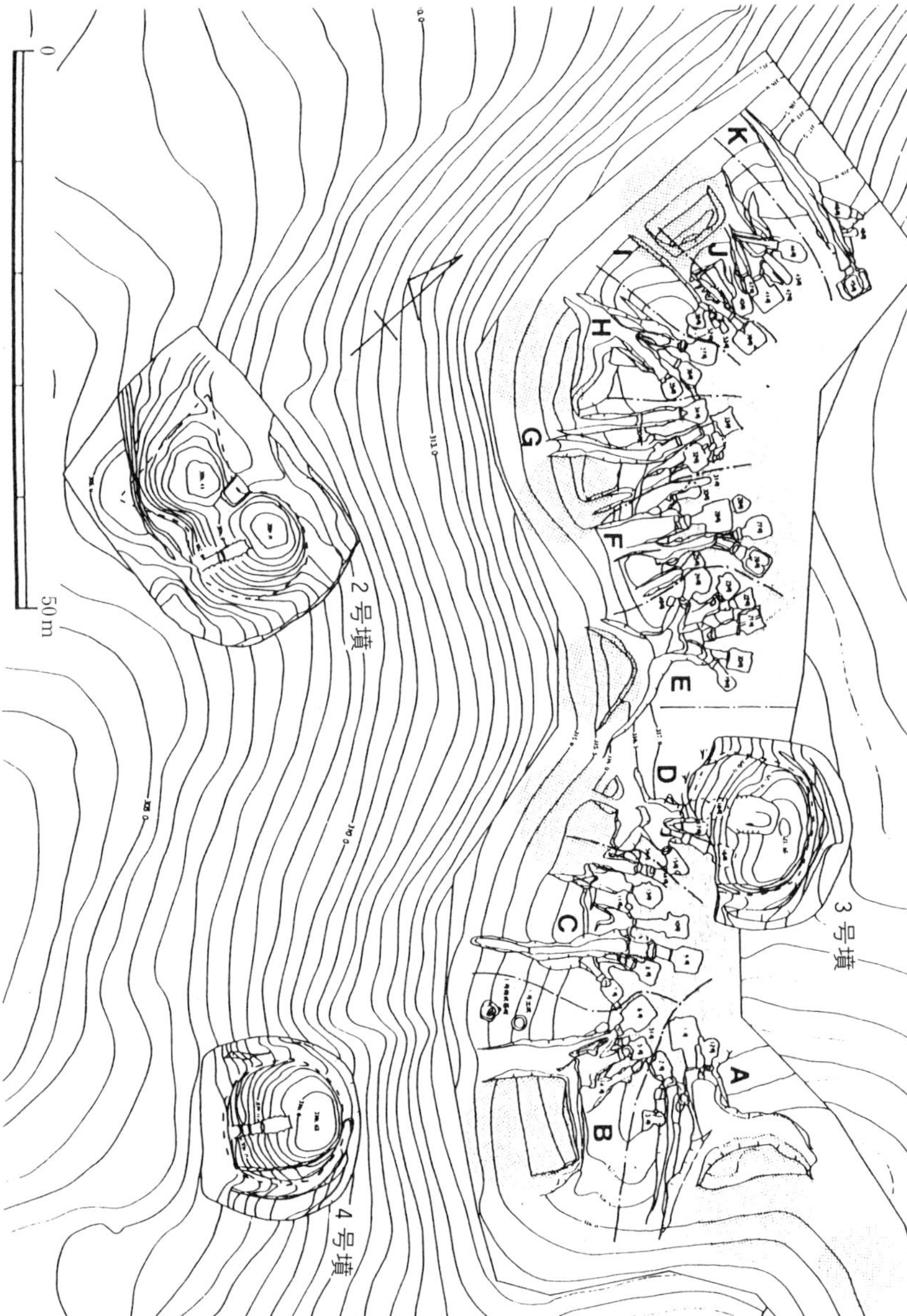

図1　笊内古墳群全体図（註12 文献を改変作図）

また、横穴墓構造の検討も試みられているが、構造の変容を地域に特定する意義は認められるものの[10]、初現型式を含め横穴墓型式相互の関連性の追及は課題として残るものである。さらに近年の横穴墓調査により検出された人骨についての埋葬形態の検討もなされており[11]、横穴墓をめぐる諸問題がようやく検討されつつある現状である。

このような研究動向の中で、待望して久しい福島県・笊内古墳群の報告書が刊行された[12]。昭和五三年度における発掘調査、昭和五四年度の概要報告[13]の後、調査後約二〇年を経ての報告書の刊行である。概要報告のみで事業を終了されなかった関係者の労を多としたい。この古墳群は、総数五五基の横穴墓と、前方後円墳を含む四基の高塚古墳が一体となって存在し、これらがすべて調査されたものとして、きわめて重要な資料ということができるものであり、今後もこれほどの調査は期待できないものである。

本稿では、この笊内古墳群の横穴墓群を対象として横穴墓型式を検討し、これから派生する東北横穴墓に関する問題を考えてみたい。

二、笊内古墳群の様相

横穴式石室

笊内古墳群は福島県西白河郡東村に所在する、四基の高塚古墳と総数五五基の横穴墓からなる古墳群である。四基の高塚古墳は、最高部に立地する第一号墳が一〇・六×七・六メートルの規模の長方形墳であるが、内部主体は不明である。第二～四号の三基の古墳は、横穴式石室を主体部として構築するものであり、第二号墳が全長一七メートルの前方後円墳、第三号墳が径一一メートルの円墳、第四号墳が径一一・五メートルの円墳である。

一般的に、横穴式石室を内蔵する高塚古墳と横穴墓が一体となって古墳群を形成する場合、尾根上の高塚古墳と斜面の横穴墓という組み合わせが通有な形態であるが[14]、ここでは前方後円墳である第二号墳と第四号墳が斜面の下位に立地し、この背後の五メートルほどの傾斜をなす凝灰岩を掘削して横穴墓群が形成され、横穴墓群の上の尾根に第三

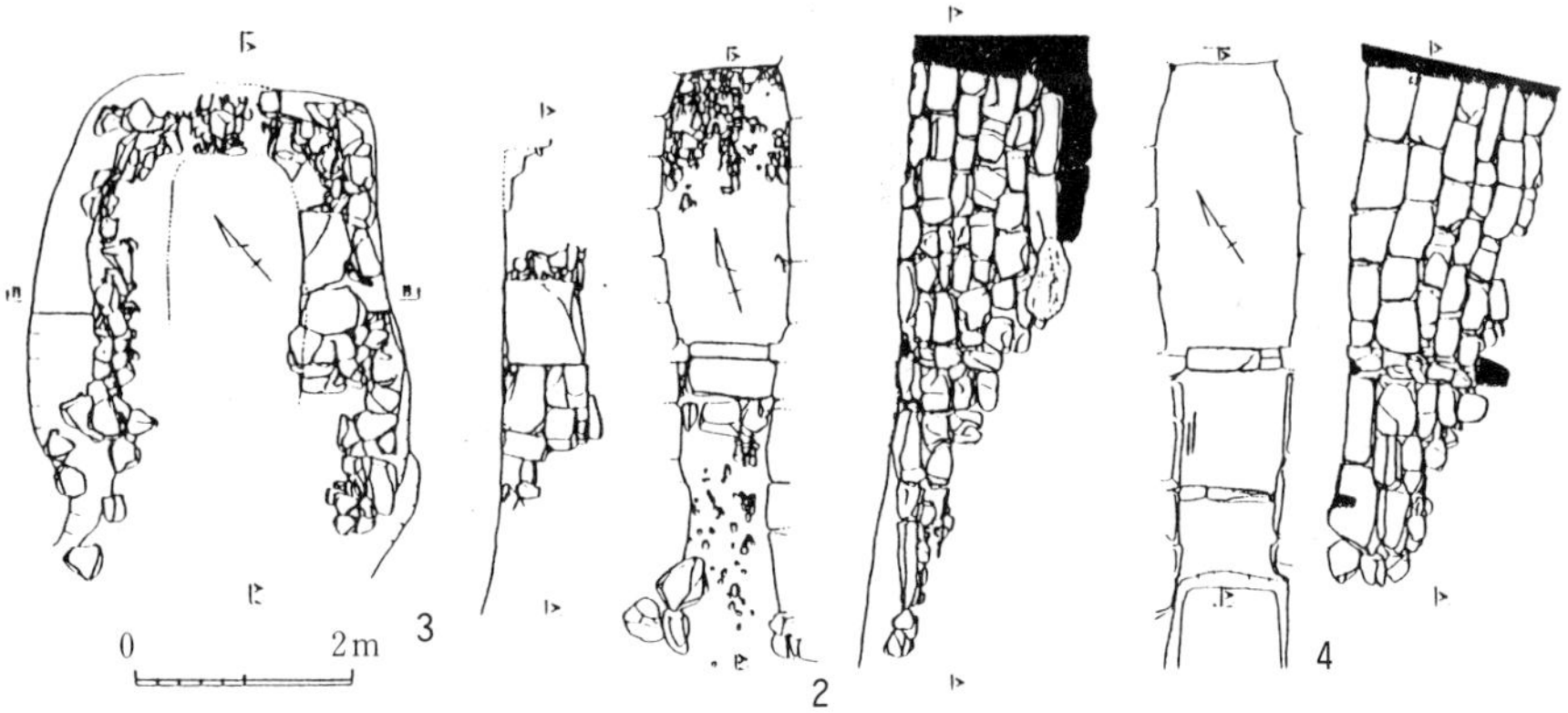

図 2　笊内古墳群・横穴式石室

号墳が存在している。

この状況からは、埋葬施設、所産時期ともに不明な第一号墳を除き、三基の高塚古墳と横穴墓群が有機的に関連して古墳群が形成されたものと想定できるが、この点は十分には追及されていない。高塚古墳と横穴墓との関連は、古墳群造営集団の中の支配的地位を占めた有力者三名を対象としての高塚古墳の造営と、この中での序列を墳形に明示した点を容易に想定せしめる。横穴墓群は、これら高塚古墳の被葬者に従属する集団の構成員の墓域として、かなりの期間にわたり形成せられたものと想定できる。

前方後円古墳を含め、横穴式石室を内蔵する古墳の年代も明確とはなっていない。最大の要因は出土遺物の僅少さによるものであるが、もっとも古く想定する場合には六世紀の第3四半期[15]、新しく想定する場合には七世紀の前半である[16]。この原因は、良好には年代的特徴を示さない僅少な出土須恵器を過大に評価するか、東北南部地方の地域色を強調した横穴式石室の構造把握にある。

今回報告なった、第三号墳に関連する須恵器のフラスコ形提瓶は、ほぼ六世紀末ないしは七世紀初頭頃の年代が推定できる資料であり[17]、時期を必ずしも明瞭には明示しない甕などの資料よりは重視することができよう。

横穴式石室の構造は、全容が窺われる第二・四号墳、遺存状況の悪い第三号墳ともに、凝灰岩の切石を使用した胴張り石室であり、玄室側壁に認められる胴張り様相は緩慢なものである。類似した構造であるが、使用石材の大きさ、および羨道部積石の状況では、円墳である第四号墳石室が整正なものである。

東国の横穴式石室研究において相応の意義の認められる石室企画[18]を想定すると、第四号墳は三〇センチを基準長とする玄室奥幅三・五、前幅四、玄室長九となる。第二号墳では同じく三〇センチを基準長とする玄室幅三、長八となり、第四号墳よりは小形化している。残る第三号墳は企画の想定は困難である。この石室企画の点からは、これらの横穴式石室を六世紀末ないしは七世紀初頭頃の所産と想定することができ、上記した遺物の様相からも妥当なところであろう。

次いで問題となるのが、横穴式石室を内蔵する三基の古墳の先後関係であるが、整正という点を勘案すれば円墳である第四号墳の若干の先行を想起せしめるものである。しかし第二号墳が小形とはいえ前方後円墳という、古墳時代にあっては重要な墳形を採っている時に、これら三基の石室古墳をして世代を異にしない同時期に構築されたものと想定することができる。

この様相は南武蔵地域における、高塚古墳と横穴墓が一体となって形成された古墳群として典型例である横浜市・赤田古墳群にも窺うことができる[19]。すなわち横穴墓群の盟主墳としての石室古墳が複数存在する場合には、高塚古墳群で普遍的な累代的な形成のみではない点が確認できよう[20]。

横穴墓

この古墳群における横穴墓の群集の特徴は、横穴墓内部に至る前面の狭長な墓道を重複させて個別の群別を明確とする点であり、東国にあってはきわめて特異な様相である。多くの横穴墓群にあっては、横穴墓個々が独立した墓前域を形成して相互の関連性が乏しい傾向にあるが、この横穴墓群にあっての個別造営主体の把握は容易である。

類似する様相は、近隣の表郷村・深渡戸B横穴墓群[21]と宮城県古川市・朽木橋横穴墓群[22]に認められるのみであり、東北地方に展開した横穴墓群の源流としての九州地方の様相を保持した横穴墓群と理解することができるものである。

個別の群別として認識できる横穴墓小群には、それぞれに中核として小群形成の端緒を担った大形の横穴墓が認め

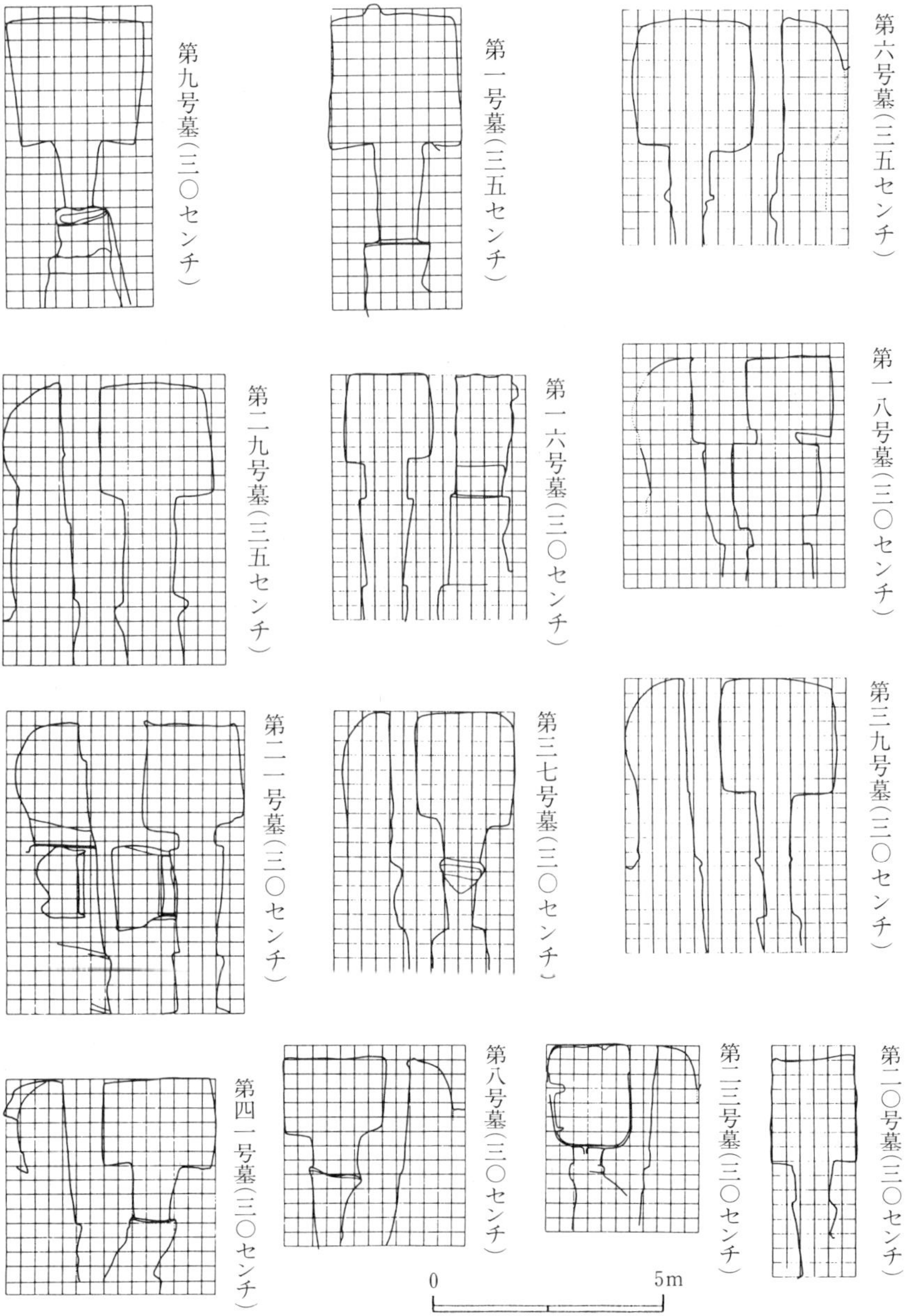
第六号墓（三五センチ）
第一号墓（三五センチ）
第九号墓（三〇センチ）
第一八号墓（三〇センチ）
第一六号墓（三〇センチ）
第二九号墓（三五センチ）
第三九号墓（三〇センチ）
第三七号墓（三〇センチ）
第二一号墓（三〇センチ）
第二〇号墓（三〇センチ）
第二三号墓（三〇センチ）
第八号墓（三〇センチ）
第四一号墓（三〇センチ）
0
5m

図 3　笊内横穴墓群・横穴墓企画図

られ、これらとは異なる構造の横穴墓が継続して構築されて横穴墓小群が成り立っている。

報告書では墓道の重複状況により、一二群五五基の横穴墓とするが、小群形成過程を考慮してA～Kの一一群として理解したい。これらの小群はまた、墓道前面の横穴墓掘削に伴う排土の堆積により特徴づけられている。この排土は円墳状に堆積するようであり、狭長な墓道はこれを避けて掘削されている。A、B、C・D、E、F・G、H、I群の前面に、径八・五～一一・五メートルの規模で堆積しており、土層断面の図示されているA群例では厚さ二メートルを測る。これらは、単に横穴墓掘削に伴う排土を前面に遺棄した場合には、このような状況にはならないものと考えられ、横穴墓群に伴う墳丘として意識的に構築された可能性も考えられるところである。

もちろん西日本の九州および本州の中国地方に知られる墳丘を有する横穴古墳[23]は、斜面に位置する埋葬主体部としての横穴墓と、尾根上の墳丘との組み合わせとして存在するものであり、時期的にも横穴墓の出現期である五世紀後半代から、山陰における六世紀の中頃であり、この点とは齟齬を来している。可能性としては東国への横穴墓の伝播の過程で横穴墓に伴う墳丘の性格が変容した結果との理解であり、個別横穴墓に伴う墳丘から、横穴墓群を包括した祭祀執行の場としての墳丘の造営である。

この点は学史に著名な神奈川県・市ヵ尾横穴墓群と尾根上の車塚古墳との関連で指摘されており[24]、斜面の横穴墓と同時期の遺物を出土する尾根上の墳丘から埋葬主体が見いだせないという事象からの想定である。類似する様相は神奈川県・代官山横穴墓群[25]と台地縁辺に立地し主体部の痕跡の窺えない周溝跡との関連にも窺える。この笊内古墳群に窺えるところは、以上の様相がさらに変容して横穴墓群の前面における墳丘の存在であり、検討を要する重要な点であろう。

小群の中核をなす横穴墓の基本的な構造は、以下の三類に区分できる。

①類～大型の、玄室平面矩形、ドーム形天井の単室構造の横穴墓。

②類～玄室平面は矩形、ドーム形天井、長い羨道部を付設する構造の横穴墓。

表　笊内横穴墓群・群構成

	I 期	II 期	III 期	横穴墓基数				
	①類	複室　②類	折衷　③類	①類	②類	③類	小型	改葬
A群	第1号墓			1			2	2
B群	第6号墓			1			1	2
C群		第9号墓	第8号墓		2	1	2	3
D群		第16号墓 第18号墓	第15号墓		2	1	1	
E群		第21号墓	第20号墓		2		5	2
F群	第29号墓	第26号墓		1	1		1	4
G群		第33号墓	第32号墓		1	1	1	1
H群		第37号墓			1		2	
I群		第39号墓			1			3
J群			第41号墓			1	2	3
K群			第45号墓			1	2	

③類〜玄室平面は横長長方形、ドーム形天井構造の横穴墓。これらは小群における墓道の重複状況により先後の関係を確認できる。F群における①類から②類への変遷、C群における②類から③類への変換であり、総体として①類──→②類──→③類という編年が可能となる。また、②類と③類の折衷形として長羨道を付設する玄室平面横長長方形の構造の横穴墓も確認でき、さらには特異な例として複室構造の横穴墓も存在する。複室は、長羨道横穴墓の中に前室の痕跡とも見られる構造を保持する例もあり、②類と同時期に編年できる。

また、これら中核横穴墓の企画は、①類は基準長を三五センチ、②・③類および複室横穴墓は基準長を三〇センチとすることが確認でき、企画面でも上記の想定を補強するものである。

以上の中核横穴墓の変遷をもととして、各横穴墓小群の形成を想定すると、上表のようになる。すなわち、笊内古墳群において横穴式石室を内蔵する高塚古墳とともに、古墳群形成の端緒を担った横穴墓小群は、A・B・Fの三小群ということとなる。これは前方後円墳を含む横穴式石室を内蔵する高塚古墳の基数と合致しており、全体的な配置を勘案すると、A群と第三号墳、B群と第四号墳、F群と前方後円墳である第二号墳という造営集団内における関連を想定することも可能となる。この点はまた、形成端緒の横穴墓小群が尾根上に立地する第三号古墳を避けて掘削されている点からも想定できるところである。

次いでII期に造営を開始する横穴墓小群は六群を数え、横穴墓群の総体の形成がなされている。A・B群の西側に隣接してC・D群の造営が認められ、D群は第三号墳の直下に位置する。F群の周囲では東にE群、西側にG・H・I群が形成されている。このうちH群の第三七号墓からは、金銅装の馬具と銅鋺が出土しており留意させられる。この内容は、在地の首長墓としての高塚古墳から出土する遺物に比べても遜色のないものであり、当該期の盟主墓と想定することができる。横穴墓からの上質の遺物の出土は、高塚古墳の築造の終焉後の横穴墓の造営であろうということが想定できる。

III期に形成を開始する小群は西端部のJ・K群のみである。J群は墓前の盛土との関係より隣接するI群との関連が考えられ、K群は東側の小群からの派出とも考慮される。

もちろんこの変遷は特徴的な中核横穴墓をのみ対象として想定したところであり、III期以降には②類とした長羨道型の簡便化とも考えられる小形矩形ドーム天井構造の横穴墓も並行して造営されたものと考えられる。E群において②類の第二一号墓に後続して造営されたと考えられる第二三号墓からは轡が出土しており、III期の盟主墓とも理解される。

③類のT字形平面構造以後も同じく小形矩形ドーム天井構造の横穴墓の造営が続くが、この中では第I群の第四〇号墓が注目できる。年代とともに小形化する横穴墓の変遷に従った小形の横穴墓であるが、羨道部に天井石を横架する石積施設を構築するものであり、この笊内横穴墓群にあっては唯一の例である。東北地方においては他に一二の横穴墓群に類似した構造の横穴墓の存在が確認できるが、群内において限定せられた横穴墓に認められるものである。[26]したがってこの石積み施設の存在を考慮すると、第四〇号墓を③類の構築を典型とするIII期に後続するIV期の盟主墓と位置づけることができよう。

次いでこれら各類の横穴墓の掘削された年代であるが、根拠たり得る遺物の出土は多くはない。比較的年代の想定しやすい須恵器のうち、第九号墓前域出土のフラスコ形提瓶は七世紀初頭と中葉の年代が想定でき、遡る年代である七世紀初頭を②類の掘削年代の一点と考えることができよう。また第三四号墓出土のフラスコ形提瓶は七世紀前半の年代が想定され、②類の中核横穴墓に後続して掘削された小形横穴墓の所産年代と考えることができる。第三七号墓からは金銅装の馬具一式が出土しており、これらは鞍金具、棘葉形杏葉、雲珠ともにTK二〇九型式期と想定されている。[27]②類の年代を六世紀末ないしは七世紀の初頭とする根拠となる。

また掘削企画の点からは、①類は三五センチを基準長とする大形横穴墓であり、②類・③類は三〇センチを基準長とする。東国における横穴墓を含む横穴系埋葬施設の従前の検討では、六世紀の第4四半期に晋尺に近似する長さの二四センチから高麗尺に近似する長さの三五センチへ、七世紀の第1四半期に三五センチから唐尺に近似する長さの三〇センチに変遷するものと想定して来た。[28]

これらは出土遺物の豊富ではない墳墓の時間的尺度の基準として須恵器の相対年代を応用したものであったが、近時若干の年代遡及を伴う見直し案が提示されている。[29]この案に従うならば従前の二四センチ──→三五センチ──→三〇センチの変遷は、若干遡って六世紀の第3・4四半期、六世紀末頃の交代とすることができる。

東北地方においても横穴墓企画における基準長の変遷は東国の他の地域と同様に確認されるところであり、[30]従前確認された出土遺物から想定する年代も同様に理解されて来たものである。

この基準長の変遷を勘案すれば、①類とした横穴墓は②類に先行するものとして六世紀の第4四半期頃、②類は六世紀末ないしは七世紀の初頭、③類は②類に後続するものとして七世紀の第2四半期頃の掘削年代が想定できる。

問題は、最古とした①類横穴墓の基準長三五センチに対し、横穴式石室では三〇センチの基準長が想定される点である。古墳群の造営過程を考慮すれば、この笊内古墳群において明確なる横穴墓の先行は認め難いところであり、世代を異にしない程度の同時期における先後の序列程度の年代差と考えられるところである。

ほぼ同時期における基準長の異同は、横穴系葬法中の埋葬施設の差異に基づくところと理解され、出現に至る直接的な系譜を異にする結果と考えられる。横穴式石室が隣接する関東地方からの技術移入に基づく築造と考えられるのに対し、横穴墓は広く東北地方に展開した初現期横穴墓構造の一つに属するものであり[31]、必ずしも関東地方からの伝播とは断定できないものである。より早く西方先進地方から東北地方に伝播し来った横穴墓の、地域的展開の一端と理解されるものである。

設定できた一一の横穴墓小群は、それぞれ三〜九基の横穴墓群からなっている。特徴的な点は、各小群が狭長な墓道を重複させて造営主体の区分を明確にするとともに、きわめて小形の横穴墓を付設する点である。これらは横穴墓葬法で一般的に考慮されている伸展葬ではなく、骨化した段階での改葬と理解される。

笊内横穴墓群においては第九・一六・一七・一八・二六・三七・三九号墓の七基から合計一八体の人骨が検出されているが、これらはいずれも通常規模の横穴墓であり、小形の改葬墓と想定される例からの検出はない。大半はわずかな部分的な検出であるが、②類の第一六号墓からは成人五体、小児一体の六体が検出されており、横穴墓内での片付けた状況が窺われる。

改葬墓の実際は明確な人骨の検出で確認されるところであり、近接して所在する深渡戸B横穴墓群、あるいはいわき市・小申田横穴墓群[32]に確認されるところである。出土人骨の実際では、成人を十分に伸展葬するにたる規模の横穴墓であっても改葬墓として使用されている例も多く、特異なところでは会津・駒板新田横穴墓群[33]では通常規模の横穴墓を改葬墓として使用している。この点を考慮すると、この笊内横穴墓群における①〜③類以外の小形横穴墓の中のある部分も改葬墓として使用された可能性が高くなる。かく理解すると、この笊内横穴墓群は、改葬墓が主体的に展開した横穴墓群として留意されるところである。改葬墓を伴う横穴墓群は、すでに検討したところでは[34]、東北地方南部の福島県南部から、南接する茨城県北部に主体的に展開するところであり、福島県南部にあっては初現期から確認される。

三、横穴墓型式の系譜

以上に笊内古墳群における①横穴式石室内蔵高塚古墳、②横穴墓型式の変遷、③墓前域における墳丘状盛土、④横穴墓群の構成、⑤横穴墓の埋葬法について記してきた。次いでここでは、笊内横穴墓群において変遷する各類の横穴墓型式について考えてみたい。

①類とした大形、玄室平面矩形、ドーム天井の単室構造の横穴墓は、従前東北地方のうちでは南の福島県南部に多く確認されていた型式である。福島県南部のうち太平洋岸の地域に多く認められ、この地域においてはその初現期から小形改葬墓を伴う例が多く知られる。横穴墓形式と埋葬様式を一体として理解した時に、この地域の横穴墓の系譜を九州北部の筑前地方に求めることが可能なものである。[35]

しかし一方、この類型として認識できる横穴墓は、東北北部の宮城県は仙台周辺においても認められる。仙台・愛宕山横穴墓群[36]、隣接する大年寺山横穴墓群[37]、茂ケ崎横穴墓群[38]においてはこの型式を基本としての展開が窺われ、隣接地域に所在する利府町・道安寺横穴墓群[39]、多賀城市・大代横穴墓群[40]、七ケ浜町・砂山横穴墓群[41]などはこの①類を基本とする横穴墓群である。また南にやや離れる柴田町・炭焼横穴墓群[42]も同様であり、この①類は広く東北地方に展開した初現期横穴墓型式として認識されるところである。しかしながら北部の仙台周辺においては小形改葬墓はわずかしか伴わず、遅れて導入された状況が窺われる時に、必ずしも系譜を同じくするものとは断定できない。笊内横穴墓群における①類は、特徴的に小形改葬墓を伴うものであり、東北地方南部に展開する類型として認識される。

②類とした、玄室平面矩形、ドーム天井で長い羨道部を付設する構造の横穴墓は、笊内横穴墓群の所在する東北地方南部に本来的に展開するものではない。この長羨道を伴う特有な構造の横穴墓は、研究の当初に氏家により東北横穴墓の典型例とされたことのある構造であり、主たる研究対象地域とされた宮城県北部に特徴的な構造である。この宮城県北部・大崎平野周縁部に展開した横穴墓はまた、内部の施設としてこれまた特徴的な有縁屍床を左右および奥

の三方に設けるものであり、類似する構造の横穴墓が九州は肥後地方に濃密に展開する点が乙益重隆により指摘されたものである。[43]この指摘をうけて東北最北部における初現期の横穴墓構造と認識して、その分布を確認して肥後地方からの横穴墓型式の導入の結果と理解した。[44]

ここで笊内②類の横穴墓を明確とするために、長羨道横穴墓群の典型例として出土遺物から六世紀末頃の群形成の開始が想定されている、群中に装飾横穴墓を三基含む志田郡三本木町・山畑横穴墓群[45]を検討してみたい。山畑横穴墓群は装飾横穴墓を含むという重要性に鑑み史跡として指定保存されて、資料館を隣接して研究の便宜を図っており、東西約六〇メートルにわたり二六基の横穴墓が展開している。

横穴墓構造は、①大形の家形で二ないしは三棺座を有する装飾を施す横穴墓、②矩形平面の家形横穴墓、③長方形平面のドーム天井の横穴墓、④小形改葬墓に大きく分類できる。これらの企画を想定すると、図4に示すように小形改葬墓を除き①三五センチ──→②三五センチ──→③三〇センチという基準長の変遷を想定することができる。この変遷を笊内②類と比較すると、家形を呈さないものの矩形の大形横穴墓として三〇センチの企画が想定されるものである時に、山畑②類段階からの直接的な影響と理解することができよう。

東北地方北部の特定地域に展開した長羨道横穴墓は、南に離れた笊内横穴墓群においては時期的に主体となる型式として定着しているが、これは稀な例として周辺部にはわずかに知られるのみである。笊内横穴墓群以外に長羨道横穴墓が認められるのは、主要展開地域に南接する宮城県南部の仙台周辺地域である。

東北横穴墓の研究史上に著名な仙台市北部の善応寺横穴墓群[46]は、初現型式としては家形でT字形玄室平面の出雲系の構造が確認されるところであるが、次期の矩形玄室平面でドーム形天井段階の横穴墓は長羨道構造となっている。北部地域の横穴墓型式の波及として理解される。この様相は仙台市大年寺山に位置する宗禅寺山横穴墓群[47]にも窺える。家形でT字形玄室平面の出雲系の横穴墓を初現型式として変遷する中で、矩形玄室平面でドーム形天井段階の横穴墓は、同じく長羨道構造となっている。隣接する土手内B横穴墓群[48]も同様であり、大年寺山周辺部までの北部の横穴墓

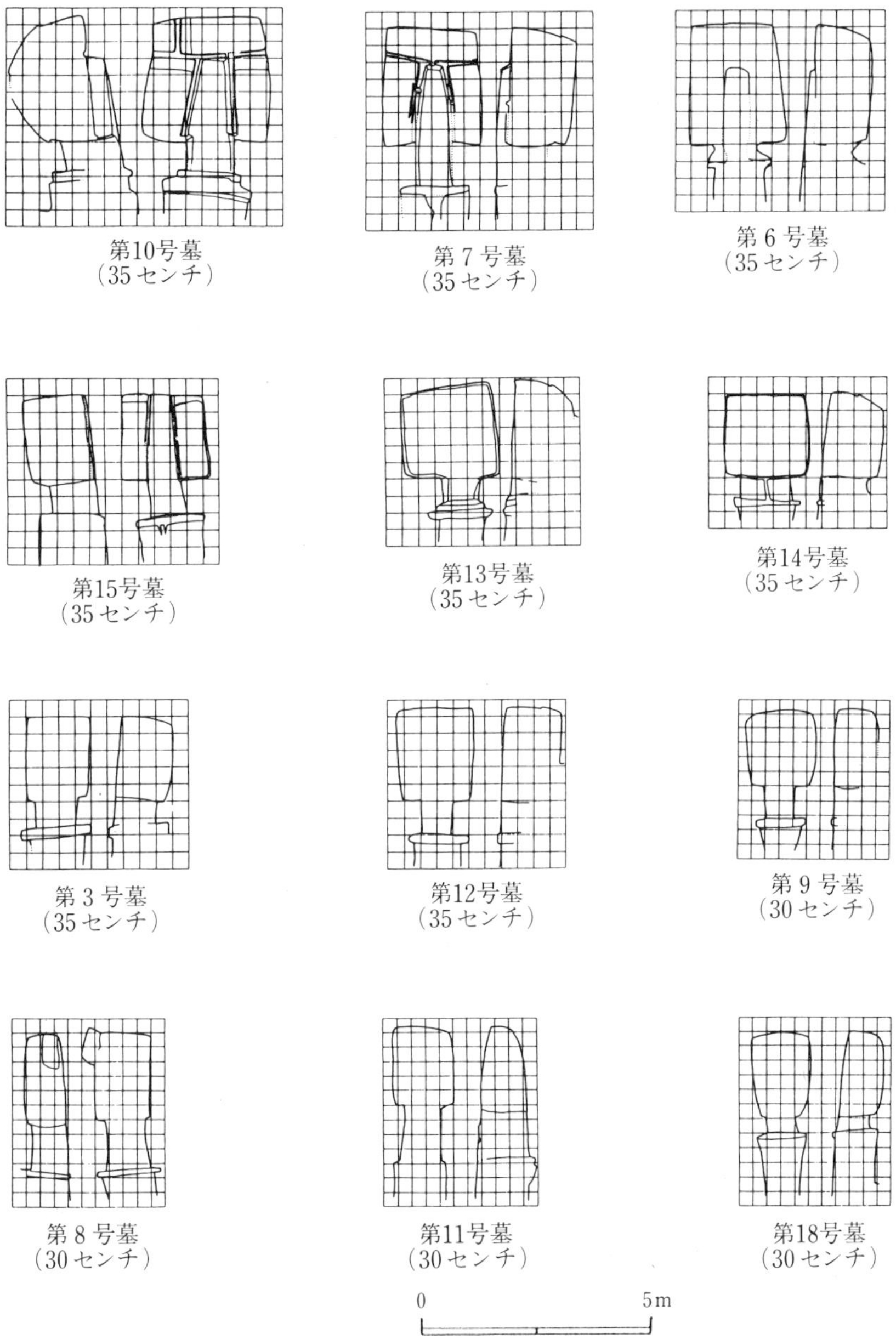

図 4　山畑横穴墓群・横穴墓企画図

型式の南漸状況が知られる。しかしこの大年寺山周辺部においては、矩形玄室平面でドーム形天井構造を初現型式とする横穴墓群である愛宕山横穴墓群、大年寺山横穴墓群および茂ケ崎横穴墓群にあっては、長羨道構造は認められない。ここに横穴墓群の初現型式による以後の展開過程の差異が認められるところであり、横穴墓に表徴される被葬者集団の性格を窺知することができる。

仙台周辺以南における長羨道横穴墓はきわめて少ない。わずかに宮城県の最南部の亘理町・袖ケ沢横穴墓群[49]に一基と、福島県白河市の観音山横穴墓群[50]に一基が現在確認できるのみであり、笊内横穴墓群の特異性が明確となる。袖ケ沢横穴墓群は二群八基の存在が確認されている横穴墓群であり、このうちの北第二号墓が長羨道横穴墓である。矩形玄室平面のドーム形構造であり、七世紀中葉から後半代にかけての須恵器が出土している。この横穴墓群の初現型式としては、南第六号墓がT字形玄室平面で家形天井構造であり、仙台周辺地域と同様の様相を部分的に示すものと理解されるところである。

白河市・観音山横穴墓群は一七基の横穴墓が調査されており、後に調査された隣接する七基が観音山北横穴墓群として報告されている[51]。一七基中の長羨道横穴墓は、大形の第五号墓一基のみである。玄室幅二・四メートル、長さ四メートルのT字形平面で奥壁沿いに棺台を設置し、軒を意識した簡便化した家形天井の構造である。出雲系の在地での型式変容を顕著に窺わしめる例である。出土遺物からの所産年代は明確にはならないが、規模・構造より第五号墓がこの横穴墓群の初現の横穴墓と推定することができるが、他の横穴墓は矩形・ドームあるいは長方形・ドーム構造であり、以後には長羨道要素は継続しない。

以上、現在東北地方で確認できる本貫地以外の長羨道横穴墓は、いずれも初現型式として、T字形玄室平面で家形天井を特徴とする出雲系の横穴墓が存在する横穴墓群において、あるいは出雲系の変容形に確認されるところであり、この様相からも笊内横穴墓群の特異性が窺われる。

類似する様相は、はるかに離れた南関東地方においても窺知することができる。この地方において六世紀代の初現

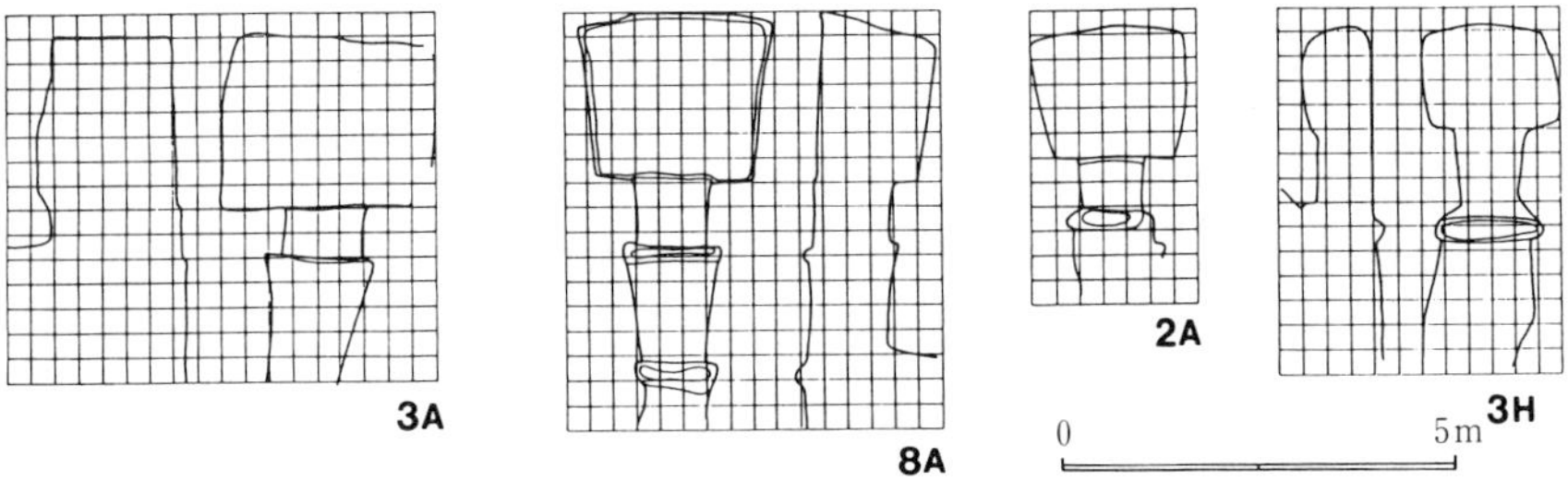

図 5　深渡戸B横穴墓群・横穴墓企画図

型式として、T字形平面でドーム形天井構造の横穴墓が認められるのは埼玉県・吉見百穴横穴墓群[52]とその周辺[53]、および千葉県北部地区のみである。千葉県北部地区の横穴墓は、数は少ないものの七世紀中頃までは両袖有縁構造を基本として変遷している[54]。この中で香取郡下総町・西大須賀横穴墓群[55]においては〝コ字形〟に棺台を配置する、地区には類例のない長羨道の構造が型式として認められる。笊内横穴墓群と同じく山畑②類段階の影響を窺うことができる。同じく出雲系変容型式に関連する事象であり、横穴墓造営集団の類縁的関係を世代を越えての確認をすることができる。

③類とした横長長方形(T字形)玄室平面でドーム形天井構造の横穴墓も、東北地方南部に本来的に展開する型式ではない。この③類横穴墓の規範となった横穴墓型式は、T字形平面と家形構造が組み合わさったものであり、仙台周辺から南の福島県の太平洋岸の北半部に分布する。この地域の初現期横穴墓として認識されるものであり、その源流はすでにふれたように山陰は出雲東部に展開する意宇型横穴墓[56]に求めることができるものである。②類の長羨道横穴墓の本貫地からの南漸資料として記したように、この地域の出雲系横穴墓は初現期以降に安定して変遷するものではなく、他型式横穴墓の影響のもとに大きく変容する特色を有する。

③類横穴墓は、この出雲系横穴墓が、家形要素を欠落した段階での波及と理解されるものであり、長羨道を保持する構造と、これを欠く構造が知られる。笊内横穴墓群と近接して所在する福島県西白河郡表郷村・深渡戸B横穴墓群では、大形の長羨道の③類が初現型式として確認され、以後小形化し長羨道を欠落していくことを考慮するならば、②類との関連を勘案して、長羨道を保持する段階が先行するものと考えることができよ

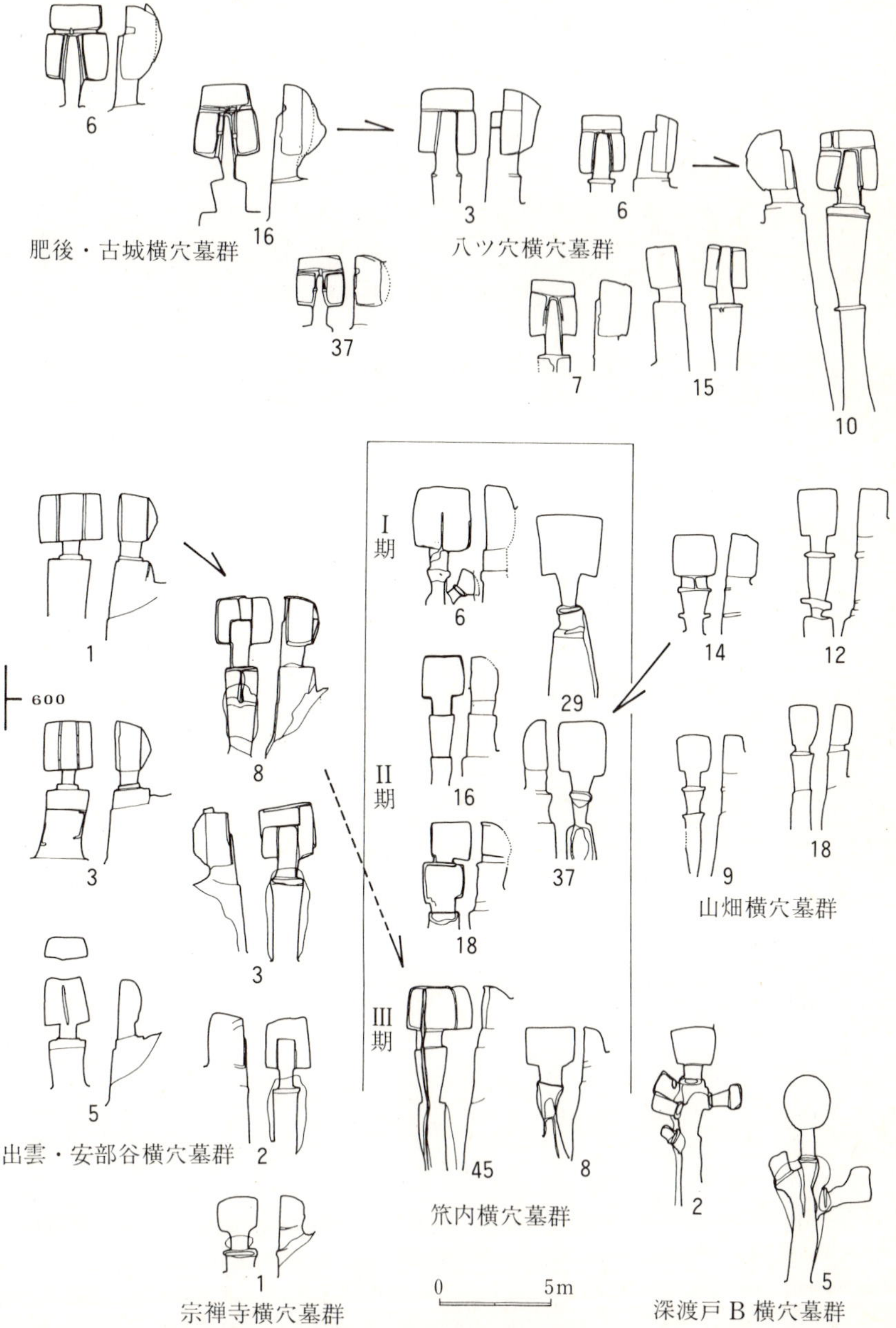
6
16
肥後・古城横穴墓群
37
3
6
八ツ穴横穴墓群
7
15
10
1
600
8
3
3
5
2
出雲・安部谷横穴墓群
1
宗禅寺横穴墓群
I期
II期
III期
6
29
16
37
18
45
8
笊内横穴墓群
0
5m
14
12
9
18
山畑横穴墓群
2
5
深渡戸 B 横穴墓群

図 6　横穴墓型式関連図

う。

以上に笊内横穴墓群で時期を異にして展開する三類の横穴墓型式について、東北地方における関連を瞥見したが、きわめて興味深い内容を呈示するものということができよう。東国各地において地域を限って展開する横穴墓型式は、基本的には一定の領域に主体的に構築されるがゆえに地域的特徴を明示している[57]。しかし笊内横穴墓群における様相はこの基本を逸脱して、初現期以降に北方からの時期を異にする二波の影響下に横穴墓型式を変換しており、その背景が問題となる。

埋葬形態における特徴的な構造は、これを表徴とする集団の存在を明示するものであり、想定される系統はまた集団の出自をもある程度推測せしめる。横穴墓普及期に西国各地からの徙民を反映する事象と推定されるところであり、特徴的な横穴墓型式の他地区への波及は集団間の類縁的関係を想定させる。

四、横穴墓型式の定着と年代

以上に東北南部に所在する笊内横穴墓群の分析を通して、東北各地に初現した横穴墓型式の集約的変遷過程を想定することができたが、以下では東北横穴墓型式の定着と年代について考えてみたい。

東北最北地域においては上記したように、肥後系横穴墓が初現期横穴墓型式として定着しているが、肥後地方において内部に特徴的な石障を巡らして有縁屍床を左右および奥の三方に〝コの字〟形に施設する横穴式石室の形成をうけ定型化した肥後型横穴墓[58]は、長い羨道の付設を型式要素として保持してはおらず、際立った差異を顕現させている。

東北地方北部に展開した長羨道横穴墓はすでに在地化した横穴墓型式として認識されるところであり、一つの考え方では、これが初現には肥後型に類似する構造の横穴墓の東北北部における存在が前提となる。あるいは肥後型の東北地方への伝播時に長羨道要素を融合しての初現とも理解されるものの、長羨道を確固たる型式要素として保持する横穴墓型式の存在は確認し難い。この東北型肥後系横穴墓の成立の状況は、今まで十分には検討されて来てはいない。

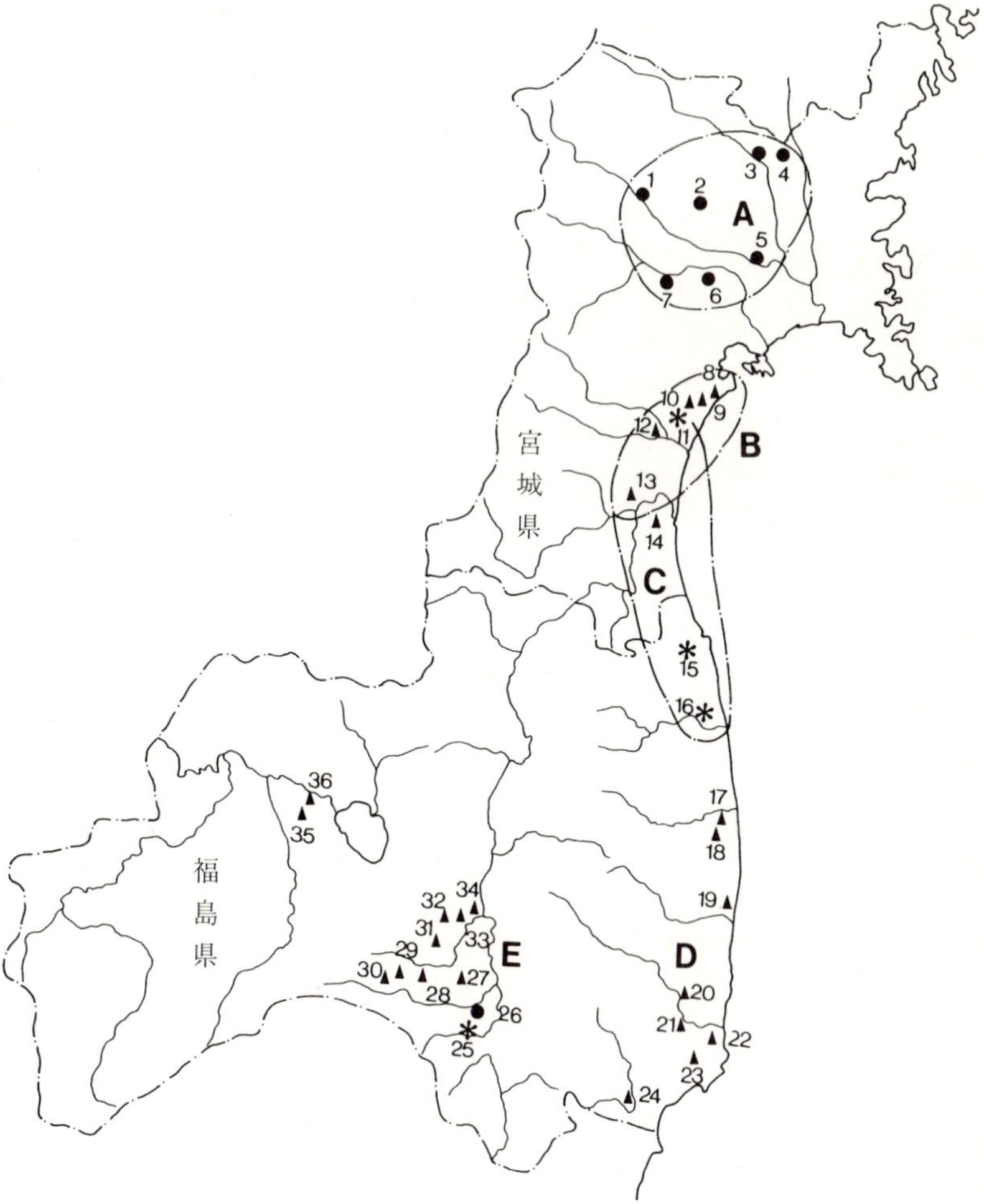

1．川北横穴墓群　2．日向前横穴墓群　3．山根前横穴墓群　4．白地横穴墓群　5．追戸横穴墓群　6．亀井囲横穴墓群　7．山畑・青山・混内山横穴墓群　8．砂山横穴墓群　9．大代横穴墓群　10．道安寺横穴墓群　11．善応寺横穴墓群　12．愛宕山・宗禅寺・大年寺山・茂ケ崎横穴墓群　13．炭釜横穴墓群　14．桜小路・堤の内横穴墓群　15．福迫横穴墓群　16．江垂横穴墓群　17．丈六横穴墓群　18．西宮下横穴墓群　19．北向横穴墓群　20．小申田横穴墓群　21．御台Ａ横穴墓群　22．白穴横穴墓群　23．千代鶴横穴墓群　24．館崎横穴墓群　25．深渡戸Ｂ横穴墓群　26．笊内横穴墓群　27．七軒・泉崎横穴墓群　28．観音山北横穴墓群　29．観音山横穴墓群　30．郭内横穴墓群　31．才合地山横穴墓群　32．神成横穴墓群　33．梅田横穴墓群　34．治部池横穴墓群　35．大塚山横穴墓群　36．駒板新田横穴墓群

図 7　東北地方横穴墓分布図

現在報告されている中で、長羨道を保持せず有縁屍床を〃コの字〃形に配置し、肥後型に酷似する横穴墓は、唯一志田郡鹿島台町に所在する八ツ穴横穴墓群のみである。[59]至近に位置する高岩横穴墓群も類似する様相を示すものの、その実際は家屋建築のために横穴墓群の全面を大きく削平した結果であり、報告書に図示された横穴墓の短羨道は本来的なものではない。出土遺物の知られていない八ツ穴横穴墓群の横穴墓掘削企画を検討すると、群内で先行する可能性の高い有縁屍床を〃コの字〃形に配置した切妻妻入りの家形構造の横穴墓は、図6に示すように、従前横穴系葬法で検討されてきた二四センチ、三五センチ、三〇センチ、二五センチの四種の基準長の中では、いずれも晋尺に近い長さの二四センチを基準長として企画されたものと想定できる。

この点は、長羨道横穴墓群の典型例としての、群中に装飾横穴墓を三基含む志田郡三本木町・山畑横穴墓群で想定される横穴墓掘削企画とは大いに異なる。山畑横穴墓群二六基は、①大形の家形で装飾を施す横穴墓、②矩形平面の家形横穴墓、③長方形平面のドーム天井、④小形改葬墓に大きく分類でき、図4に示すように小形改葬墓を除き①類三五センチ――→②類三五センチ――→③類三〇センチという基準長の変遷を想定することができる。この点からは、八ツ穴横穴墓群の所産年代の遡及が考えられるところである。

ここで東北北部に展開した肥後系横穴墓の源流としての肥後型横穴墓の企画を想定し、比較検討してみたい。肥後地方には多くの横穴墓の存在が知られるものの、発掘調査により所産時期の確定できる例はきわめて少ない。地方に特徴的な装飾横穴墓は集成報告されているものの、[60]視点の違いからか個別横穴墓の所産年代には拘泥してはいない。管見に及んだ資料の中では、熊本市・古城横穴墓群が四九基の多くを発掘調査されており、出土遺物から個別横穴墓の所産年代を推定されている貴重なものである。[61]

この古城横穴墓群では四期に及ぶ横穴墓構造の変遷が想定されており、〃コ〃の字形三屍床はII期以降に定型化しており、

II期～奥屍床と左右屍床が独立し縁を大きくU字形に抉り込む段階

Ⅲ期〜横穴墓内部が一体化し全体として前幅の広がる平面形を呈する段階

Ⅳ期〜奥幅と前幅を等しくした長方形ないしは矩形平面を呈する段階

に区分されており、家形構造はⅢ期以降、Ⅳ期に増える。それぞれの所産年代は、出土遺物をもとにしてⅡ期〜六世紀末ないしは七世紀の前葉、Ⅲ期〜七世紀中葉、Ⅳ期〜七世紀後葉と想定されている。しかしこの年代は、出土遺物をもとにした個別横穴墓の造営年代を示すものであり、直截的に横穴墓の掘削年代を示すものとは考え難い。

北部の菊池郡七城町に所在する瀬戸口横穴墓群[62]では、隣接する四基の横穴墓が発掘調査され報告されている。四九—b・c・d・e号の四基であり、いずれも〝コ〟の字形三屍床を配置する構造であり、d・e号の二基がやや大形の前幅の広がる段階、c号が小形の前幅の広がる段階、b号が小形の長方形の段階であり、b・cの二基は家形で切妻妻入り構造を採る。上記した古城横穴墓群の変遷ではⅢ期ないしはⅣ期に相当するものである。しかし出土遺物をもとにした所産年代は、b号が六世紀中頃、c号が六世紀中頃から後半、d・e号が六世紀の後半代と想定されており、古城横穴墓群の様相とは大いに異なる。また湯の口横穴墓群の様相からは、大形前広がり平面の段階から小形長方形平面への変遷が、立地から想定されており[63]、福原横穴墓群[64]も同様相を窺うことができる。

以上の横穴墓群の示すところから還元すると、肥後型横穴墓は構造的には多数の横穴墓を検討された古城横穴墓群における変遷が、時期的には瀬戸口横穴墓群で示された年代幅、すなわち六世紀の中頃から後半代に現れたものとも理解される。

肥後における横穴墓の初現は、出土した遺物から五世紀末ないしは六世紀初頭と確認されてはいるものの[65]、主要分布地域における構造は明確とはなってはいない。装飾横穴墓として著名な石貫穴観音横穴墓群[66]などに顕著な、奥側屍床の横穴式石室内部の石屋形[67]からの転化を基本とすれば、石室内に石屋形が設置される六世紀初頭以降の肥後型の定着と、これ以後の変遷が考慮されるところであり、上記の推定も大過ないものかと思える。しかしながら、地域差を考慮した肥後型横穴墓の確実な変遷過程の究明は今後に期待するしかない現状である。

以上より、ほぼ六世紀代と想定される古城・瀬戸口・石貫穴観音横穴墓群の個別横穴墓の構造を検討すると、すべてが二四センチを基準長としての企画と想定できる。この点は、北部九州地方に展開した初期横穴式石室における企画も同様に二四センチとして考慮されており[68]、確実性の根拠となろう。

すなわち肥後型横穴墓として定型化した構造は、大きく三段階として変遷するものであるが、いずれも二四センチを基準長としての企画性を保持したものと理解される。

この想定される肥後型横穴墓構造の変遷を、東北北部の肥後系横穴墓としての八ツ穴横穴墓群と比較すると、わずかに玄室前幅の広がる家形で切妻妻入り構造を呈するものであり、ほぼ古城Ⅳ期に並行する段階と理解できる。年代は瀬戸口横穴墓群から想定すれば六世紀の中頃から後半代とすることができ、二四センチを基準長とする企画も類似する点が多い。したがって、東北北部の肥後系横穴墓は、肥後型横穴墓のかなり変容した段階で企画性を保持して初現したものと理解することができるものであり、東北化した長羨道横穴墓に先行する二四センチ企画として、六世紀の第3四半期のうちの初現と理解することが可能であろう。このように肥後型横穴から東北地方北部の肥後系横穴墓の初現年代を想定すれば、長羨道構造の初現は六世紀の第四4半期頃と推定できる。これは従来から山畑横穴墓群などの出土遺物から想定されていた点であり、三五センチという基準長の変化を伴う企画の変遷としても理解されるところである。しかしながら、長羨道の系譜は明確とはなっていない。

東北の地以外で長羨道横穴墓が知られるのは九州は日向の地のみである。宮崎市・蓮ケ池横穴墓群[69]の中に三基ほどが確認されているものの、型式として成り立つほどのものではなく、出現の系譜も明確ではない。現在の限られた資料からは、複室横穴墓の前室が羨道化した結果としての長羨道の現出が唯一想定できるところである。東北地方においては数は少ないものの、若干の複室横穴墓が各地に構築されている。笊内横穴墓群においては第一八号横穴墓一基のみであり、構築企画の三〇センチを基準長とする点、およびこの横穴墓が位置するD群の状況より第Ⅱ期の所産と理解したところである。企画は幅六、長さ五単位の奥室と、幅六、長さ六(五)単位の企画の前室であり、奥室の床面が

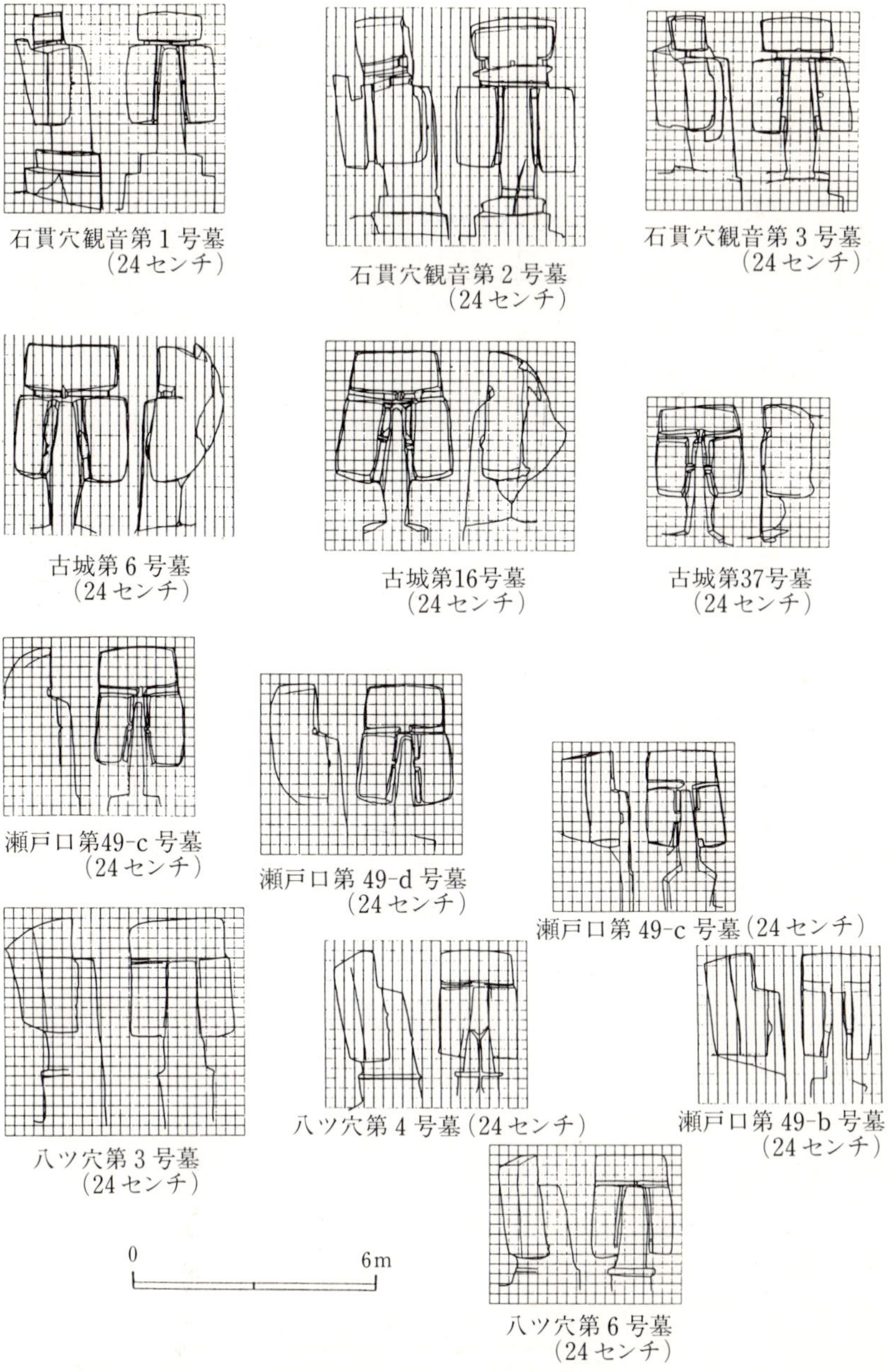
石貫穴観音第１号墓
（24センチ）
石貫穴観音第２号墓
（24センチ）
石貫穴観音第３号墓
（24センチ）
古城第６号墓
（24センチ）
古城第16号墓
（24センチ）
古城第37号墓
（24センチ）
瀬戸口第49-c号墓
（24センチ）
瀬戸口第49-d号墓
（24センチ）
瀬戸口第49-c号墓（24センチ）
八ツ穴第３号墓
（24センチ）
八ツ穴第４号墓（24センチ）
瀬戸口第49-b号墓
（24センチ）
0
6m
八ツ穴第６号墓
（24センチ）

図８　肥後型（系）横穴墓企画図

二〇センチほど高くなっている。

東北地方にあって複室横穴墓が複数群内に所在する横穴墓群は、宮城県古川市・朽木橋横穴墓群のみである。東北北部の長羨道横穴墓群のただ中に位置する横穴墓群であり、すでに検討したように[70]、調査されたうちの小形の横穴墓を除くすべてが三〇センチを基準長としての企画が想定されるものであり、当該地区においてはやや遅れて初現したものと考えることができる。群中の複室横穴墓の存在、あるいは長い墓道を重複させて個別造営主体による造営横穴墓を区分する様相において、笊内横穴墓群と密接に関連する横穴墓群ということができる。

朽木橋横穴墓群においては、第七・九号墓が明確に二室を構築する複室横穴墓であり、第八号墓は前室が簡便化し前壁を有せずに台形平面を呈する状況を示す。第七号墓が三〇センチを基準長とする奥幅六、前幅七、長さ七単位の奥室に、幅五、長さ五単位の企画のやや小形の前室を付設する。第九号墓は、幅六、長さ六単位の奥室に、幅七、長さ八単位の企画の大形の前室である。ともに奥室と前室の床面の高さの差はない構造である。第八号墓は六×七の奥室に、奥幅五、前幅二・五、長さ五単位の企画の前室である。この第八号墓前室がさらに長さを縮めた企画として第一三号墓を理解することもできる。単位群内における先後関係よりは第七号墓から第六号墓への変遷が明確であり、横穴墓型式として定着せず初現以降の変容が著しい。

仙台市・善応寺横穴墓群では、群中に第一七号墓の一基のみが複室横穴墓として確認できる。三〇センチを基準長とする五×五の奥室に、六×六の企画の前室が組み合わさる構造であり、奥室床面が三〇センチほど高くなる点において笊内第一八号墓に類似する。

以上の東北各地の複室横穴墓がすべて三〇センチを基準長とする。したがって六世紀末ないしは七世紀初頭以後の所産にかかる横穴墓と考えられるのに対し、いわき市・中田横穴墓[71]は三五センチを基準長とする点において六世紀後半の年代が考慮される東北地方でもっとも遡及する複室横穴墓である。やや不整形ながら、八×七の奥室と六×五企画の前室よりなる構造であり、内部壁面に描かれた彩色による三角文などによる装飾図文を有する装飾横穴墓として

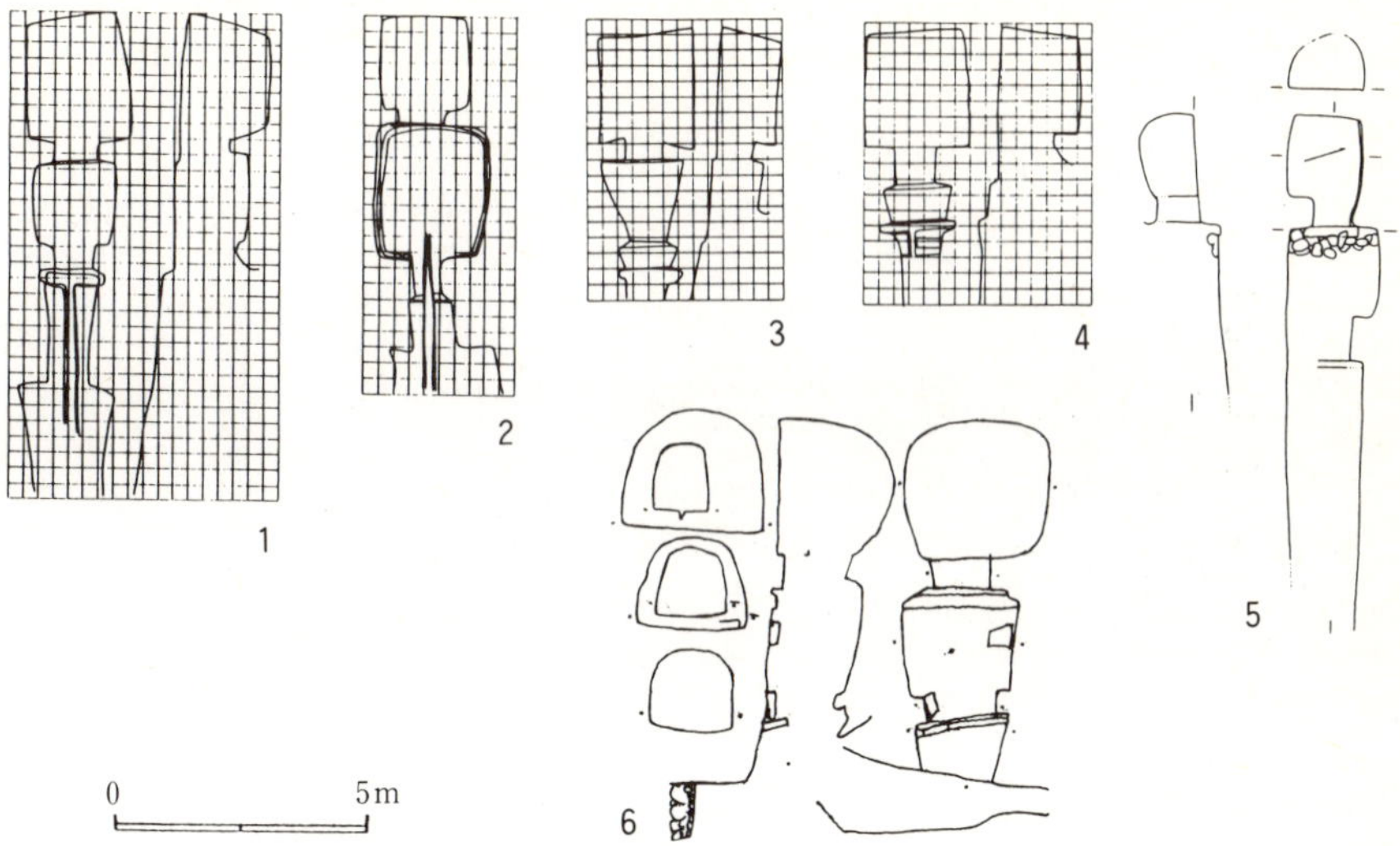

1．朽木橋第７号墓　2．朽木橋第９号墓　3．朽木橋第８号墓
4．朽木橋第13号墓　5．善応寺第17号墓　6．中田横穴墓

図 9　東北複室横穴墓企画図

史跡として保存されている。

現状では六世紀後半に遡る例は中田横穴墓のみであるが、朽木橋横穴墓群に遅れて窺知できる横穴墓構造の変遷から推定すれば、前室の羨道化の結果としての長羨道構造の出現とも理解されるところである。

類似する長羨道の構造を横穴式石室に求めれば、いわき市・金冠塚古墳石室、(72) あるいはこれに類似する仙台市・法領塚古墳(73)の石室を確認できるが、その所在地、想定される所産年代を考慮すれば、東北北部地区に主体的に展開した長羨道横穴墓の規範とすることはできない。

複室横穴墓が中核横穴墓として唯一展開したのは、石川県・法皇山横穴墓群(74)のみであるが、横穴墓の構造は東北地方に認められる複室横穴墓と関連するものではない。これまた九州北部地方からの影響の結果として初現するところであり、東北横穴墓の様相の一つとして彩を添えている。

以上、東北地方における横穴墓の展開状況を、南部の笊内横穴墓群に認められる横穴墓型式を検討することによって考えてみた。初現期のそれぞれ系譜を異にする各地への特色ある構造の横穴墓の定着以後、個別横穴墓型式が安定して展開するものではなく、相互に関連して興味ある事象を示している状況がある程度明確になったかと思う。

さらには北部地区の長羨道横穴墓を検討する中で、肥後系の横穴墓の所産年代が従来の想定以上に遡及する可能性も考えられるところであり、墳丘の存在を考慮するならば従前六世紀後半を上限として想定されていた東国横穴墓の初現年代もまた第3四半期頃までに遡る可能性が高いものと考えられるところである。

註

（1）氏家和典『東北古代史の基礎的研究』　昭和六三年
（2）梅宮茂「東北地方の装飾古墳私考」『東北考古学の諸問題』　昭和五一年
　　渡辺一雄「福島県下における横穴墓の特色」『えとのす』第一三号　昭和五五年
（3）池上悟「東北南部における横穴初現に関する一試考」『南奥古文化』創刊号　昭和五二年
（4）池上悟「東国横穴墓の型式と伝播」『おおいた考古』第四集　平成三年
（5）池上悟「いわき横穴墓の埋葬様式と群構成」『史峰』第一九号　平成五年
（6）池上悟「東北横穴墓の埋葬様式」『立正考古』第三二号　平成五年
（7）池上悟「東北横穴墓の一様相」『多知波奈考古』創刊号　平成五年
（8）池上悟「東国横穴墓の形式と交流」『日本古代史叢考』（高嶌正人先生古稀祝賀論文集刊行会）　平成六年
（9）菊地芳明「東北地方における横穴の出現年代」『福島県立博物館紀要』第七号　平成五年
（10）古川一明「北辺に分布する横穴墓について」『考古学と遺跡の保護』（甘粕健先生退官記念論文集刊行会）　平成八年
（11）高橋信一「福島県内横穴墓における埋葬形態の検討」『しのぶ考古』第一〇号　平成六年
（12）福島県教育委員会・財団法人福島県文化センター「笊内古墳群」『母畑地区遺跡発掘調査報告39』　平成八年
（13）福島県教育委員会「笊内古墳群」『母畑地区遺跡発掘調査報告Ⅲ』　昭和五四年
（14）池上悟「南武蔵における古墳終末期の様相」『国立歴史民俗博物館研究報告』第四四集　平成四年
（15）木本元治「南東北における横穴式石室の編年と系譜」『横穴式石室と前方後円墳』（第二回東北・関東前方後円墳研究大会発表要旨資料）　平成九年
（16）福島雅儀「阿武隈川上流域の切石積横穴式石室」『考古学雑誌』第七二巻第二号　昭和六一年

(17) 池上悟「古墳出土の須恵器」『立正大学人文科学研究所年報』第二三号　昭和六〇年
(18) 尾崎喜左雄『横穴式古墳の研究』　昭和四一年
(19) 日本窯業史研究所『赤田の古墳』　平成二年
(20) 池上悟「南武蔵における後期古墳出土の鉄鏃」『多知波奈考古』第二号　平成九年
(21) 表郷村教育委員会『深渡戸B横穴群発掘調査報告』　平成三年
(22) 宮城県教育委員会「朽木橋横穴古墳群」『宮城県文化財調査報告』第九六集　昭和五八年
(23) 西尾克己・丹羽野裕「山陰の横穴墓」『おおいた考古』第四集　平成三年
(24) 大塚初重「市ヵ尾車塚の調査」『市ヵ尾古墳群の発掘』（横浜市史資料集二一）　昭和五七年
(25) 神奈川県教育委員会『代官山遺跡』　昭和六一年
(26) （7）に同じ
(27) 宮代栄一「中央部に鉢を持つ雲珠・辻金具について」『埼玉考古』第三〇号　平成五年
(28) 池上悟『東国の横穴式石室と横穴墓』　平成三年
(29) 国立歴史民俗博物館「千葉県成東町駄ノ塚古墳発掘調査報告」『国立歴史民俗博物館研究報告』第六五集　平成四年
(30) 大竹憲治「いわき地方の古墳・横穴墓の企画性」『東北考古学論攷』第二　平成五年
(31) 池上悟「東国に於ける胴張り石室」『立正史学』第四七号　昭和五五年
(32) いわき市教育文化事業団『小申田横穴群』　昭和六三年
(33) 福島県教育委員会「駒板新田横穴群」『東北横断自動車道遺跡調査報告』六　平成元年
(34) （6）に同じ
(35) （4）に同じ
(36) 仙台市教育委員会『愛宕山横穴群発掘調査報告書』　昭和四九年
(37) 宮城県教育委員会『大年寺山横穴群』　平成二年
(38) 仙台市教育委員会『茂ケ崎横穴群』　平成三年
(39) 利府町教育委員会『菅谷道安寺横穴群』　昭和五三年
(40) 多賀城市教育委員会『大代横穴古墳群発掘調査報告書』　昭和六〇年
(41) 宮城県教育委員会『砂山横穴古墳群調査報告書』　昭和五一年
(42) 柴田町史編纂委員会『柴田町史考古資料編』　昭和五六年

(43) 乙益重隆「装飾古墳系横穴の伝播」『考古学叢考』中巻　昭和六三年
(44) (4)に同じ
(45) 宮城県教育委員会『山畑装飾横穴古墳発掘調査概報』昭和四八年
(46) 仙台市教育委員会『善応寺横穴古墳群調査報告』昭和四三年
(47) 仙台市教育委員会『宗禅寺横穴群発掘調査報告書』昭和五一年
(48) 仙台市教育委員会『土手内横穴B地点発掘調査報告書』平成四年
(49) 志間泰治『亘理の古墳』昭和五〇年
(50) 福島県教育委員会「観音山横穴群」『東北自動車道遺跡調査報告書』昭和五〇年
(51) 福島県教育委員会「観音山北横穴群」『東北自動車道遺跡調査報告書』昭和五〇年
(52) 金井塚良一『吉見百穴横穴墓群の研究』昭和五〇年
(53) 金井塚良一『黒岩横穴群』昭和四四年
(54) 池上悟「千葉県北部の横穴墓」『多知波奈考古』第三号　平成九年
(55) 池上悟「横穴墓」『下総町史料』原始古代・中世編　平成二年
(56) 出雲考古学研究会『石棺式石室の研究』昭和六二年
(57) 池上悟『横穴墓』ニュー・サイエンス社　昭和五五年
(58) 小田富士雄「横穴墓総覧〜北九州地方」『歴史読本』第二〇巻第八号　昭和五〇年
(59) 鹿島台町教育委員会『大迫横穴群』昭和五二年
(60) 熊本県教育委員会『熊本県装飾古墳総合調査報告書』昭和五九年
(61) 高木正文『古城横穴墓群』(熊本県教育委員会)　昭和六〇年
(62) 高木正文ほか『北上原古墳・瀬戸口横穴墓群』(熊本県教育委員会)　平成元年
(63) 西住欣一郎「肥後における横穴墓について」『おおいた考古』第四集　平成三年
(64) 高木正文『福原横穴墓群』(熊本県教育委員会)　昭和六〇年
(65) 松本健郎「中九州の横穴」『森貞次郎博士古稀記念古文化論集』昭和五七年
(66) 浜田耕作・梅原末治『肥後に於ける装飾ある古墳及び横穴』(京都帝国大学文学部研究報告第一冊)　大正七年
(67) 蔵富士寛「石屋形考」『先史学・考古学論集II』龍田考古会　平成九年
(68) 柳沢一男「北部九州における初期横穴式石室の展開」『九州考古学の諸問題』昭和五〇年

(69) 曽我部長良『日向の横穴』 昭和五〇年
長津宗重「日向の横穴」『おおいた考古』第四集 平成三年
(70) (8) に同じ
(71) いわき市教育委員会『中田装飾横穴』 昭和四六年
(72) 梅宮茂「金冠塚古墳」『福島県史』 第六巻 昭和四四年
(73) 仙台市教育委員会『法領塚古墳調査報告書』 昭和四七年
(74) 加賀市教育委員会『法皇山横穴古墳群』 昭和四六年

三　東海横穴墓の受容と展開

一、はじめに

東海地方における横穴墓については、日本考古学の草創期以来、本邦における主要な分布地域の一つとして認識され、研究されて来た。しかしながら近年における動向では、北部九州における初現期横穴墓の確認と多様な様相、山陰地方における墳丘を伴う初現期を含む夥しい横穴墓の調査、東北地方における装飾横穴墓を中心とした各所の調査などに比較すると、けっして盛んに研究が進展して来たとはいい難いところである。横穴墓の限定された分布に関連してか、後期古墳時代にあっては高塚古墳に関連する研究が主体をなしている現状である。

この傾向の中で東海横穴墓の主要分布地域である静岡県下にあっては、早く昭和四六年に静岡県考古学会により『群集墳と横穴』が纏められており、地域における意識の高揚を窺知することができる。(1) この中で平野吾郎は狩野川流域の横穴墓の被葬者について考察し、また足立順司により東遠江地区の横穴墓の総括が果たされるなど、以後の研究の重要な指針を提示している。さらに昭和五八年には静岡県教育委員会によって『遠江の横穴群』が刊行されており、昭和四〇～五〇年代には相応の成果を認めることができる。(2)

東海横穴墓のうちとくに分布の中心をなす静岡県下における横穴墓については、数の多さに対して、東名高速道路・東海道新幹線工事に伴う調査以後の公にされている資料が限定されている問題があり、この点を研究進展を阻む要因の一つとして考えることができる。

平成一〇年度には、従来横穴墓の分布範囲としてほとんど認識されていなかった北部伊勢地域における調査があり、(3)調査者の好意によりこの実地見学を果たすことができた。この横穴墓群は、遺物の出土状況を勘案すると墳丘を伴う可能性の高いものと認識でき、この横穴墓構造と近い遠江地区の横穴墓には墳丘を伴う類例の存在を暗示するところがあった。[4]

また静岡県下においては静岡県埋蔵文化財調査研究所による横穴墓群調査の現地見学と、掛川市域における既往の調査資料を実見することができた。ここでは、これらの近年の調査例を踏まえて東海横穴墓の受容と展開状況について、いささか考えてみたい。

二、東海地方最古の横穴墓型式

東海横穴墓の初現と展開については、平成三年に東国全体の横穴墓を扱った時に問題としたことがある。[5] この中では実態の明確な資料を根拠として、東海地方とくに遠江地区の六世紀中頃の初現型式として、①長方形玄室平面・アーチ状天井構造と、②矩形玄室平面・ドーム状天井構造を考え、とくに掛川市・宇洞ケ谷横穴墓[6]の巨大な造り付け石棺の存在を重視して畿内からの技術波及の結果と考えた。しかしながらこの観点は、その後の資料の確認により、現状においても東海横穴墓に畿内横穴墓の影響を考慮する点の変更はないものの、大きく変更を余儀なくされることとなった。

最大の変更点は東海横穴墓の初現時期であり、掛川市・向山第一号墓出土の須恵器の所産年代から推定すれば六世紀初頭に遡及する。この掛川市・向山第一号墓についての詳細は報告されていないものの、概要報告により内容を確認できる。[7] その構造は、天井部は崩落により不明であるが、玄室は幅二五〇センチ、長一三七センチの横長の隅丸長方形を呈し、この中央部に幅八〇センチの羨道を設ける小形のものである。またこの横穴墓は尾根の上部近くに立地しており、尾根上からは須恵器が纏まって出土している。詳細は不明なものの横穴墓上の尾根を意識した祭祀の実践が想定されるところであり、墳丘の存在ないしは横穴墓上の尾根を墳丘と意識した実際を窺うことができる。

この横穴墓型式は、すでに羨道部が玄室より順次低下する六世紀代以降一般化する構造を呈するものの、系譜は本

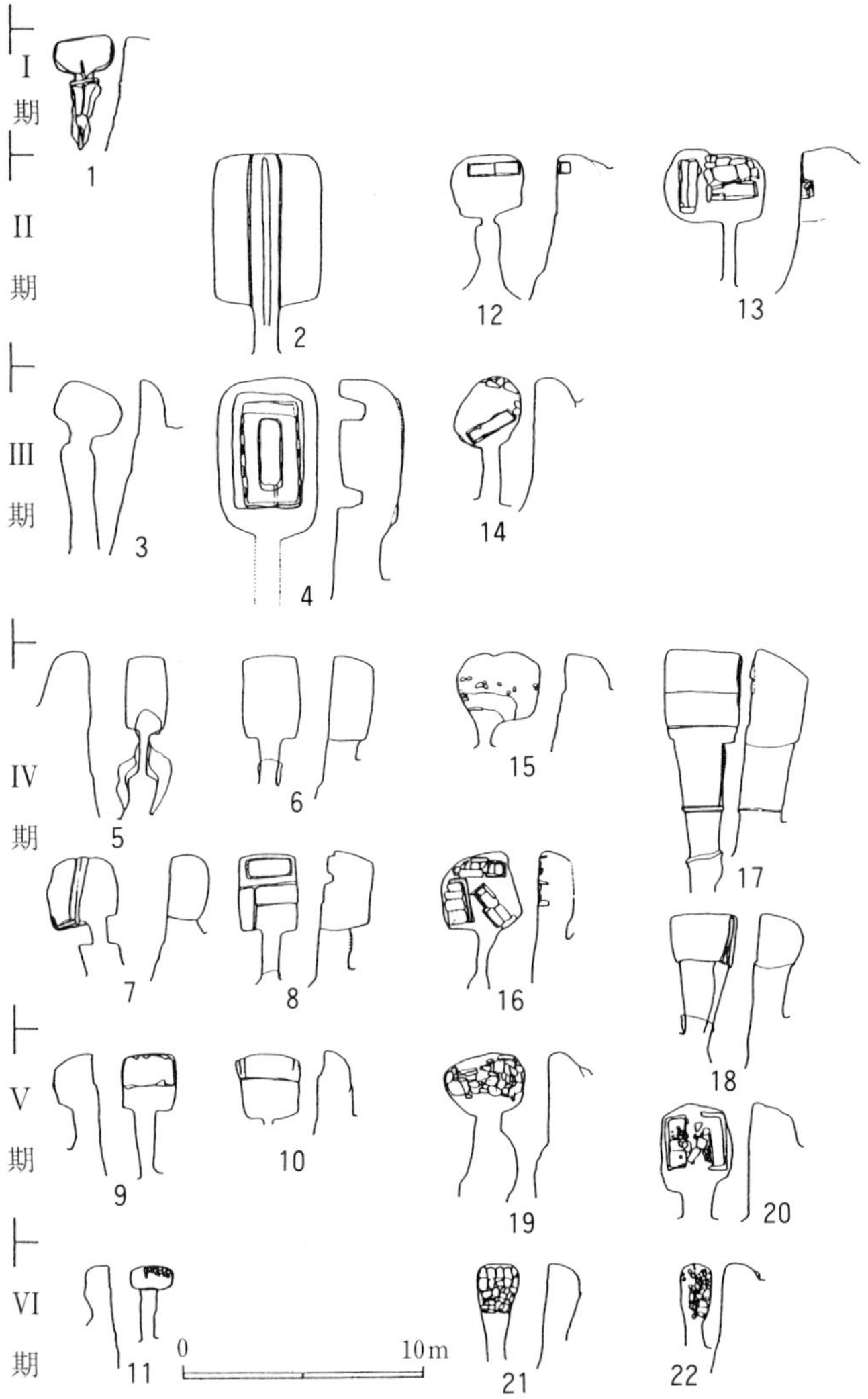

1．向山第1号墓　2．山麓山横穴墓　3．本村A-1号墓　4．宇洞ケ谷横穴墓　5．別所第1号墓　6．大谷代A-23号墓　7．大谷代B-1号墓　8．キンペイヤダD-1号墓　9．岡津B-14号墓　10．城山横穴墓　11．岡津B-15号墓　12．大淵ケ谷B-7号墓　13．下本所第8号墓　14．大淵ケ谷C-1号墓　15．大淵ケ谷C-15号墓　16．西宮浦第2号墓　17．東平尾橋本ケ谷第3号墓　18．東平尾橋本ケ谷第2号墓　19．大淵ケ谷A-11号墓　20．篠ケ谷A-4号墓　21．篠ケ谷A-12号墓　22．篠ケ谷A-14号墓

図1　東海地方横穴墓変遷表（1）

邦における横穴墓発現の地である北部九州は豊前地域の初現期横穴墓[8]に求めることが可能なものである。

東海横穴墓の初現の六世紀の初頭という時期は、東国最古の年代というだけではなく、特異な大型横穴墓群の展開した畿内地方、地域首長墓の一部までも横穴墓制を採用した山陰中央部地区における横穴墓の初現に先行するものであり[9]、出現の背景が問題である。

従前の理解では、豊前における初現期横穴墓型式の一つとしての横長玄室平面構造は、六世紀前半代に本州最西端の山口地域に墳丘横穴墓として伝播・展開し、次いでわずかではあるが六世紀中葉の山陰中央部における横穴墓初現の一翼を担い、出雲で独自に発展して出雲型として確立した後に東国北部へ伝播したことが考慮されるところであった。ここに東海横穴墓の初現型式としての確定は、当初に北部九州・豊前地域からの横穴墓制の導入が明確になったものとして、以後の展開過程をも再考せしめるところである。

この向山第一号墓の存在を勘案して、従前不整の矩形玄室平面型式と認識した横穴墓構造が、横長玄室平面構造からの変遷である点が明確になる。この横長玄室平面構造の横穴墓型式（A型式）は、現在までのところ東海地方は東遠江の掛川地区、およびこの東側の菊川流域に展開が認められる。掛川市・向山第一号墓出土の須恵器がほぼＭＴ一五型式並行期として、この横穴墓築造時期を六世紀第１四半期（Ｉ期）頃と考えられるのに対して、菊川流域にあっては菊川町・大淵ケ谷横穴墓群Ｂ地区第七号墓出土の須恵器はほぼＴＫ一〇型式並行期として、やや遅れて六世紀の第２四半期（Ⅱ期）頃の築造と理解できる[10]。

大淵ケ谷Ｂ―七号墓の規模は、玄室幅三一〇センチ、長さ二五〇センチの大形のドーム形天井を呈するものであり、すでに横長平面が矩形に近く玄室長を拡大して基本形から離れて在地化の傾向を明示している。また遺体収納施設として箱式石棺を主軸に直交して配置しており、東海地方における在地首長墓としての横穴式石室を内蔵する高塚古墳に類似するものとなっている。横穴墓制受容後の独自の展開として理解できる。

またこの大淵ケ谷横穴墓群は南に派出する尾根の東側斜面上位に展開するものであるが、この尾根上には三箇所の高まりが確認され、古墳の存在の可能性を考慮して試掘坑を設定しての調査が果たされている。このうちB—七号墓の立地するB頂部は直径八メートル、高さ二メートルほどの高まりであり、古墳時代中期以前に遡及する埋葬施設が確認されている。また表土中からは須恵器破片の一括出土が確認されており、掛川市・向山第一号墓と同じく横穴墓造営期に墳丘として意識されていた可能性の高いものと考えられるところである。

菊川流域にあっては、菊川町・下本所横穴墓群においても類似した様相を看取することができる。この調査は東名高速道路建設に伴うものであり、調査の全容は報告されてはいない[11]。全体図、第四・八号墓の実測図、第三・一〇号墓からの出土遺物が報告されているのみである。第八号墓は幅四二五センチ、長さ二七〇センチのドーム形天井構造のものであり、当初横長の玄室の中央に主軸に直交して石棺を配置し、次いでこの石棺の奥側に石床を配置し、最後に玄室の一方を拡張して主軸に平行して石棺を追加配置している。第一〇号墓出土の須恵器の様相はTK一〇型式並行期として、第一〇号墓をII期の所産と理解することができる。

この第一〇号墓の実測図は報告されてはいないが、全体図から窺知できるところは、類似する横長平面構造である。また全体図からは、尾根上に径一〇メートル、高さ二メートルほどの高まりが認められ、この南および西側斜面上位に横穴墓が展開している。個別横穴墓の立地を勘案すると、第八—→一—→一〇号墓の築造順位が考慮できる。すなわち出土遺物からII期と想定される第一〇号墓に先行しての横穴墓の存在が想定できるが、大形・矩形化したものとしてII期のうちの築造と想定しておきたい。

この下本所横穴墓群で留意されるいま一つの点は、尾根上の高さ二メートルほどの高まりである。この横穴墓群形成当初の築造と考えられる横長平面構造の横穴墓は他の横穴墓とは異なり、この尾根上の高まりを意識した立地とも看取できる。この高まりを対象とした調査は行われていないために確定はできないものの、I期の向山第一号墓、II期の大淵ケ谷B—七号墓に類似する様相として、横穴墓群に伴う墳丘としての理解も可能であろう。

このA型式横穴墓の、次期すなわちMT八五型式並行期（III期）の所産と考えられる横穴墓は、掛川市域では本村横

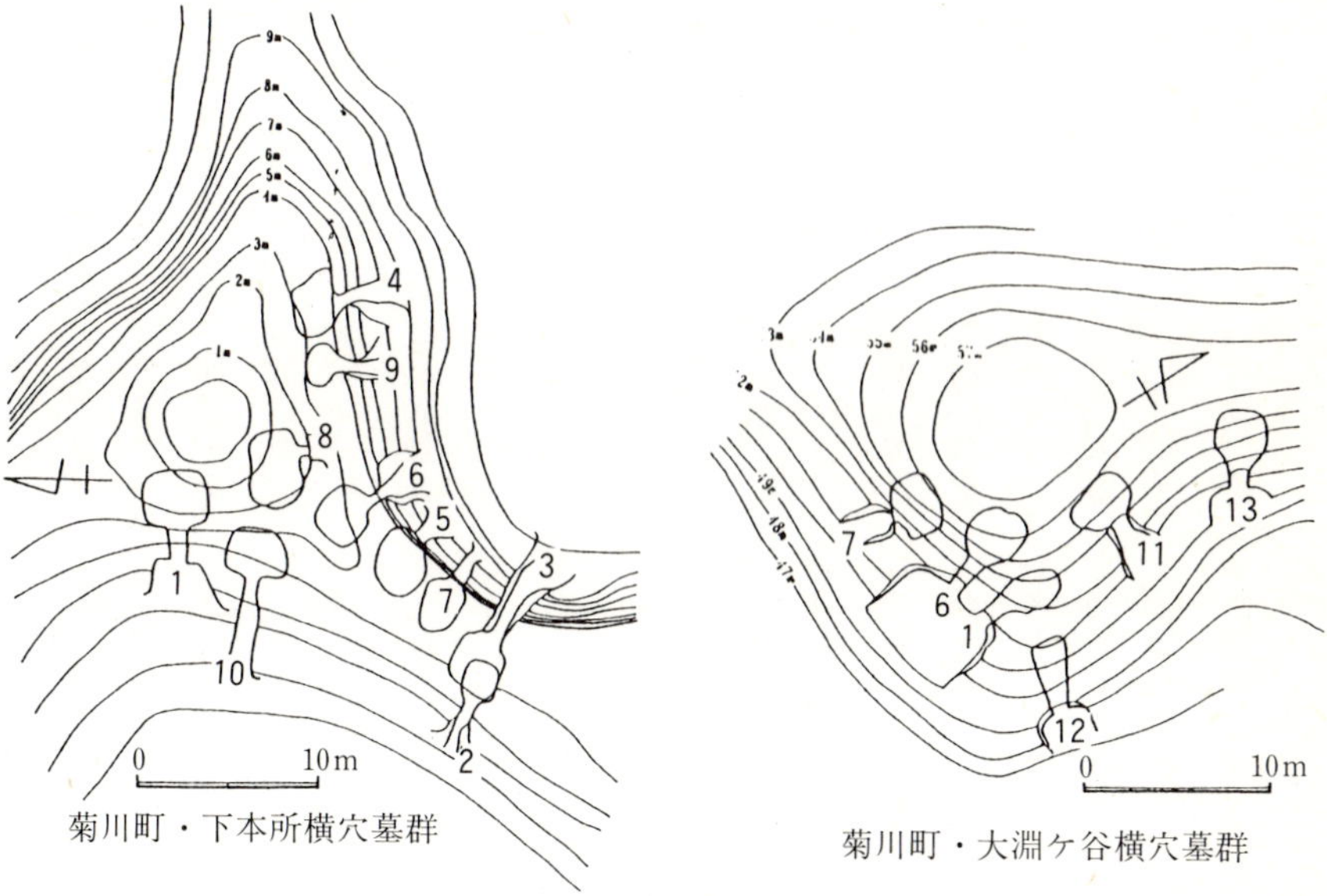

図 2　墳丘を有する可能性の高い横穴墓群

穴墓群A地区第一号墓である。幅二七〇センチ、長さ一八〇センチの隅丸横長玄室平面で低平なドーム形天井を呈するものであり、羨道主軸とは直交していない。この横穴墓群も全容は報告されてはおらず明確ではないが、以後この型式の横穴墓は築造されてはいないようである。

現状では掛川市域においては、このIII期以降に顕著なA型式横穴墓の展開は途絶するようであるが、一方菊川流域にあってはIII期以降にも継続展開するようである。III期の所産と想定されるところは菊川町・大淵ケ谷C―一号墓である。この横穴墓にあっては、本村A―一号墓における玄室と羨道の主軸の傾斜を極度に進めたように、隅丸長方形平面の玄室主軸をやや傾け、一隅より羨道が継続する。玄室には石棺が前寄りに斜めに配置されており、この点にもA型式の系譜を暗示している。

以後、IV期（TK四三型式並行期）、V期（TK二〇九型式並行期）に継続して、菊川町・大淵ケ谷横穴墓群、同・篠ケ谷横穴墓群、同・西宮浦横穴墓群、さらには最近の報告にかかる同・藤谷横穴墓群C群[12]にA型式の継続展開した状況を想定することができる。隅丸平面・ドーム状天井の類似した構造を呈するところであり、在地型式として確立・展開したものと考えることができよう。

とくに玄室内に石棺を配置する例が顕著であるが、すべての横穴墓に配置されてはいない点を考慮すれば、相対的に上位を占めた被葬者に伴う施設と理解することもできよう。また大淵ケ谷C―一六号墓からは単龍環頭大刀柄頭が出土しており、横穴墓の築造時期を明示するとともに[13]、横穴墓築造集団を統括する立場にあったであろう被葬者の性格をも顕現するところである。

出土遺物から想定するとA型式の横穴墓はV期、すなわち七世紀の初頭頃まで継続して築造されたことになるが、この点は必ずしも明確ではない。追葬にあたって先葬者の副葬品を処理し去れば、出土遺物に築造時期は示されないこととなる。また、V期におけるA型式の横穴墓構造は、起源を異にする可能性も高い。

三、東海地方における横穴墓の展開

昭和三九年の発掘調査以後、昭和四六年の報告以降東海地方の初現期横穴墓として重要な位置を占めてきた掛川市・宇洞ケ谷横穴墓[14]の出現系譜も、その後の資料の確認により異なる理解が可能となった。

宇洞ケ谷横穴墓は、長さ六四四センチ、幅四一〇センチの規模の隅丸長方形の玄室平面を呈し、高さ二五〇センチのドーム状天井構造の大形横穴墓である。この縦長の玄室中央に主軸に沿って長さ四五〇センチ、幅三〇〇センチを掘り残し、この中央部に長さ二八〇センチ、幅一〇〇センチ、深さ一〇〇センチの棺を造り出している。したがって玄室内は、造り出し石棺の周囲幅五〇～六〇センチで四周するものである。この点において本邦で他に類例の認められない特異な様相を顕示するものである。

出土遺物中には、馬具一組、単龍環頭柄頭付きの飾大刀、円頭柄頭付きの飾大刀、中型倣製鏡などのほかに多数の武器、土器類などが知られており、これらの様相より六世紀後半の前半（Ⅲ期）の所産と位置づけられている。またこれら豊富な出土遺物と大規模な横穴墓構造より、在地における有力豪族層が被葬者として想定されている。

本邦における横穴墓のうち、遺体収納施設として造り付け石棺の卓越する地域は、畿内・河内地域のみである。花田勝広の総括により、六世紀初頭以後定型化した矩形・便化家形天井構造の横穴墓の奥壁沿いに、MT八五型式期になると造り付け石棺が付設されるようになる。[15] 東国におけるすべての造り付け石棺を有する横穴墓は、この河内型に起源する。

時期的にやや遅れるものの、岐阜県可児市・羽崎中洞横穴墓[16]の存在も、よくその起源を明示する奥壁沿いの造り付け石棺構造を提示している。宇洞ケ谷横穴墓は、これら造り付け石棺を有する横穴墓と構造的に異なり、玄室中央に設置している。このことは横穴墓型式としての総体が導入されたものではなく、個別要素としての遺体収納施設としての造り付け石棺の設置と考えられるところであり、造り付け石棺導入に先行しての横穴墓制の地域における定着を物語るものである。

昭和五八年の『遠江の横穴群』により、この宇洞ケ谷横穴墓に先行する横穴墓として至近地で昭和五一年に調査された、掛川市・山麓山横穴墓の内容の一部が報告された。出土の須恵器の報告を主とするものであり、その様相よりII期の所産と理解されるものである。またその構造については「宇洞ケ谷横穴に類似する」と報告されたのみである。このきわめて重要な位置を占める山麓山横穴墓の実測図はいまだ報告されてはいないが、平成二年に刊行された『静岡県史・資料編二』により、構造を推定することができる。ここには「玄室長さ約六メートル、同幅四・五メートルを測り、平面長方形、断面アーチ形をなす。両袖を有するが、羨道は右側壁へわずかに片寄っていた。両側壁に沿って、ほぼ前壁の幅で二か所の棺座（高さ約一五センチ）を造り付け、玄室中央に羨道まで達する排水溝を設けていた」との記載を確認することができる。

この記載から構造を想定すると図示したようになる。従前宇洞ケ谷横穴墓と類似するといわれた点は、規模の類似と玄室平面形の縦長長方形の一致という点であり、横穴墓型式の最大の要素である遺体収納施設は異なっている。両袖棺台型式のようであるが、これが有縁であるかどうかについての記載はない。現在のところII期に遡及して類

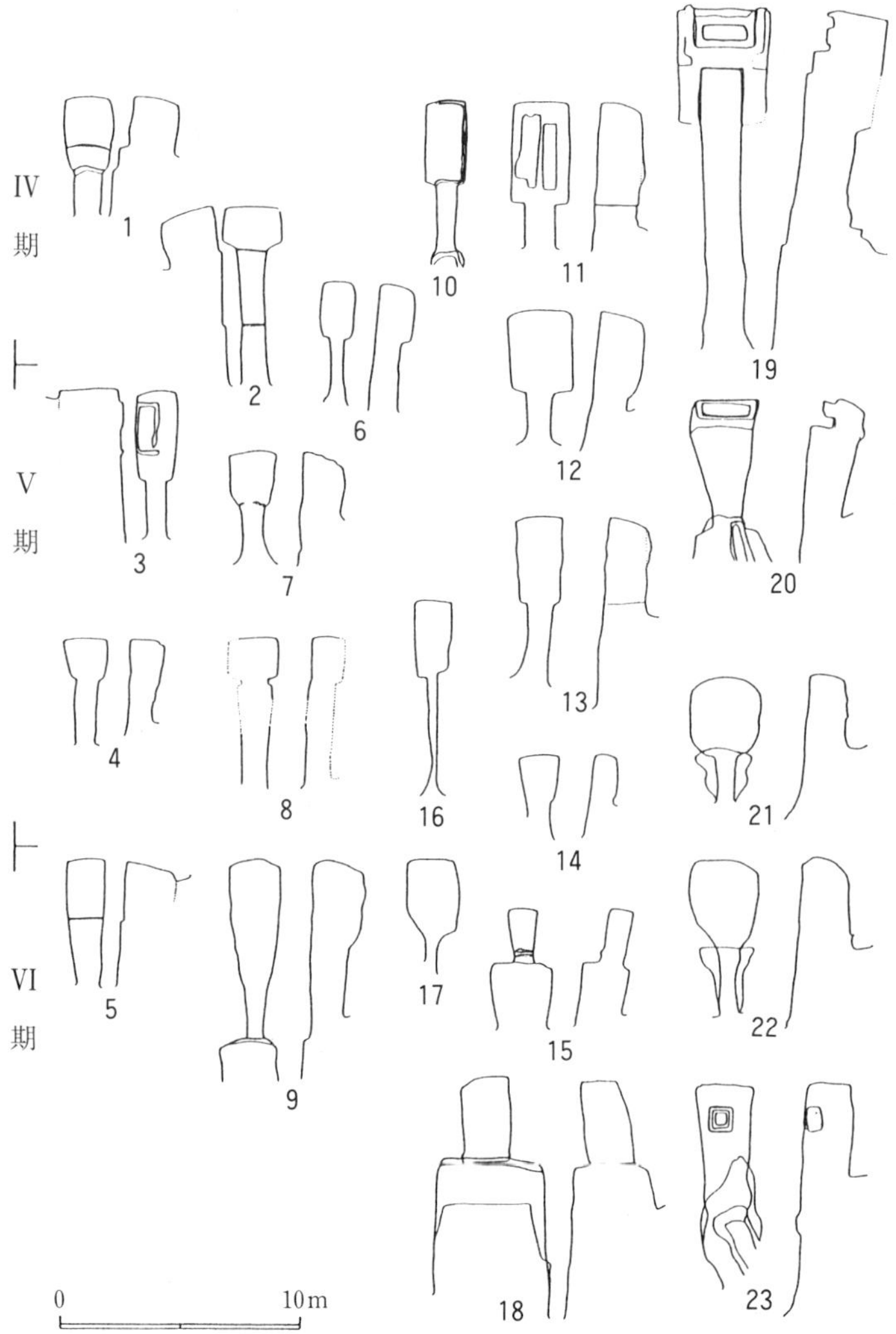

1．観音堂第3号墓　2．観音堂第13号横穴墓　3．観音堂第21号横穴墓　4．道ケ谷B-5号墓　5．観音堂第15号横穴墓　6．道ケ谷B-3号墓　7．八幡山第2号墓　8．宇刈第23号墓　9．八幡山第3号墓　10．伊庄谷第28号墓　11．伊庄谷第3号墓　12．柏谷第71号墓　13．伊庄谷第4号墓　14．柏谷第66号墓　15．柏谷第12号墓　16．広永第3号墓　17．金塚第13号墓　18．大北第11-2号墓　19．羽崎中洞横穴墓　20．大北第2号墓　21．若林第5号墓　22．若林第6号墓　23．大北第24号墓

図 3　東海地方横穴墓変遷表（2）

似する横穴墓構造は、中九州地方以外には確認できない。おそらくは肥後地域からの影響のもとの出現かと想定されるが、日向北部の五ケ瀬川上流域において五世紀後半に遡及して両袖有縁型式の横穴墓の存在が想定されるところであり[17]、現状においてはこの地を源流とするものと理解せざるを得ない。しかしながら中九州にあっては、あくまで横長玄室平面であり、この点においては明確に相違する。確かではないものの、導入にあたっての変容と理解しておきたい。

Ⅳ期になると、従前の型式の系譜を引く横穴墓以外に多様な横穴墓型式が採用されている。この時期に特徴的な横穴墓構造は、玄室平面は角の明瞭な縦長長方形で、天井は奥壁との境の明瞭なアーチ状を呈する構造（B型式）である。個別横穴墓群により若干の変容が認められるものの、基本は同一である。また、このB型式の採用により横穴墓の分布範囲は遠江から駿河・伊豆方面に及ぶようになる。

東海横穴墓の始源地区である掛川市域においては、出土遺物により明確にⅣ期の所産と確定できる資料に乏しいものの、大谷代A―二三・二四号墓[18]などをこの時期の所産と理解できよう。近隣の森町地区においては、観音堂横穴墓群[19]あるいは谷口横穴墓群[20]が、玄室内の段による区分、段による玄室と羨道の区分などの変容を示すものの、B型式を基本として展開している。また袋井市域においても、やや所産時期は下って考えられるものの、小形の道ケ谷B―二・三号墓[21]などを以後の展開の基本としてⅣ期に近い頃の所産と考えることができよう。

一方駿河地域において著名な伊庄谷横穴墓群[22]も、このB型式を基本として展開している。第六号墓あるいは近年調査・報告された第二七～三〇号墓[23]などをⅣ期の所産と理解できるが、この地区にあっては以降もこの横穴墓型式をのみ基本として七世紀中頃まで展開している。

Ⅳ期に定着するこのB型式の玄室平面形の特徴は、角の明瞭な縦長長方形平面を呈する点であり、以前の隅丸の様相と異なる。この段階の出土遺物より所産年代の明確な横穴墓の、築造時における企画を想定すると、いずれも高麗尺に近い基準長として三五センチを使用する状況を窺知することができる。これは本邦各地においてすでに明確になっている横穴系埋葬施設における基準長の変遷に合致しており[24]、よくⅣ期の所産たる点を示すものと考えることができる。

また、Ⅴ期すなわち七世紀初頭以後の所産にかかる横穴墓にあっては、群により若干様相を異にするものの、横穴墓の小形化に関連してか唐尺に近い三〇センチを基準長として使用する例も確認できる。

出土遺物の知られない横穴墓の所産年代を企画の観点から考えると、掛川市域において特異な造り付け石棺を付置する横穴墓はともに三五センチ企画にてⅣ期の所産と理解できる。キンペイヤダＤ―一号墓[25]は縦長長方形玄室平面・アーチ状天井の整正な構造であり、奥壁沿いに深さ三〇センチほどの造り付け石棺を設置する、幅七、長さ九単位の企画となっている。またこの前側および片側壁沿いにも棺座を拵えているが、ともに幅二、長さ五単位の企画である。この七×九の企画は大谷代Ａ―二三号墓に等しい。

この長方形玄室平面で奥壁沿いに造り付け石棺を設置する構造の横穴墓（Ｃ型式）は、天井部の家形構造は消失するものの、畿内系譜の横穴墓型式として認識され、東海地方のみならず東国は房総地域あるいは東北地方南部においても認められ、それぞれの地の初現期横穴墓型式となっている。

また大谷代Ｂ―一号墓に明示される、矩形玄室平面で片側壁沿いに有縁棺座を設置するドーム状天井構造の横穴墓（Ｄ型式）も同じく東海から南関東、さらには東北地方南部にまで波及する型式であり、Ｃ型式とともに初現期横穴墓型式の一翼を担っている。

この型式の系譜は必ずしも明確にはなってはいないが、矩形玄室平面ドーム状天井構造横穴墓（Ｅ型式）に、造り付け石棺から転化した有縁棺座の設置されたものとしての成立も考慮される。東海地方より西の地で類似する構造を呈するのは、出雲・伊賀見第一号墳の主体部としての切石を用いた出雲型石室のみであろう[26]。Ｅ型式の横穴墓はこれまた広く東国初現期の横穴墓として認められ、房総では墳丘横穴墓の主体部としてⅢ期の築造と想定でき、東北横穴墓では重要な初現期型式となっている[27]。

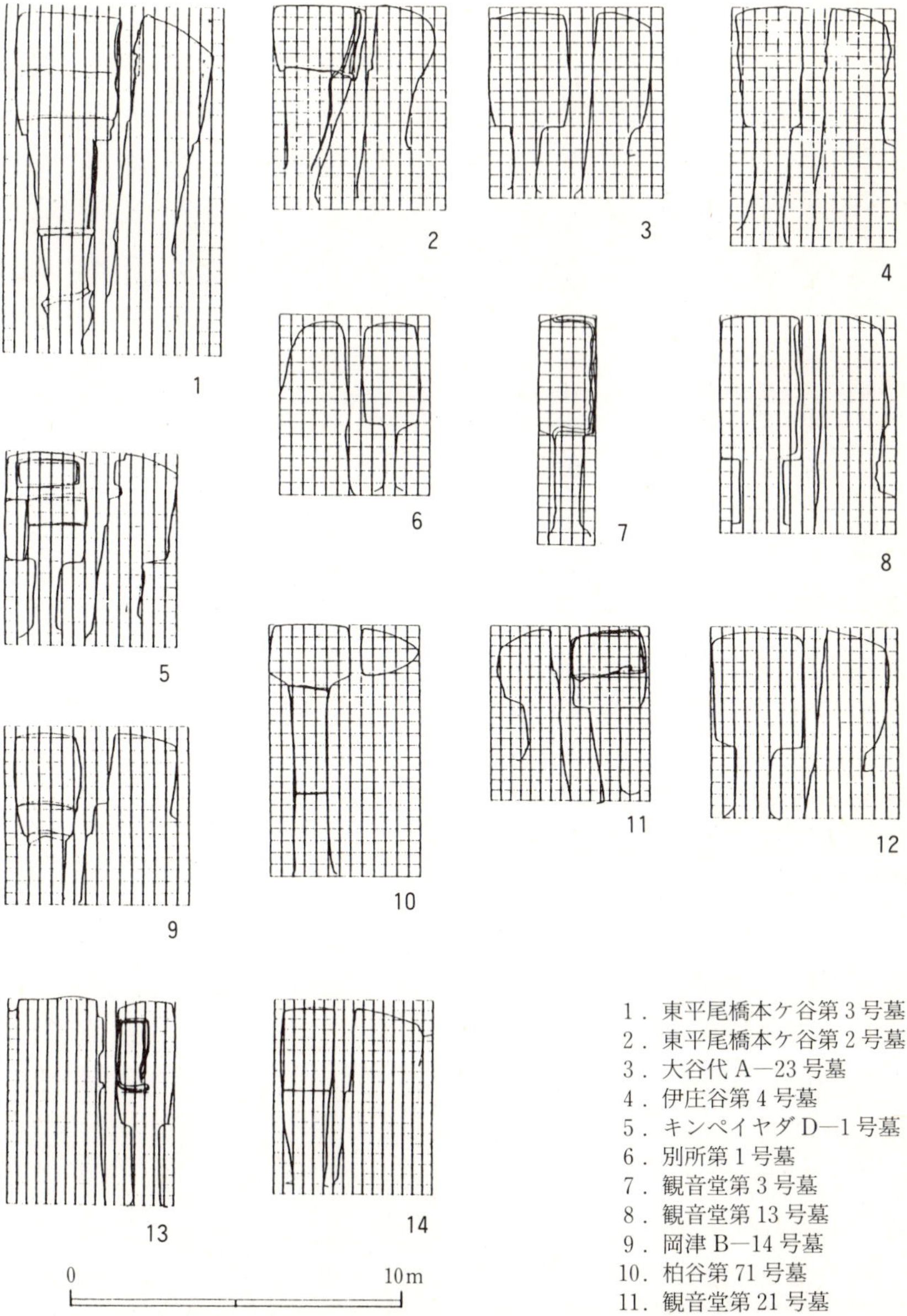

1．東平尾橋本ケ谷第 3 号墓
2．東平尾橋本ケ谷第 2 号墓
3．大谷代 A—23 号墓
4．伊庄谷第 4 号墓
5．キンペイヤダ D—1 号墓
6．別所第 1 号墓
7．観音堂第 3 号墓
8．観音堂第 13 号墓
9．岡津 B—14 号墓
10．柏谷第 71 号墓
11．観音堂第 21 号墓
12．観音堂第 15 号墓

図 4　東海地方横穴墓企画図

房総地域におけるE型式の横穴墓は、墳丘横穴墓の視点で勘案すると出雲地域との系譜関係も想起されるところであり、D型式の確立には出雲型石室との関連性の追及も可能かもしれない。現状では、D型式の横穴墓は東海地方で定型し、C型式横穴墓とともに東へ波及したものと理解される。

このⅣ期に広範な分布を示すB型式はまた、南関東における初現期型式として定着し、以後独特の型式変遷を辿り終末に至るものであるが、型式要素として玄室床面の敷石が指摘できる。この点を東海地方例と比較すると、とくに森町・観音堂横穴墓群あるいは同・谷口横穴墓群において相対的に古期に属する横穴墓のかなりの部分に敷石が施設されており、彼我の関連が想起される。

B型式に類似する横穴墓構造を西方地域に見いだすことは可能であるが、ここではC型式から造り付け石棺が要素として欠落して定型化したものとして、間接的な畿内系と理解しておきたい。

東海地方に特異な別型式として、遠江菊川町・東平尾橋本ケ谷第三号墓[28]を指摘できる。この横穴墓は、全長八二〇センチ、玄室幅三一五センチ、長さ三七〇センチの大形の横穴墓であり、先窄まりの長い羨道を付設し、玄室床面を段により三区分するアーチ状天井構造のものである。出土の須恵器からは七世紀の中頃（Ⅵ期）の造営が想定されているものの、大形横穴墓の当該期に下降しての築造には問題があるところであり、また企画面では三五センチの基準長の使用が想定され、遡及してⅣ期ないしはⅤ期のうちの築造とも理解できる。

この横穴墓の構造は、一見して西原崇浩の指摘する「中尾型」に類似する点が明白である[29]。この横穴墓型式については「縦アーチ形天井で、平面形は逆台形ないしは矩形を呈し、さらに玄室と羨道との境に数一〇センチ以上の段を有することや一部に狭長な羨道をもつものが認められ、かつ羨道底面中程に段をもつことである」と説明されており、千葉県木更津市・中尾地区に七世紀前半代に集中して築造された特異な構造の横穴墓[30]として留意されている。

これが出現の系譜についてては明言されてはいないが、南関東・多摩丘陵部において六世紀後半代に新たに横穴式石室を規範として現出したものと想定される市カ尾横穴墓群・小黒谷横穴墓群などに確認できる一群の横穴墓構造に類似する点を考慮すれば、これを起源として地域を異にして発展・定着したものとも理解されるところである。[31]

この関東系ともいえる横穴墓の所在は、他型式にあって東海から関東・東北への型式伝播が想定される中にあって、逆の流れもまた存在した可能性を示唆するものである。

V期頃に顕在化する横穴墓型式として、角の明確な横長玄室平面で、狭長な羨道を特徴とする構造（F型式）が確認できる。森町・観音堂第一三号墓、袋井市・宇刈第八二号墓[32]、菊川町・東平尾橋本ケ谷第二号墓、下って掛川市・岡津B—一五号墓[33]などであり、遠江の主要横穴墓分布地帯の全域にわたる分布が確認できる。

この横穴墓型式の現出について、これを東海地方在来の要素で想定すると、I期以来の東海在来のA型式に、IV期のC・D型式からの角の明瞭な要素が付加され、さらに狭長な羨道が付設された結果となろう。しかしながらこの点は、とくに狭長な羨道の由来が明確ではなく問題を残し別の理解も可能である。

東国における長羨道を具備する横穴墓型式が確立したのは、東北は宮城北部地区である。現状ではIII期に遡っての中九州は肥後地域からの「肥後型」横穴墓が導入され、次いでIV期に長羨道横穴墓が定型化し、V期に及んでいる。かつて東北横穴墓の典型例とされたものである。IV期に顕在化する要素であるが、現状ではこの系譜は明確ではない。[34]

横長玄室平面形を特徴とする横穴墓型式は、III期以降に定着・発展する出雲型が、東北地方は宮城南部から福島北部の初現期横穴墓として導入されるのが顕著である。一方北部九州・筑前地域にあっては、狐塚横穴墓群[35]、あるいは大行事横穴墓群[36]などで、六世紀代の矩形玄室平面の後をうけて七世紀頃に横長平面化し、あわせて狭長な羨道を付設する例も確認される。

これら様相を勘案すれば、東海地方に現出するF型式は東国在来の要素の集合の上での発現というよりはむしろ、新たに北部九州・筑前地域から伝播した可能性の高いものと考えることができよう。

V期にはまた、IV期の形成をうけて玄室矩形平面横穴墓も築造されている。掛川市・岡津B—一四号墓、同・城山横穴墓[37]、あるいは美濃瑞浪市・若林横穴墓群[38]などで確認できる。この様相は南関東地方においても見受けられるところであり、在地の首長墓としての横穴式石室にも共通する要素として留意されるところである。VI期にかけてはこれが簡便化しての変遷を窺うことができる。

V期頃には近年の調査により、従前分布の不明確であった伊勢地域・四日市地区においても横穴墓が確認されるようになる。[39] 概要のみの報告であり不明な点が多いが、ほぼこのV期頃の所産にかかるものと推定できよう。注目されるところは広永横穴墓群における様相であり、ここでは墳丘を伴う可能性も高い。出土遺物からは七世紀前半代の造営と理解されるものの、横穴墓構造から推定すればIV期に遡る可能性もあろう。

伊豆地方においてはV期頃に、特徴的な奥壁沿いに造り付け石棺を付設する横穴墓が大北横穴墓群[40]で築造されている。この構造は平面において玄室と羨道の区別のない逆台形を呈するものであり、V期に南関東に特徴的なものである。また伊豆地方にあっては柏谷百穴第一二号墓[41]、あるいは大北第一一―二号墓のように、幅広前室の奥に一段高く棺室を付設する棺室構造の横穴墓も所在しており、七世紀中頃以降の南関東地方と関連する様相である。また大北横穴墓群においては、玄室と羨道の区分のない最終形態の横穴墓に火葬骨を収納する蔵骨器を安置する例が顕著であり、新埋葬様式に対応した様相を呈示している。

四、東海地方横穴墓の様相

以上、時期を分かって東海地方の横穴墓を瞥見した。ここでこれらの総括をしたい。I期における東国最古の横穴墓の出現、およびII期における横穴墓構造において北部九州および中九州との関連を窺うことができるが、これは五世紀後半代から六世紀初頭と時期的に先行するものの、同じ横穴系埋葬施設である横穴式石室の東海地方における様相とも関連するところである。[42] 北部九州における石室構築技術との関連が考えられる構造は、西三河の経ケ峰一号墳・中ノ郷古墳・青塚古墳[43]に知られ、肥後型の石室の影響は志摩・おじょか古墳に認められる。[44・45] 所在地域を異にするものの、等しく九州からの影響が認められるところであり、石室に付随する横穴墓の初現の様相と考えられよう。

横長玄室平面のA型式横穴墓は、豊前地域の発現期横穴墓にあっては主流となるものではない。上ノ原横穴墓群[46]に明示されるように、大形の縦長玄室平面横穴墓に従属する状況であり、相対的には下位に位置づけられる被葬者のための施設として考えられる。

III期の典型例としての宇洞ケ谷横穴墓は、横穴規模・構造・副葬品より在地首長墓としての築造が考えられるところであり、立地の共通性・規模の類似からII期の山麓山横穴墓も同様に考えられよう。在地首長墓の墳墓としての採用に先だっての有力者の横穴墓の採用は石室の様相も同様である。宇洞ケ谷横穴墓の構造は間接的ながら畿内地方との関連を示している。東海地方における初現期の横穴式石室のうち、遠江地域においては畿内系の片袖型式が卓越しており、II期の磐田市・甑塚古墳以降、V期の横穴式石室が多様化するIV期までの主流をなしている。[47]横穴墓と同様相を示す事象として重要な点である。

基本的には横穴墓も石室と同じく九州系から畿内系に主流型式が転換しており、時期的な先行性を考慮すれば、石室に従属する横穴墓の様相と理解することができよう。しかしながら横穴墓にあっては、以後も継続して九州的な要素の認められるところであり、彼我地域間の交流の結果として、遺物としては東海地方に特徴的なフラスコ形提瓶に類似する須恵器の九州からの出土などに関連するものであろう。[48]

IV期以降は、とくに駿河・伊豆地域と南関東地域との関連が顕著である。同型式横穴墓の採用は、被葬者集団間の近縁性をも推測させる。

東海横穴墓の注目すべき様相の一つとして、改葬墓の存在がある。これは通常想定される同一横穴墓内における先葬者の遺骨を追葬時に玄室の一隅に集骨する埋葬様式ではなく、通常規模の横穴墓に付設する小形横穴墓の存在として確認されるものである。小形横穴墓の存在のみではさまざまに機能が想定されるところであるが、人骨の出土状況から改葬が確定するものである。

森町・観音堂横穴墓群のうち、第一八号墓は玄室と羨道の区別のない幅七八センチ、長さ二〇〇センチの長方形平面を呈する構造であり、この奥壁に沿って四肢骨を三群に分けて集骨した状況が報告されている。集骨の前面には遺体を伸展葬する余裕のない小形の横穴墓である点を勘案すれば、通常の同一横穴墓内で先葬者を集骨した状況とは異なる。隣接する第一五号墓を第一次葬として使用し、これに付随する小形改葬墓と想定される。またこれら第一五・一八号墓と一群をなす第一七号墓も、第一八号墓と同様に幅八〇センチ、長さ九〇センチの小形のものであり、奥側のみに敷石を施している。同様に小形改葬墓と想定されよう。

この横穴墓群においては、第一二・一三・一四・一六号墓からなる単位群も、状況からは改葬墓を伴う埋葬様式と想定できる。第一二・一四・一六号墓は、ともに伸展葬の可能な規模であるが、第一二号墓においては奥側の一二〇センチ四方、第一四号墓においては中央部の一三〇センチ四方のみに敷石を施すものであり、第一二号墓からは敷石の部分からのみ人骨が検出されている。残る第一六号墓からは、ほぼ中央部から複数の四肢骨が揃えた状態で出土しており、これまた通常の同一横穴墓内で先葬者を集骨した状況とは異なる。第一三号墓を第一次葬として使用し、骨化した後に小形横穴墓を改葬墓として築造した状況が想定される。

以上、観音堂横穴墓群に窺知されるところは、群形成の後半における従前の埋葬法とは異なる小形改葬墓を伴う埋葬様式の実践であり、第一五号墓小群よりは七世紀の中葉頃、第一三号墓小群は不確定ではあるが六世紀終末頃からの様相と想定される。

人骨は出土していないものの掛川市・岡津B群横穴墓群も、小形横穴墓の存在から類似する様相を想定できる。B群の東端に位置する第一四号墓は、矩形玄室平面のV期の所産と想定されるものであるが、これに隣接する第一五号墓は小形の横長玄室平面を呈するものであり、奥側の四〇×一二〇センチのみに敷石を施している。さらに第一六号墓は幅三〇センチ、長さ一二〇センチを測るきわめて小形の横穴墓であるにもかかわらず堅固な閉塞を施している。これまた第一四号墓を第一次葬とする改葬の実践例と想定することができよう。

岡津B群中では、さらに第四・六号墓に付随する状況で小形の第三・五号墓が位置している。全容の報告がなく明確ではないものの、第一四～一六号墓の様相からⅤ期すなわち七世紀の初頭以後の様相と想定できよう。

袋井市・宇刈横穴墓群中においても類似する様相を窺うことができる。矩形玄室平面・長羨道構造の第八二号墓に付随して、幅五〇～九〇センチの小形の第八三・八四・八五号墓が存在している。Ⅴ期以降の所産にかかるものと想定される。また詳細は不明ながら袋井市・地蔵ヶ谷横穴墓群中にも小形の第八・一八号墓が存在しており、同様に理解される。報告されている部分から想定すれば七世紀中頃の様相であろう。

以上わずかに四群における様相ではあるが、東海地方における改葬墓の存在が想定されるところである。古墳時代における改葬は、その当初より推定されるところであるが、横穴系葬法としての横穴墓における様相は、発現の当初から確認されるものではない。東国における様相では、Ⅳ期の東北地方南部から北関東地方の横穴墓に顕著に窺知することができるところであり、南関東地方ではやや遅れてⅤ期に確認できるようになる。[49] しかしながら従前の個別横穴墓のみを埋葬施設として使用する埋葬様式と混在しており、関東に本来的ではない点も知られる。山陰中央部においても同様にⅣ期以降に顕著になるところであり、この地域にあっては独自の遺骨収納施設を発達させている。[50]

現状では東北地方南部への横穴墓制の導入に伴って採用された埋葬様式と理解される時に、その源流の地と想定される北部九州との関連が留意されるところである。

東海地方における様相は、南関東に類似するところであり、横穴墓構造の類似とともに埋葬様式においても密接な関連性を明示している。不断の交流の結果と想定できよう。

註

(1) 静岡県考古学会『群集墳と横穴』 昭和五六年
(2) 静岡県教育委員会『遠江の横穴群』 昭和五八年
(3) 三重県埋蔵文化財センター『近畿自動車道名古屋神戸線、埋蔵文化財発掘調査概報Ⅱ』 平成一一年
(4) 池上悟「日本の墳丘横穴墓」『立正大学文学部論叢』第一〇九号 平成一一年

(5) 池上悟「東国横穴墓の型式と伝播」『おおいた考古』第四集　平成三年
(6) 静岡県教育委員会『掛川市宇洞ヶ谷横穴墳発掘調査報告書』昭和四六年
(7) 掛川市教育委員会『出土文化財展図録』平成九年
(8) 村上久和「北九州周辺の横穴墓」『おおいた考古』第四集　平成三年
(9) 池上悟「山陰地方における横穴墓の受容と展開」『立正考古』第三七号　平成一〇年
(10) 明星大学考古学研究部『大淵ヶ谷・篠ヶ谷・西宮浦』昭和五八年
(11) 内藤晃・藤田等「小笠郡菊川町下本所横穴古墳群発掘調査概報」『東名高速道路関係埋蔵文化財発掘調査報告』昭和四三年
(12) 静岡県菊川町教育委員会『藤谷横穴群C群発掘調査報告書』平成一一年
(13) 新納泉「関東地方における前方後円墳の終末問題」『日本古代文化研究』創刊号　昭和五九年
川江秀孝「潰された飾大刀について」『地域と考古学』（向坂鋼二先生還暦記念論集刊行会）平成六年
(14) 静岡県教育委員会『掛川市宇洞ヶ谷横穴墳発掘調査報告書』昭和四六年
(15) 花田勝広「畿内横穴墓の特質」『古文化談叢』第二二集　平成二年
(16) 林魁一「美濃国可児郡平牧村大字羽崎の石棺及び横穴」『考古学雑誌』第九巻第四号　大正九年
美濃古墳文化研究会『美濃の後期古墳』平成四年
(17) 長津宗重「日向の横穴墓」『おおいた考古』第四集　平成三年
(18) 静岡県教育委員会『遠江の横穴群』昭和五八年
(19) 日本楽器株式会社『観音堂横穴古墳群発掘調査報告書』昭和五四年
(20) 静岡県森町教育委員会『静岡県森町・飯田の遺跡』平成八年
(21) 袋井市教育委員会『八幡山横穴群』平成九年
(22) 静岡市教育委員会『駿河伊庄谷横穴群』昭和三八年
(23) 静岡市教育委員会『駿河・伊庄谷横穴群～南支群四次発掘調査～』昭和五九年
(24) 池上悟『東国の横穴式石室と横穴墓』平成三年
(25) 静岡県教育委員会『遠江の横穴群』昭和五八年
(26) 出雲考古学研究会『石棺式石室の研究』昭和六二年
(27) (4)に同じ
(28) 静岡県教育委員会『遠江の横穴群』昭和五八年

(29) 西原崇浩「千葉県木更津市所在の横穴墓について」『多知波奈考古』第三号　平成九年
(30) 君津郡市文化財センター『中尾遺跡群Ⅰ』　平成八年
(31) 池上悟「南武蔵における古墳終末期の様相」『国立歴史民俗博物館研究報告』第四四集　平成四年
(32) 袋井市教育委員会『八幡山横穴群』　平成九年
(33) 大谷純二・山下晃「掛川市岡津横穴墳B群発掘調査概報」『東名高速道路関係埋蔵文化財発掘調査報告』　昭和四三年
(34) 池上悟「東北横穴墓の成立と展開」『立正大学文学部研究紀要』第一四号　平成一〇年
(35) 大任町教育委員会『狐塚古墳群』　昭和五一年
『狐塚古墳群Ⅱ』　昭和五三年
(36) 大任町教育委員会『大行事横穴群』　昭和五四年
(37) 掛川市教育委員会『掛川市城山横穴墳発掘調査報告書』　昭和三九年
(38) 瑞浪市教育委員会『瑞浪市中央自動車道埋蔵文化財発掘調査報告書』　昭和五六年
(39) (3)に同じ
(40) 伊豆長岡町教育委員会『大北横穴群』　昭和五六年
(41) 山内昭二・竹石健二『伊豆柏谷百穴』　昭和五〇年
(42) 三河考古学談話会「東三河の横穴式石室・資料編」『三河考古』第六号　平成六年
(43) 岡崎市教育委員会『経ケ峰一号墳』　昭和五六年
(44) 愛知大学日本史専攻考古学部会『西三河の横穴式石室・資料編』　昭和六三年
土生田純之「西三河の横穴式石室」『古文化談叢』第二〇集　昭和六三年
(45) 土生田純之「突起をもつ横穴式石室の系譜」『考古学雑誌』第六六巻第三号　昭和五五年
(46) 大分県教育委員会『上ノ原横穴墓群』　平成元年
(47) 鈴木敏則「遠江の横穴式石室」『転機』第二号　昭和六三年
(48) 池上悟「北部九州出土のフラスコ形提瓶」『立正史学』第七三号　平成五年
(49) 池上悟「東北横穴墓の埋葬様式」『立正考古』第三二号　平成五年
(50) 池上悟「山陰横穴墓の埋葬様式」『多知波奈考古』第四号　平成一〇年

四　山陰横穴墓の受容と展開

一、はじめに

出雲を中心として隣接する石見・伯耆地域を含めた山陰地方は、本邦における横穴墓の密集する地方の一つとして著名であり、横穴墓研究にとってはきわめて重要な地方である。昭和三〇年代には山本清[1]あるいは門脇俊彦[2]が研究を主導して、後期古墳時代に占める横穴墓の位置を明確とし、さらには横穴墓の初現を九州地方に指摘するなど、以後の研究の前提を整備されたものと評価できる。

しかし以後長らくの間山陰における横穴墓研究は、他地方におけるほどの豊かな内容を示す例に乏しいことに起因してか、地方に特徴的な四隅突出型墳丘墓、岡田山第一号墳よりの銘文ある大刀の確認、あるいは弥生時代の多量の青銅器の発見などの陰に隠れて、当地の考古学研究の主体とはなり得なかった。

しかるに近年、地域振興を目的とする大規模な開発は、古代以来の海岸沿いの街道からはずれてかなり奥まった山寄りの地区を横断する形で行われ、多数の遺跡の調査を誘因することとなった。この結果としての横穴墓の確認は、出雲東部および伯耆西部において従前の個別調査をはるかに凌駕する内容を提示するものであり、あわせて出雲西部における大規模な調査も行われており、調査成果の集積には夥しいものがある。

これらの成果を受けて、発掘調査担当者を中心とした山陰横穴墓研究会が組織され、通じて七回の検討会も果たされており、地域研究の高揚には著しいものがある。これが前提には一〇年を費やして昭和六二年に完遂された、出雲に特徴的な切石を用いた横穴式石室である『石棺式石室の研究』を等閑視することはできない。地方の気質を雄弁に物語る研究成果であり、横穴墓もまた近い将来にはこの特質を十分に把握した成果が期待できよう。

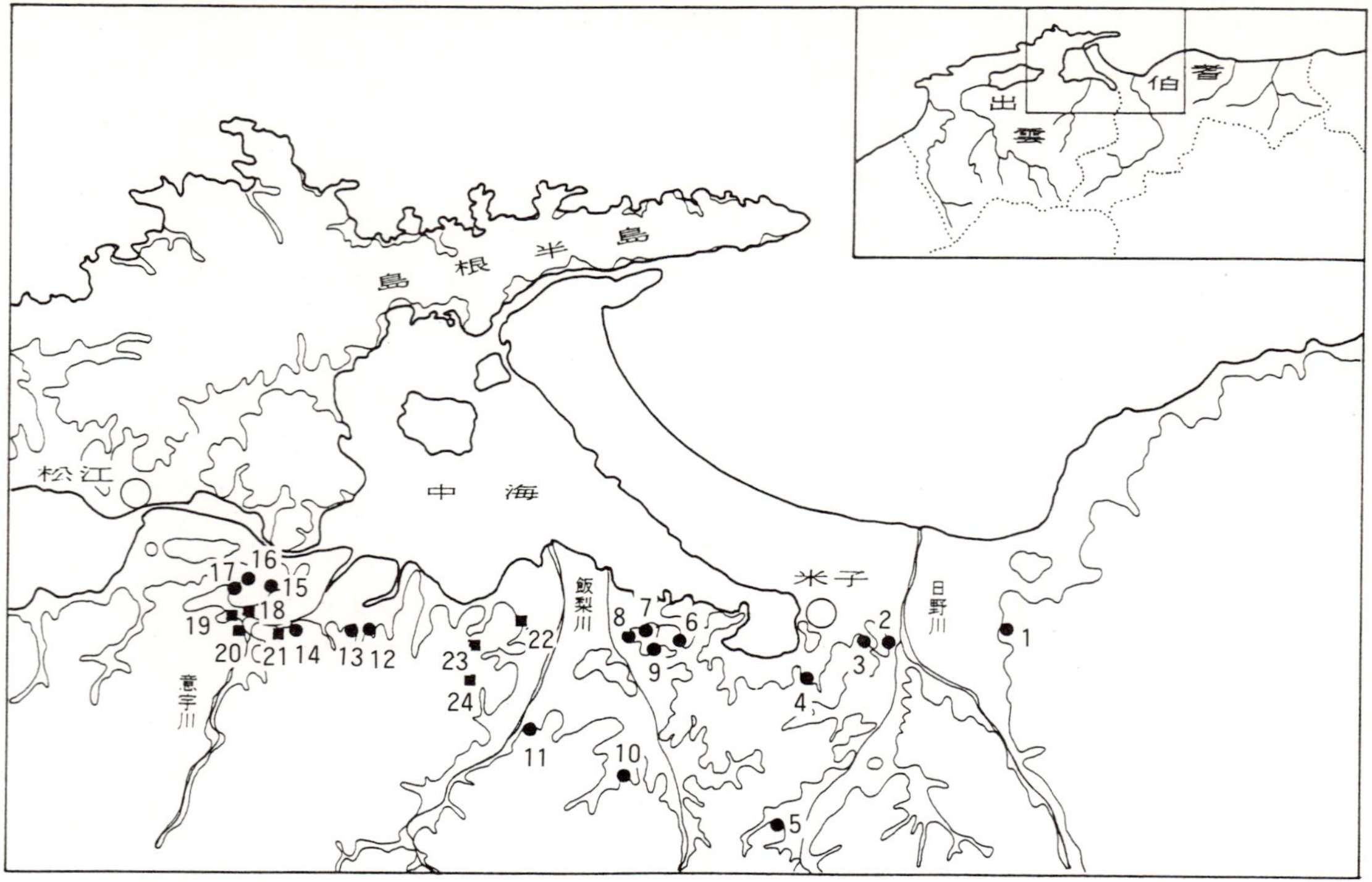

1．尾高横穴墓　2．大袋山横穴墓群　3．東宗像横穴墓群　4．陰田横穴墓群　5．マケン堀横穴墓群　6．高広横穴墓群　7．堤谷横穴墓群　8．宮内横穴墓群　9．臼コクリ・岩屋口北横穴墓群　10．鳥木横穴墓群　11．矢田横穴墓群　12．島田池横穴墓群　13．古城山・高井・屋台垣横穴墓群　14．安部谷横穴墓群　15．中竹矢横穴墓群　16．十王免横穴墓群　17．狐谷横穴墓群　18．岩屋後古墳　19．岡田山古墳　20．御崎山古墳　21 古天神古墳　22．塩津神社古墳　23．若塚古墳　24．飯梨岩舟古墳

図 1　関連横穴墓と古墳分布図

本稿では近年の重要な調査成果を踏まえ、当地の横穴墓についての若干の考えを述べてみたい。

二、研究の前提

横穴墓の構造は、山陰の中心分布地域である出雲においても東西にそれぞれ異なる様相を示しており、地区に定着した横穴墓型式には顕著な差異が認められている。家形構造では東部の寄棟平入りに対して、西部の妻入りとの差異が強調され地区の特徴として確認されて来た。[3] また近年の活発な調査からは、これら家形に先行する構造としての矩形平面・ドーム形天井構造の横穴墓型式の存在を出土遺物から確定され、[4] 家形構造の定着は出雲に特徴的な横穴式石室である「石棺式石室」との関連で考えられて来ている。[5]

出雲初現期の横穴墓型式の確定は、横穴墓発現の地である北部九州との具体的な関連をも想起せしめるところであり、早くも平成二年には花田勝広により、畿内横穴墓の系譜を考慮するに際して、出雲地域の初現期の横穴墓からの出土須恵器を基礎とする所産時期と系譜関係が想定されている。[6] また近時では八雲立つ風土記の丘の大谷晃二により、北部九州からの三系統の横穴墓型式の出雲における受容が想定されてもいる。[7]

北部九州発現期の横穴墓には墳丘を伴い、高塚古墳の主体部として発現した状況を明示する例が知られているが、この様相も山陰に顕著に窺知することができる。出雲地域の松江市・中竹矢第二号前方後方墳の主体部としての横穴墓の確認に始まり、[8] 安来市・矢田横穴墓群、[11] 岩屋口北第一号墳、[9] 東出雲町・島田池横穴墓群[16]などのほか、伯耆西部では米子市・陰田横穴墓群、[12] 大垳山横穴墓群、[13] 尾高第一号横穴墓、西伯町・マケン堀横穴墓群[14]における様相が明確となっており、山陰初現期横穴墓の特質の一つとして確認することができる。

横穴墓が構築された時期の想定は、出土須恵器をもとに考究されている。山陰地方における須恵器の編年は、先駆的な山本清の業績を基礎として行われて来た。[15] 横穴墓の初現・展開の時期は山本編年III期のうちにあり、より細かな時期を特定するための細分と、古墳文化の中心地である畿内の陶邑編年との対応が研究者によって試みられてきた。

門脇俊彦は蓋杯を対象として山本Ⅲ期を三分して、最古の様相を窺わせる須恵器を出土した横穴墓の集成を行い[16]、出雲における横穴墓の初現型式の輻輳状況を確認し、横穴墓受容の時期を陶邑Ⅱ型式二〜三段階に対比して明確化を図った。

また山本Ⅲ期の細分は、出雲特有の横穴式石室である「石棺式石室」の時期の確定においても果たされており、「石棺式石室」の初現構造としての古天神古墳出土資料をめぐる位置づけに研究者各人の見解の差異を顕著に確認できる。かつて企画面からの検討で古天神古墳を〃出雲型石室〃の二期として、陶邑Ⅱ型式三段階併行として理解したことがある[17]。

この点は、総括研究では構造面を総合的に検討して古天神古墳石室を「石棺式石室」定型化以前の初現形態として、出土資料をMT八五・陶邑Ⅱ型式三段階併行として把握している[18]。一方「石棺式石室」の系譜を問題として広い視野で検討を行った角田徳幸は、古相を示す一群の資料をTK一〇・陶邑Ⅱ型式二〜三段階とする[19]。

これらに対して新たに出雲地域の出土須恵器を集成分析した大谷晃二は、山本Ⅲ期を細分して、古天神古墳出土資料の併行時期である出雲三期を、TK四三・陶邑Ⅱ型式四段階に対応させている[20]。

これら出雲在住の研究者に対して地域外からの視点では、高木恭二は古天神古墳出土資料を角田と同じく陶邑Ⅱ型式二〜三段階としており[21]、花田勝広の視点では出雲三期とされる資料の中にはTK一〇・陶邑Ⅱ型式二段階が含まれることとなる[22]。

地域内で生産・流通した地域的特徴ある資料を、他地方における資料と厳密に対応させることは至難のことではある。しかしながら古墳時代後期に有用な時間的尺度としての須恵器編年という観点から、本稿では以上の先行研究を踏まえ、さらには豊富な内容を提示・総括された島田池横穴墓群の成果を勘案して、大谷編年の出雲三期をMT八五・陶邑Ⅱ型式三段階、出雲四期をTK四三・陶邑Ⅱ型式四段階、出雲五期をTK二〇九・陶邑Ⅱ型式五段階併行として位置づけておきたい。以下、MT八五・陶邑Ⅱ型式三段階を初現期、TK四三・陶邑Ⅱ型式四段階を展開期、T

Ｋ二〇九・陶邑II型式五段階を継続期として記述する。

三、山陰地方における初現期の横穴墓型式

山陰地方における横穴墓は、現在のところ確実には陶邑II型式三段階併行時期の初現と理解できる。これは出土須恵器の編年的位置づけいかんによりさらに遡及し得るところであり、陶邑II型式二段階併行時期までの可能性を有する。この横穴墓の初現時期を同じく横穴系葬法としての横穴式石室の初現と比較すると、かなりの後出ということとなる。

確実な出土遺物から初現期と想定できる横穴墓は、本稿で対象とする山陰中央部の伯耆西部から出雲東部にかけて広く分布する点が確認できるが、とくに近年の調査にかかる安来平野と意宇平野周縁部の丘陵地帯において顕著に窺知することができる。

これら初現期の横穴墓構造は、従前出雲において特徴づけられた家形横穴墓に先行して確認された、矩形平面・ドーム形天井構造のみではなく、輻輳著しいものがある。

山陰とくに横穴墓分布の中心地帯である出雲における横穴墓の初現に至る系譜は、平成二年に花田勝広により当時内容が明らかであった資料をして、矩形玄室平面と縦長玄室平面の横穴墓の北部九州から出雲に至る系譜が想定されたものを嚆矢とする。近年では平成九年に大谷により出雲初現期の横穴墓構造が、A型〜矩形平面・ドーム形天井構造、B型〜矩形平面・家形構造、C型〜縦長玄室平面・アーチ形天井構造の三類に分かたれて系譜が想定されているが[23]、系譜関係の認識に問題なしとはし得ない。

ここで近年調査された資料をも含めて初現期の横穴墓構造を類型化すると、次の五類に纏めることができよう。

A類〜縦長玄室平面の低ドーム形・家形天井構造の横穴墓

B類〜横長玄室平面の低ドーム形天井構造の横穴墓

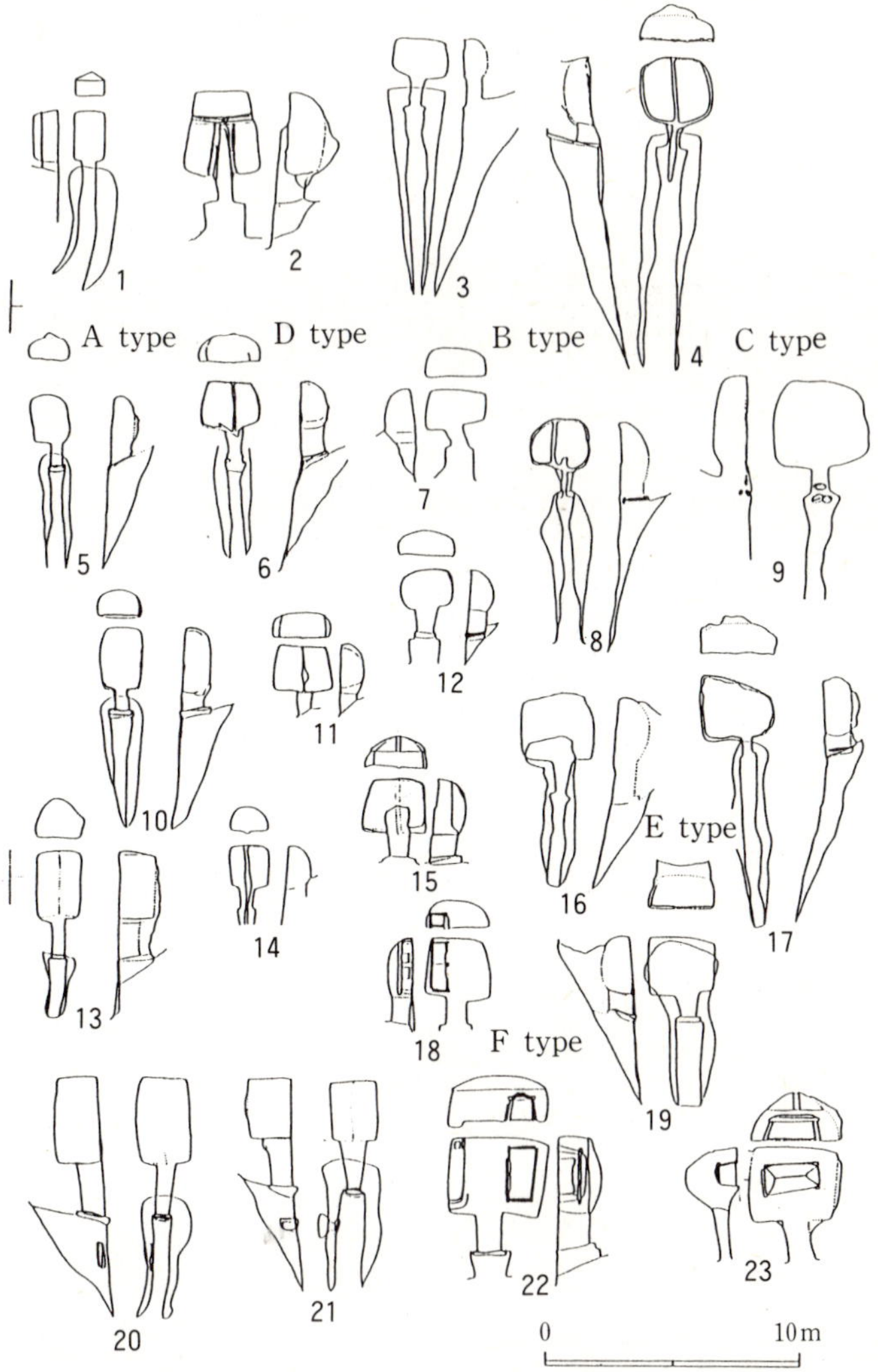

1．竹並D-37号墓　2．古城第16号墓　3．朝田II-7号墓　4．上ノ原第20号墓　5．中竹矢第2号墓　6．高広I-3号墓　7．高野横穴墓　8．陰田第7号墓　9．尾高第1号墓　10．島田池6-8号墓　11．うそ谷横穴墓　12．的場第1号墓　13．東下谷第6号墓　14．水汲横穴墓　15．屋台垣横穴墓　16．岩屋口北第1号墓　17．中竹矢第1号墓　18．堤谷第1号墓　19．島田池5-2号墓　20．マケン堀第16号墓　21．マケン堀第9号墓　22．矢田II-1号墓　23．鳥木横穴墓

図 2　初現期横穴墓構造の類型図

C類～隅丸方形玄室平面の低ドーム形天井構造の横穴墓

D類～前幅の広がる玄室平面の低ドーム形天井構造を基調とする横穴墓

E類～矩形玄室平面の低ドーム形天井構造を基調とする横穴墓

F類～大形の横長玄室平面の家形天井構造を基調とする横穴墓

A類は、比較的小形の低ドーム形天井構造の①類と、大形の家形天井構造の②類が認められる。A①類は松江市・中竹矢第二号墓の調査により確認された出雲初現期の横穴墓型式であり、十王免第二七・二九号墓、菅沢谷B二号墓、近時の調査にかかるところでは東出雲町・島田池六—六・六—八号墓が類例として確認できる。玄室幅一・四～一・九五メートル、長さ一・八五～二・三メートルの規模であり、隅丸で偏った袖部の様相を特徴とする。また天井高が〇・八二～一・一五メートル程度ときわめて低い点をもあわせて特徴とする。また玄室幅に対する長さの指数は、一二〇～一四〇となる。

A②類は縦長玄室平面の家形天井構造の横穴墓であり、出雲西部の山間部の三刀屋町・東下谷第五・六号墓[24]は、玄室幅一・五～一・七メートル、長さ二・六メートルの規模で、玄室幅に対する長さの割合の指数は一五〇以上の非常に細長い平面を呈するものである。両袖構造であり、天井は断面三角形の家形妻入りを呈し、高さは第五号墓で一・一メートル、第六号墓では一・四メートルを測る。

初現期の範疇で把握し得るものとしての類例は、伯耆西部の西伯町・マケン堀横穴墓群の中に見いだすことができる。この横穴墓群では通常規模の三〇基の横穴墓が墳丘を伴って造営されており、墳丘を伴ううちの三基を初現期の横穴墓として捉えることもできる。これら三基はマケン堀横穴墓群中では大規模なものであり、第九・三一号墓は①類と同程度の規模であるが、第一六号墓の幅一・九メートル、長さ三・一八メートルは傑出したものである。いずれも妻入りの家形天井構造を採るものであり、高さは一・五八～一・七四メートルと非常に高い。

B類は横長玄室平面の低ドーム形天井構造の横穴墓である。従前確認基数も少なかったこともあり、また不整形の

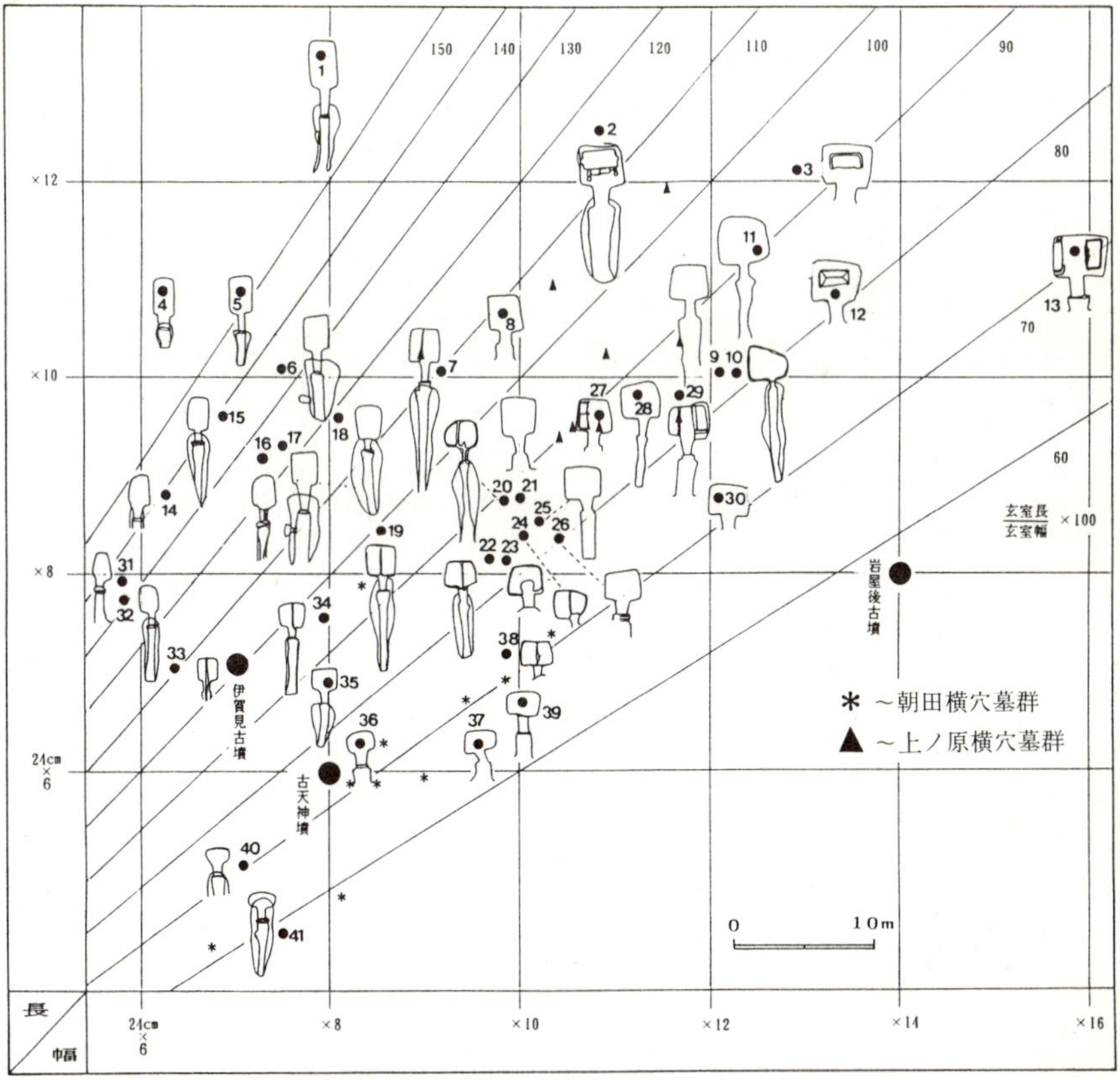

1．マケン堀第16号墓　2．宮内II-1号墓　3．矢田Ⅰ-3号墓　4．東下谷第5号墓　5．東下谷第6号墓　6．マケン堀第31号墓　7．小池Ⅰ-1号墓　8．古城山横穴墓　9．筆ノ尾第1号墓　10．中竹矢第1号墓　11．尾高第1号墓　12．鳥木横穴墓　13．矢田II-1号墓　14．菅沢谷B-2号墓　15．島田池6-8号墓　16．十王免第27号墓　17．マケン堀第9号墓　18．島田池6-6号墓　19．島田池4-12号墓　20．陰田第7号墓　21．高井横穴墓　22．高広Ⅰ-3号墓　23．屋台垣横穴墓　24．弥陀原第3号墓　25．島田池5-2号墓　26．狐谷第10号墓　27．堤谷第1号墓　28．岩屋口北第1号墓　29．湯谷第1号墓　30．矢田Ⅰ-4号墓　31．十王免第29号墓　32．中竹矢第2号墓　33．水汲横穴墓　34．菅沢谷C-3号墓　35．高広Ⅰ-1号墓　36．的場第1号墓　37．高野横穴墓　38．うそ谷横穴墓　39．まつざこ第1号墓　40．十王免第24号墓　41．島田池4-13号墓

図 3　玄室指数図

横穴墓としての認識からか山陰地方の初現期の横穴墓型式として正当に位置づけられたことはない。門脇の出土須恵器をもとにした集成段階で、八雲村・高野第二号墓、松江市・的場第一号墓が知られていたが、これに八雲村・まつざこ第一号墓を加えることができ、島田池四―一三号墓もこの範疇として捉えておきたい。

玄室幅一・八〜二・四メートル、長さ一・〇三〜二・〇メートルの規模で隅丸の不整を特徴とする小形の横穴墓であり、玄室幅に対する長さの指数は六〇〜七五である。ドーム形天井も低く、高さは〇・七〜一・一五メートルほどである。初現期の最小横穴墓型式として位置づけることができる。

C類は隅丸方形の玄室平面で、低ドーム形天井構造の大形のものを含む横穴墓であり、玄室四周の排水溝の施設を特徴とする。前方後方墳の主体部としての松江市・中竹矢第一号墓もこの類例として一応認識されるものの、羨道部の著しい偏りと不整形の玄室平面形は、在地における変形として理解されよう。方形の墳丘を伴うものとして米子市・陰田第七号墓、円形の墳丘を伴うものとして同・尾高第一号墓が知られる。

これらのうちでの規模は尾高第一号墓の玄室幅三メートル、長さ二・七メートルを最大とし、陰田第七号墓の幅二・三六メートル、長さ二・一メートルを最小として個別の差異が顕著であるが、玄室高さは一・〇二〜一・二五メートルときわめて低い点は他の類型と等しい。また玄室指数は八〇〜九〇と共通する。

D類として類型を設定したのは、奥幅に比較して前幅が大きく広がり全体として横長の玄室平面で、低ドーム形天井構造を基調とする横穴墓である。従前この類の横穴墓は矩形・ドームの範疇で扱われ、その変容として認識されてきた。こうした特徴的な玄室平面形を呈する横穴墓は初現期のみならず、続く展開期にも一部継続して構築されており、一つの横穴墓型式として理解することも可能である。

D類横穴墓は安来市・高広I―三号墓[25]を典型とするものであり、玄室四周と中央に巡らされた排水溝を特徴とする。I―三号墓で側壁線を基準に直角に設定されて直線ではなく鈍角をなす左右の袖部の線が、高広I―一号墓では前幅を奥幅に等しく企画変更した結果として不整合にそのまま残る結果となっており、先後の関係を明示している。類例としては安来市・うそ谷第二号墓[26]が知られ、東出雲町・屋台垣横穴墓[27]では妻入りの家形天井を呈している。これらは中形ないしは小形横穴墓であり、天井高は一・〇～一・三メートル、玄室指数は七〇～九〇の範囲にある。

Ｅ類は矩形玄室平面の低ドーム形天井を基調とする横穴墓である。前方後円形の墳丘を伴うものとしては安来市・岩屋口北第一号墓が知られ、大形の同・宮内II—一号墓[28]は前方後円形の墳丘を伴う可能性の高いものであり、平入り家形石棺を内蔵する。松江市・筆ノ尾第一号墓も大形の部類であり、天井高はそれぞれ一・三五メートルと一・四メートルを測る。松江市•狐谷第一〇号墓[29]、同・弥陀原第三号墓、東出雲町・高井横穴墓[30]、同・島田池五—二・四—一二号墓、安来市・堤谷第一号墓などが中形規模であり、堤谷第一号墓では石棺を内蔵し、高井横穴墓では軒線で区分して家形天井をなす。

またやや縦長の様相を呈するものとしては、東出雲町・古城山横穴墓[31]、山間部の横田町・小池一—一号墓、小形の類例としては松江市・水汲横穴墓、同・菅沢谷C—三号墓などが確認できる。総じてこのE類は変容が著しく、初現期の年代幅の中での変遷著しい結果としての現出と理解することができる。

Ｆ類は大形の横長玄室平面の平入り家形天井構造を基調とする横穴墓であり、従前出雲東部の典型的な横穴墓として認識されてきた構造である。初現期の須恵器の確認される例は安来市・矢田I—三・四、II—一号墓[32]、同・鳥木横穴墓、東出雲町・湯谷第一号墓などである。これらは矢田II—一号墓の玄室幅三・八メートル、長さ二・七メートルから、湯谷第一号墓の玄室幅二・八メートル、長さ二・三五メートルまでの大形規模の横穴墓であり、天井高も一・五～一・九メートルと他の類型に比較して高い。これらのうち矢田I—三号墓と湯谷第一号墓はドーム形天井構造であり、矢田I—三号墓と鳥木横穴墓では主軸に直交して平入りの家形石棺を配置している。また矢田II—一号墓と湯谷第一号墓では玄室の左右に石棺と有縁屍床を造作している。このF類横穴墓は、在地で定着した横穴墓型式として重要なものとなっている。

四、横穴墓型式の系譜と定着

以上に山陰中央部における初現期MT八五・II型式三段階の須恵器を出土した例を中心として初現期の横穴墓の型式を区分して様相を瞥見した。これらA〜F類の各類の横穴墓は、横穴墓の発生地である北部九州における変遷の結果定型化した横穴墓型式と系譜関連が想定し得る類型と、在地における変容型式に分別することができる。

横穴墓発生地と目される北部九州の地からの導入と認識される初現期の横穴墓型式は、以下に記すA〜C類である。縦長の玄室平面を呈するA類は、五世紀の末から六世紀の前半にかけて豊前地域の竹並横穴墓群(33)、久戸横穴墓群(34)などで展開した型式であり、彼の地からの伝播の結果の初現と理解できる。北部九州においては家形構造を呈するものもすでに現出してはいるものの、山陰における他型式との関連を勘案すると、家形構造の②類は大形化し天井高の高いものであり、初現期の中では後出する可能性が高いものと考えられる。

このA類では墳丘を伴う例として、①類で島田池六―六・八号墓の方墳、②類でマケン堀横穴墓群における三基の円墳が確認される。初現期の横穴墓すべてには墳丘は伴ってはおらず、墳丘を伴う横穴墓は限定された被葬者を対象としての身分秩序の表示と理解され、墳丘を伴う中では墳形の違いに明確な差異を表すものと考えれば、A類横穴墓は相対的にはC類に従属するものと理解できる。

横長の玄室平面を呈するB類は、五世紀後半代の横穴墓発生以来の型式であり、六世紀前半代で終焉する特徴的な型式であるが、山陰への伝播には山口・朝田横穴墓群(35)の存在が考慮される。朝田横穴墓群は墳丘を有する横穴墓として本州で初めて明確にされた例であり、発生地である北部九州からの横穴墓拡散の端緒をなす一群として重要なものである。山陰におけるB類の規模は朝田横穴墓群の変容の範疇に入っており、天井高の低い点も共通する要素として留意される。しかしながら、朝田横穴墓群にて型式要素となっている敷石は施設されてはおらず、在地における若干の変容を窺うことができる。

隅丸方形玄室平面を呈するC類は、六世紀前半代に大分・上ノ原横穴墓群(36)において主流をなした横穴墓型式である。山陰C類を上ノ原横穴墓群の六世紀前半代の横穴墓規模と比較すると、より大形のものと、より小形のものが認められるものの、平面規模に比して天井高一メートルほどと著しく低い点は共通している。しかしながら、玄室四周と中央部の排水溝の設置は陰田第七号墓・尾高第一号墓で保持されているものの、中竹矢第一号墓では四周のみとなっている。また上ノ原横穴墓群においてはすべて敷石を施すものの、これの認められるのは尾高第一号墓のみである。

ここでC類とした中には、中竹矢第一号墓などのかなりの在地での変容形を含む。羨道部の偏りと片方の角を意識した中竹矢第一号墓の様相は、石棺式石室との関連も想起される。原初構造を保持すると考えられるものは陰田第七号墓である。しかしながらこのC類は、前方後方形・円形・方形の墳丘を伴う横穴墓として重要なものであり、初現期の横穴墓として最重要な型式であったと理解される。

以上のA〜C類の型式をもととして、在地において変容した横穴墓型式と考えられるのは、D〜F類である。したがって所産時期は相対的には下るものと理解される。

D類は従前矩形・ドームの範疇で一括把握されていたものを、前広がりの特徴的な平面形と、排水溝の様相により区分したものである。この前広がりの平面形は、矩形からの変形としての在地での変遷も当然考慮されるところではあるが、矩形の簡略化は一般的には奥幅の強調を重視する傾向とも解され、初現期横穴墓総体としては稀な排水溝の設置を勘案すると、山陰における要素のみで現出した横穴墓型式であるとは考え難いところである。

この特異な平面形は、現状では九州地方の横穴墓の変遷中に類例を求めることができる。一方は現状で横穴墓発生の地と目される北部九州・豊前地区の初現期からの横穴墓形態の変遷中に若干の類例が認められる。総数八〇基が調査された大分県・上ノ原横穴墓群にあっては、五世紀後半代の初現期から六世紀代の末葉にかけてわずかではあるが類例が確認されるところであり、六世紀前半代までの類例が顕著である。横穴墓掘削技術中に保持された様相の一つとして、山陰に伝播した可能性は高い。

また肥後地方に特徴的な〝コ〟字形三屍床を配置する肥後型横穴墓の変遷のうちにも類似した様相を確認できる。肥後型横穴墓は、肥後型石室を規範としての横穴墓の造作に由来する地域的な型式であり、この特徴的な〝コ〟の字形三屍床の配置による変遷が考慮されている。熊本市・古城横穴墓群[37]、七城町・瀬戸口横穴墓群[38]の様相を総括すると、①奥屍床と左右屍床が独立し、縁を大きくU字形に抉り込む段階、②横穴墓内部が一体化し、全体として前幅の広がる平面形を呈する段階、③奥幅と前幅を等しくした、長方形ないしは矩形平面を呈する段階が時期差を明示するものとして、六世紀代に変遷したものとも考えられるところである。

山陰中央部と肥後地方との古墳時代後期における関連は、出雲における特徴的な「石棺式石室」において強調されており、肥後南部を起源とする石室構造要素の出雲における独自の展開[39]が考慮されている現状を鑑みれば、一連の造墓技術の波及としての横穴墓型式要素の導入も可能性の高いものと考えられる。

しかしながら、肥後型横穴墓との関連が想定されるのはその平面形のみであり、内部の特徴的な〝コ〟の字形三屍床は採り入れられてはいない。このD類横穴墓は、排水溝の様相からC類を基調として新たな型式要素を採り入れての在地における現出と想定しておきたい。高広I区三号墓における羨道側に頭位を採る二体の伸展葬の様相は、同じく初現期の横穴墓であるA類の島田池六区八号墓と同様であり、この埋葬法は豊前地区の横穴墓初現期の様相に通じる。その構造とともに埋葬法もまた伝播した結果と理解されよう。

山陰地方の横穴墓構造における肥後地方からの影響については、角田徳幸により展開期の「石棺式石室」に類似する「意宇型」横穴墓構造について指摘されている[40]。

E類は矩形の玄室平面で低ドーム形天井構造を基調とする横穴墓であり、隅丸方形平面のC類との密接な関連が考慮される。規模は大形・中形・小形と変容が著しく、初現期後半に被葬者の階層差を規模に反映して構築した結果と想定される。

この点は墳丘を伴う例としての前方後円形の岩屋口北第一号墓、宮内II—一号墓、方形の島田池四—一二号墓、円形の小池一―一号墓の存在を考慮すればより明確に理解されるところであり、初現期後半以降に主流をなした型式としての構築が想定できる。

F類は横長玄室平面の家形天井構造を基調とする横穴墓であり、大形を特徴とし天井高も高く、石棺を多く内蔵する。初現期後半に定型化した重要な横穴墓型式であり、矢田横穴墓群では墳丘を伴うようである。次期の展開期には平入り家形構造として東出雲、とくに安来平野周縁部の横穴墓型式の主流として構築されたものであり、当該期の在地首長墓としての「石棺式石室」との構造の類似が指摘されている。

このF類を横穴墓型式の変遷の中に想定すれば、小形のB類の横長平面を基調として大形化し、E類とともに家形天井構造を採用した結果と理解できよう。

五、墳丘横穴墓の様相

以上に山陰中央部における近年の調査にかかる初現期の横穴墓の構造を類別して瞥見したところであるが、次に特徴的な墳丘を伴う横穴墓と個別横穴墓型式との関連を纏めておきたい。墳丘を伴う横穴墓は、個別地区における有力者の墳墓として一定の規制のもとでの築造が想定されるところであり、まさしく横穴墓が古墳時代の墳墓たる点を明示する重要な資料である。横穴系葬法における同地区同時期における異なる埋葬施設の差異は、墳形・副葬品とともに被葬者の階層の差異を表示するものとしての理解が可能なものであり[41]、山陰の横穴墓も同様に理解されよう。

初現期における墳丘を伴う横穴墓は、現在知られるところでは意宇平野周縁部に前方後方形と方形の墳丘、安来平野と周辺部に前方後円形と円形の墳形と、明瞭に分布を異にするようである。

初現期の前方後方形として唯一確認される中竹矢第二号墳は、全長一四メートルほどの小形の墳形であり、横穴墓を主体部とする点をよく墳丘規模にも表示している。横穴墓は一応隅丸平面のC類として分類はしたが、先述したように隅丸方形平面形から変形した矩形平面のE類との折衷形であり、著しく偏った羨道の位置に「石棺式石室」との

墳形 ＼ 時期				
初現期	中竹矢1(C)	島田池6-6(A)　陰田7(C) 島田池6-8(A) 島田池6-12(E)	岩屋口北1(E) 【宮内II-1 (E)】 【鷺湯病院址(F)】	尾高1 (C)　マケン堀9(A) 小池1-1(E)　マケン堀16(A) マケン堀31(A)
展開期	島田池1-2(E) 島田池4-10(E) 島田池4-17(E) 島田池6-7(E)	島田池4-12(E)　陰田14(E) 島田池4-15(E)　陰田15(E) 陰田17(E) 陰田6(E)　陰田23(E) 陰田11(E)	【穴神1(F)】	臼コクリS-2(F)　マケン堀19(A) 臼コクリN-5(F)　マケン堀23(A) 小池2-2(E)　マケン堀24(A) 大将山B-2(E) 大将山C-4(E)
継続期		島田池6-5(F)	【大原1(F)】	

図4　墳丘を伴う横穴墓一覧

密接な関連を窺知することができる。

初現期の方形の墳丘を伴う横穴墓は、島田池横穴墓群の中の六区に確認できる。いずれも周溝により区画された一辺五メートル程度の墳丘が想定されるものである。横穴墓の型式は、六・八号墓が縦長平面のA類、一二号墓では矩形平面のE類である。一二号墓に認められるE類は、羨道の位置が偏るものであり、中竹矢第一号墓と同様に考えることができ、所産時期の若干下るものであろう。

墳丘は伴わないが、前方後方形の墳丘を伴う中竹矢第一号墓に隣接して所在する中竹矢第二号墓はA類であり、この点を勘案すれば意宇平野周縁部においてはC類に従属するA類という位置づけが可能であろう。

尾根上の六世紀前半の竪穴系横口式石室の築造の後をうけて斜面に展開した米子・陰田横穴墓群では、当該期の第七号墓と、これに後続する展開期の六基の横穴墓に溝で区画した一辺七メートルほどの方形と想定される後背墳丘が伴う。第七号墓は隅丸方形平面のC類であり、排水溝は基本形を守るものの床面の敷石は欠如する。

前方後円形の墳丘を伴う横穴墓は、現状では安来平野にのみ確認されている。岩屋口北第一号墳は全長一二・五メートルで斜面側に小形の造り出しを付設し、くびれ部を中心に円筒埴輪を配置する。主体部である横穴墓はE類であり、狭長な羨道を特徴とするものである。

いま一基調査された前方後円形の墳丘を伴う横穴墓は、宮内II区第一号墓で(42)

ある。報告書では尾根上の高まりをしての後背墳丘の可能性の指摘であったものが、丹羽野裕により全長三〇メートルの前方後円墳として評価されている。(43) 横穴墓は平面矩形のE類であり、主軸に直交して縄掛突起を有する横口式石棺を配置する。

また金銅装冠・単鳳環柄頭などの注目される遺物を出土した鷺湯病院址横穴墓も大形の前方後円墳を伴う可能性が指摘されている。この横穴墓は、(44) 一方の側壁沿いに配置された長さ二メートル以上の石棺の存在から想定すれば、横長平面のF類であったものと考えられる。遺物の様相から当該期の所産と理解されるものの、横穴墓型式および石棺の配置からは若干の後出と位置づけられよう。

他にも前方後円形の墳丘の想定される横穴墓の指摘は認められるものの、個別横穴墓の所産時期は明確ではない。すでに指摘されているようにこれらの前方後円形の墳丘を伴う横穴墓からの出土遺物は、地区の有力者の墳墓として認識されるに十分なものである。

円形の墳丘を伴う横穴墓は、伯耆西端部に顕著である。米子・尾高第一号墓は、大形のC類であり、敷石・排水溝ともに基本形を墨守する構造である。斜面上位に径九メートルほどの溝により区画された墳丘を伴う。

西伯町・マケン堀横穴墓群では、墳丘を伴う横穴墓のうち三基が当該期の所産と考えられる。ともに縦長平面のA類であるが、大形化した妻入りの家形の天井構造を呈するA②類であり、所産時期の下降が推定される。出雲にあっては山間部の横田町・小池横穴墓群でも墳丘を伴う。径一六メートルの第一号墳丘に一基、径八メートルの第二号墳丘に三基の横穴墓が所在する。一—一号墓が当該期の所産と想定されるものであり、平面矩形のE類で玄室内の片側を高くした屍床を造作する。

以上の山陰の横穴墓の初現期の墳丘を伴う横穴墓を総括すれば、これらの所産時期を前半と後半に大きく二分することができよう。現状では前半期においては、前方後方形の墳丘も前方後円形の墳丘も確認されてはいない。これよりすれば、初現期前半においては横穴墓構築数の僅少さに起因してか方形と円形の墳丘に終始したものと理解される。

初現期後半に構築数の増加に従い、横穴墓集団の墳形をより区分するに至ったものと想定できる。しかしながらその墳丘規模に明示されるように、けっして高塚古墳被葬者を凌駕する存在とはなり得なかったものと思慮される。

以上を個別横穴墓型式との関連で見ると、初現期前半の方墳に縦長平面のA①類と隅丸平面のC類が採用され、円墳にはC類が認められる。初現期後半の事象は、円形の墳丘を採った伯耆西端部の終始一貫してA類を構築したマケン堀横穴墓群を除けば、明確な規範を窺知することができる。これはすなわち在地横穴墓型式としてのE・F類の確立と墳丘横穴墓への採用である。その型式変容の過程をE類では前方後方形の中竹矢第二号墳に窺うことができる。

展開期においては、初現期後半の様相を顕著に展開している。意宇平野におけるE類、安来平野におけるF類と伯耆西端部におけるA・E類の採用であり、この時期の様相は島田池横穴墓群に明示される。この横穴墓群にあって、この時期に構築された横穴墓は二二基を数え、これらには前方後方形の墳丘四基、方形の墳丘三基を伴う。墳丘規模、墳形による秩序の表示が顕著であり、横穴墓構築の最盛期であったことが知られる。

前方後円形の墳丘を伴う横穴墓が安来平野にのみ集中する事象は興味多いところである。横穴墓構築数の増加する初現期後半から、一応七世紀初頭の継続期までの存在が確認されており、在地の伝統として半世紀にわたり、出雲の中心地である前方後方墳体制を敷いた意宇平野の勢力に対峙する如くの様相を明示している。この時期の安来平野全域は、飯梨川左岸下流域に「石棺式石室」(45)を主体部として築造された、塩津神社古墳──→飯梨岩舟古墳──→若塚古墳の被葬者に想定される在地の首長系列に統括されていたものと想定されるところである。前方後円形の墳丘を伴う横穴墓の被葬者は、これらに従属し各地区を統括する存在であったものと考えられる。前方後方墳体制の外縁東端部という地勢に起因し、それがゆえの独自の横穴墓型式の採用と規模の大形化として認識されるところではある。

さらに前方後円形の墳丘の主体部として構築されたのは横穴墓のみであり、たえて横穴式石室は確認されない。この点を強調すれば、安来平野の前方後円形の墳丘に表示される勢力は、出雲後期前方後方墳体制にあっては支配機構を直接的に支援する譜代勢力ではなく、「石棺式石室」を主体部として築造した在地の首長に従属した存在として理解される。したがって前方後円という墳形も、これを地区で独自に採用したというものではなく、全国的な状況には背反するところではあるが、出雲後期前方後方墳体制においては、前方後方墳に従属する前方後円墳という独自の位置づけが果たされた結果と想定されよう。横穴墓型式のF類の採用も、これと関連した事象として切石を用いた横穴式石室である「石棺式石室」に類似する構造を採ったものであろう。

伯耆西端部でひとり初現期以来継続して方形の墳丘を構築し続けた陰田横穴墓群は、安来平野に隣接するという立地からは特異であり、意宇平野勢力の東の要として認識されようか。少なくとも横穴墓の様相からは、伯耆西端部を含め一体としての展開が考慮されなければならない。

六、横穴墓と石棺式石室

以上に概略を記した初現期の各類の横穴墓は、時期的には出雲東部に首長墓として定型化した「石棺式石室」の成立期に重複して構築されている。ここでは従前指摘されている、この「石棺式石室」と横穴墓の関連を、企画の点で考えてみたい。

従前の横穴系埋葬施設の構築企画の検討では、基準長としてはそれぞれ晋尺、高麗尺、唐尺、唐小尺に近似する長さとしての二四センチ、三五センチ、三〇センチ、二五センチに近い基準長の使用が想定されており、埋葬施設からの出土遺物を根拠としての使用年代も推定されている。[46]

出土遺物の豊富な畿内および西国地方ではそれほど重視しての検討は認められないものの、出土遺物の僅少な東国にあっては横穴式石室あるいは横穴墓の所産年代の想定に重要な視点となって来ている。

これらの基準長をして、ここで集成した初現期の横穴墓四一基を検討すると、明確に合致する例は乏しいものの、ほぼ二四センチを基準長としての企画と考えることができる。この基準長は、初期横穴式石室の企画の基準長としての位置づけがなされており、横穴系葬法においては、古相を示すものとして五世紀代から六世紀代にかけての使用が

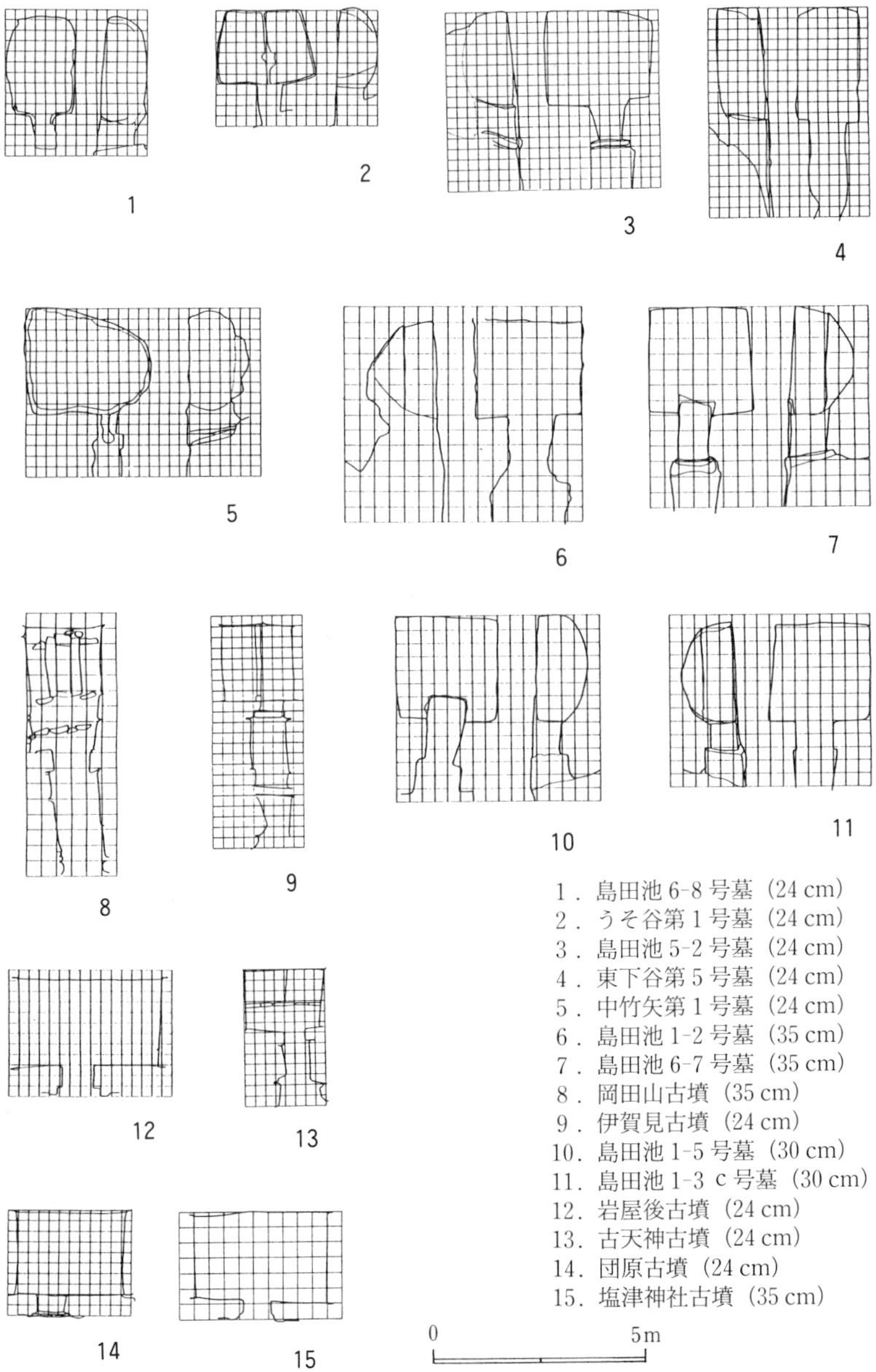

1．島田池 6-8 号墓（24 cm）
2．うそ谷第 1 号墓（24 cm）
3．島田池 5-2 号墓（24 cm）
4．東下谷第 5 号墓（24 cm）
5．中竹矢第 1 号墓（24 cm）
6．島田池 1-2 号墓（35 cm）
7．島田池 6-7 号墓（35 cm）
8．岡田山古墳（35 cm）
9．伊賀見古墳（24 cm）
10．島田池 1-5 号墓（30 cm）
11．島田池 1-3 c 号墓（30 cm）
12．岩屋後古墳（24 cm）
13．古天神古墳（24 cm）
14．団原古墳（24 cm）
15．塩津神社古墳（35 cm）

図 5　横穴墓・石室の平面企画図

想定されている。[47] また東国各地における横穴式石室の検討では、六世紀第3四半期までの基準長として確認できる。九州は肥後地方に展開した肥後型横穴墓のうち古城・瀬戸口・福原横穴墓群の検討では、六世紀代と想定できる横穴墓はすべて二四センチを基準長としての企画が想定され、この地を起源とする東北北部宮城県大崎平野周縁部に展開した肥後系横穴墓では、その最古と考えられる横穴墓群にのみ採用されている。[48]

かく全国の横穴系埋葬施設の状況を瞥見すると、山陰中央部における状況は、まさしく時期的な様相を明示するものとして位置づけることができよう。

この様相に対し、次期のTK四三・陶邑II型式四段階の展開期における横穴墓では、これまた明確に合致する例は乏しいものの、三五センチに近い基準長を用いての企画と想定できるところであり、TK二〇九・陶邑II型式五段階以降では三〇センチに近い基準長を用いての企画に変遷する点が想定され、ここにも横穴系葬法における変遷の基本を窺知することができる。

この点は東国各地の初現期横穴墓のうちで、横長平面・家形天井を基本とする横穴墓構造を出雲系として認識して分析した結果とも合致するところであり、[49] 出雲に定着した後に確立した独自の横穴墓型式は、企画をも含めまさしく他地域へ派出している状況が窺える。

すなわち横穴墓の企画においては、二四センチ──→三五センチ──→三〇センチという基準長の時期的な変遷を想定することができるものであるが、出雲東部に特徴的な「石棺式石室」の状況も類似した様相を示す。

かつて「石棺式石室」の企画の想定において、三〇センチと三五センチに近い基準長のみの使用に拘泥した結果、「石棺式石室」の祖形とされる古天神古墳と、基本形から逸脱する伊賀見古墳の石室の位置づけに問題を残した。[50]

ここで改めて三種類の基準長の中での整合状況を検討すると、この両古墳石室は横穴墓初現期に使用された二四センチに近い基準長を用いての企画と想定することが可能である。すなわち古天神古墳石室が、[51] 前幅を狭め側壁を縮小させるものの、ほぼ幅八、長さ六と復元され、羨道は中央から偏って付設されるものである。伊賀見古墳の石室では幅、長さともに七であり、羨道はまさしく中央から偏って付設されている。

その他の「石棺式石室」では、意宇平野における最大の石室としての岩屋後古墳石室[52]も二四センチに近い長さを基準長とする可能性が高く、幅一四、長さ八に復元でき、羨道は中央から偏っての付設である。さらに隣接して存在した団原古墳石室も同様に復元でき、幅一〇、長さ八で羨道の偏りも等しい。

「石棺式石室」における三五センチに近い長さの基準長の使用は、安来平野西縁に所在する塩津神社古墳を最古とするようであり、この石室では岩屋後古墳石室を規範としての基準長の変更を窺知することができ、先後の関連は羨道付設位置の中央化として認識することができる。

この「石棺式石室」の様相はまさしく横穴墓企画の変遷と合致するところであり、石室規模を勘案して初現期横穴墓型式との関連を見ると、祖形とされる古天神古墳石室はB類、伊賀見古墳石室は小形E類、岩屋後古墳石室はF類との関連を想定することができる。

かく「石棺式石室」の企画を整理すると、従前他地方の横穴式石室からの影響をのみ多大に勘案して考慮されて来た「石棺式石室」の成立に関する問題も別の視点にての理解も可能となろう。すなわち在地に定着した横穴系埋葬施設としての初現期横穴墓の存在を前提としての特異な切石使用の横穴式石室の定型化であり、その時期は横穴墓A・B・C類の定着に遅れる初現期後半代と理解することができる。

また大形化も横穴墓と等しく初現期後半代の事象と想定されるところであり、「石棺式石室」の企画における岩屋後古墳石室と塩津神社古墳石室の基準長推移の関連に明示されるところである。

初現期後半以後に定型化したE類横穴墓は意宇平野およびその周辺部と伯耆西端部、F類横穴墓は現状では安来平野に集中分布する傾向にある。この横穴墓の地区別に主体をなす型式を考慮すると「石棺式石室」における初現期の異なる二様相の具現は、横穴墓型式との密接な関連のもとでの現出とも理解することが可能であろう。

もとより意宇平野に展開した定形化以前としての古天神古墳、および定形化初期の段階の「石棺式石室」のすべては、在地の最高首長の墳墓の主体部として構築されたものではない。結果として山代二子塚古墳[53]に後続する出雲東部地区の首長墓としての山代方墳[54]の主体部として採用されたがゆえの意義が強調されるところであるが、定形化初期には輻輳著しい在地有力豪族層の墳墓の一つとして採用されているにすぎない。隣接してほぼ同時期に異なる構造の横穴式石室が採用されており[55]、前方後方形という固有の墳形に独自の構造の石室を構築した背景には、地域の横穴系葬法総体を勘案した意識を窺知することができよう。

註

（1）山本清「西山陰の横穴について」『島根大学人文科学論集』第八号　昭和三二年
「横穴の型式と時期について」『島根大学人文科学論集』第一一号　昭和三七年
（2）門脇俊彦「出雲国大井谷横穴群の研究」『私たちの考古学』第八号　昭和三一年
（3）門脇俊彦「山陰地方横穴墓序説」『古文化談叢』第七集　昭和五五年
（4）門脇俊彦「西山陰における横穴墓の受容（上）」『島根考古学会誌』第二集　昭和六〇年
（5）西尾克己・丹羽野裕「山陰の横穴墓」『おおいた考古』第四集　平成三年
（6）花田勝広「畿内横穴墓の特質」『古文化談叢』第二二集　平成二年
（7）大谷晃二「出雲の横穴墓の系譜」『出雲の横穴墓』（第七回山陰横穴墓調査検討会）　平成九年
（8）島根県教育委員会『国道九号線バイパス建設予定地内埋蔵文化財発掘調査報告書Ⅳ』　昭和五八年
（9）島根県教育委員会『岩屋口北遺跡・臼コクリ遺跡（F区）』　平成九年
（10）島根県教育委員会『島田池遺跡・鵜通遺跡』　平成九年
（11）米子市教育委員会『陰田』　昭和五九年
（12）鳥取県教育文化財団『大谷山横穴墓群』　昭和六二年
（13）鳥取県教育文化財団『尾高一号横穴墓』　平成七年
（14）西伯町教育委員会『マケン堀古墳群・北福王寺遺跡』　平成二年
（15）山本清「山陰の須恵器」『島根大学開学十周年記念論文集』　昭和三五年
（16）（4）に同じ

(17) 池上悟「出雲における切石使用の横穴式石室の一類型について」『立正大学考古学研究室彙報』第二二号　昭和五七年
(18) 出雲考古学研究会『石棺式石室の研究』　昭和六二年
(19) 角田徳幸「石棺式石室の系譜」『島根考古学会誌』第一〇集　平成五年
(20) 大谷晃二「出雲地域の須恵器の編年と地域色」『島根考古学会誌』第一一集　平成六年
(21) 高木恭二「石棺式石室と肥後」『横穴式石室にみる山陰と九州』（古代の出雲を考える八）　平成七年
(22) (6)に同じ
(23) (7)に同じ
(24) 島根県三刀屋町教育委員会『東下谷横穴群発掘調査報告書』　昭和五九年
(25) 島根県教育委員会『高広遺跡発掘調査報告書』　昭和五九年
(26) 近藤正「安来・うそ谷横穴群」『島根県埋蔵文化財調査報告書』第一集　昭和四四年
(27) 近藤正「東出雲・屋台垣横穴」『島根県埋蔵文化財調査報告書』第一集　昭和四四年
(28) 島根県教育委員会『越峠遺跡・宮内遺跡』　平成五年
(29) 横山純夫「狐谷横穴群」『島根県埋蔵文化財調査報告書』第Ⅶ集　昭和五二年
(30) 池田満雄・東森市良「東出雲・高井横穴」『島根県埋蔵文化財調査報告書』第一集　昭和四四年
(31) 近藤正「東出雲・古城山横穴群」『島根県埋蔵文化財調査報告書』第一集　昭和四四年
(32) 山本清「安来・矢田横穴群」『島根県埋蔵文化財調査報告書』第一集　昭和四四年
(33) 佐田茂ほか『竹並遺跡・横穴墓』　昭和五四年
(34) 宗像町教育委員会『久戸古墳群Ｉ』　昭和五五年
(35) 山口県教育委員会『朝田墳墓群Ｖ』　昭和五七年
(36) 渋谷忠章・村上久和ほか『上ノ原横穴墓群』（大分県教育委員会）　平成元年
(37) 高木正文『古城横穴墓群』（熊本県教育委員会）　昭和六〇年
(38) 高木正文ほか『北上原古墳・瀬戸口横穴墓群』（熊本県教育委員会）　平成元年
(39) 出雲考古学研究会『横穴式石室にみる山陰と九州』（古代の出雲を考える八）　平成七年
(40) 角田徳幸「出雲の後期古墳文化と九州」『風土記の考古学』三　平成七年
(41) 池上悟「野州石室考」『立正大学文学部論叢』第八八号　昭和六三年
(42) 島根県教育委員会『越峠遺跡・宮内遺跡』　平成五年

(43) 丹羽野裕「横穴墓を主体部に持つ前方後円について」『岩屋口北遺跡・臼コクリ遺跡（F区）』（島根県教育委員会） 平成九年
(44) (1)に同じ
(45) (18) に同じ
(46) 池上悟『東国の横穴式石室と横穴墓』甂全舎 平成三年
(47) 柳沢一男「北部九州における初期横穴式石室の展開」『九州考古学の諸問題』 昭和五〇年
(48) 池上悟「東北横穴墓型式の成立と展開」『立正大学文学部研究紀要』第一四号 平成一〇年
(49) 池上悟「東国横穴墓の型式と伝播」『おおいた考古』第四集 平成三年
(50) (17)に同じ
(51) 島根県教育委員会『八雲立つ風土記の丘周辺の文化財』 昭和五〇年
(52) 島根県教育委員会『岩屋後古墳発掘調査概報』 昭和五三年
(53) 渡辺貞幸「松江市山代二子塚古墳をめぐる諸問題」『山陰文化研究紀要』第二三号 昭和五八年
(54) 渡辺貞幸「松江市山代方墳の諸問題」『山陰地域研究』第一号 昭和六〇年
(55) 渡辺貞幸「岡田山一号墳研究の現状と問題点」『島根考古学会誌』第一集 昭和五九年

第三章　横穴墓の諸相

一　東北横穴墓の埋葬様式

一、はじめに

東北地方の横穴墓は、わが国における一つの密集分布する地方として研究史上重要な位置を占めて来た。内部の埋葬施設に重点をおいた横穴墓の編年研究、地方に特有な装飾を有する横穴墓の研究など、被葬者の社会性を含め種々論及されてきた。(1)

近年の調査にかかる東北地方の横穴墓の調査は、従前研究されて来た点のほかに新たに種々の興味ある事象を明確にして来ている。この成果をして地区に特徴的な横穴墓の構造を捉え、これを源流地としての西方地方との関連を横穴墓葬法の伝播として纏めたが、(2)実際の横穴墓の利用法は検出された人骨により明確となるものである。(3)これは良好な遺存状態に恵まれた結果として検出された人骨の状況から想定される埋葬様式の確認であり、従来考えられてきた横穴墓の埋葬様式をこえる内容を明示するものである。

従前、一般的に考えられてきた墳墓としての横穴墓の利用法は、横穴墓を造営し得た家族の家長の死を契機として横穴墓を掘削し、遺体を横穴墓の玄室内に伸展葬するというものであった。横穴墓を造営する家族内で、横穴墓へ埋葬し得る他の人物の死にあたっては追葬として横穴墓を利用し、この時に先葬者の遺骸を一隅へ集骨して横穴墓内部の埋葬空間の確保を図るというものであった。

しかしこの想定は、実際の横穴墓からの出土人骨の様相では数的に主体をなす一つの埋葬様式として理解されるにすぎず、これ以外に種々の埋葬様式が想定されるものであり、地方において異なる埋葬様式も認められる点が明確になりつつある。

東北地方の横穴墓の調査により近時明確となって来たのは、横穴墓からの改葬人骨の検出であり、従来考えられていた以上に浸透した埋葬様式であったものと想定されるところである。

東北地方における横穴墓の構造的な特徴として従来考えられて来た施設として〝副室〟がある。これは主体をなす横穴墓の墓前域の両側壁に設けられた小型の横穴墓であり、種々の機能が想定されて来たものである。副葬品納置の場所、墓前祭祀に関連する施設、小児葬のための施設、改葬のための施設というものであり、各地の実情に即して解釈されて来たものである。

東北地方の類例については、菅原文也が集成して論及せられ、実際に人骨の検出された他地域の例より類推して改葬墓の可能性の高い点が指摘されていた[4]。最近の調査にかかる報告では、福島県西白河郡表郷村・深渡戸B横穴墓群において、副室より明確な改葬人骨が検出されており[5]、菅原の推測の正しい点が証明されたものといえよう。この点は横穴墓における埋葬様式を考慮する場合に重要な点となるものである。すなわち多くの人骨の検出されていない類例をも同様に改葬墓として理解することが可能となるものであり、通有規模の横穴墓のみで埋葬を果たしたものではない点が想起されるところである。

また東北地方にあっては、副室に類似する成人を伸展葬できない小規模な、立地としては一応独立して掘削された小型横穴墓も多く営まれている。従来は横穴墓の変遷として、小型・簡略化の方向の帰結として最新の時期に編年される場合が多かったものであるが、これまた副室と同様に理解することができるものである。実際に宮城県三本木町・山畑横穴墓群[6]、福島県深渡戸B横穴墓群などより改葬された人骨が検出されており、横穴墓群内の立地の差異として副室と異なるのみと理解されるところである。

以上の確認は従前の横穴墓の埋葬様式に対する理解を再検討させるに十分なものであり、以下にこの点について実際の人骨出土例を対象として若干の問題について考えてみたい。

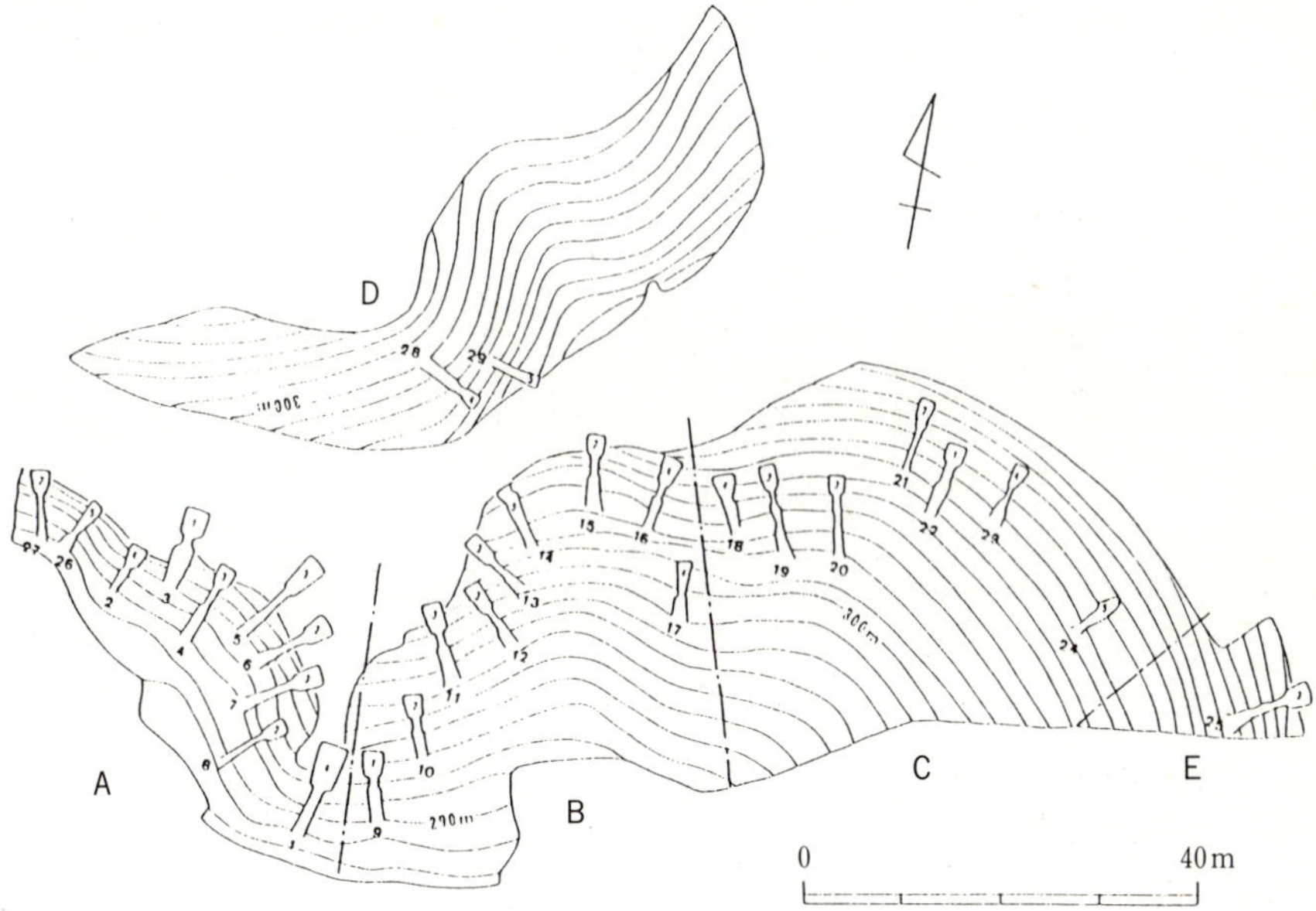

図 1　駒板新田横穴墓群

二、駒板新田横穴墓群の様相

近年調査され、実際に埋葬された多くの人骨が検出された横穴墓群としては、福島県河沼郡河東町に所在する駒板新田横穴墓群(7)が注目に値するものである。

この横穴墓群は、西に派生する小丘陵の先端部の凝灰岩を掘削して造営されたものであり、南側斜面を中心として一部北側斜面にも構築されている。想定される横穴墓の数は約八〇基ほどであり、このうちの西側の二九基を発掘調査したものである。調査された範囲においては横一段に広がって展開するものであるが、丘陵の突出部および立地の高低により群別される。報告ではこの群別に従った変遷が考慮されているものの、横穴墓の構造を勘案したものではない。

この横穴墓群における横穴墓の構造は、玄室平面矩形のドーム形天井を基本とするものであり、これに狭小な羨道部が伴う。また墓前域の両側壁には石積施設を構築するものであり、二九基中の一七基に認められ、この横穴墓群の特徴の一つと理解されるところである。横穴墓の構造は、基本形からの変遷として五類に区分することができ、時期的な先後の関連を明示するものと理解できる。玄室平面の矩形から逆台形、天井構造はドームから低平なドームを経て水平化するものであり、大型から小型への基本的な推移に沿ったものである。

横穴墓構造および出土遺物から造営年代を想定すると、報告とは異なって、六世紀の末ないしは七世紀の初頭から七世紀代いっぱいの構築と理解することができるものであり、八世紀以降にも利用されている。横穴墓構造を基本とする変遷を考慮すると、ほぼ五群の纏まりとして展開したものと考えることができるものである。これを各時期各群の変遷として捉えると、次の表のように想定することができる。

	I期	II期	III期	IV期	V期
A群	一	三	三	二	一
B群	一	二	三	二	一
C群	一	一	二	二	一
D群				二	一
E群			一		

すなわちこの様相は、横穴墓群の形成当初より横穴墓造営集団内における個別の横穴墓造営家族の墓域を考慮した結果と理解されるところであり、北側の斜面に位置するD群はその立地よりB群からの派出、一基よりなるE群は東へ広がる群の西端と考えられる。

横穴墓の規模および内部施設、さらには墓前域の石積施設——本来的には天井石を架構した構造であり、横穴墓群内では限定された横穴墓のみに伴う例が多いものであるが、この駒板新田横穴墓群では石積施設が普遍化しており、伴わないという点において他と区別された単位群を確認することができる——などの様相よりI期からIV期にかけてはA群、V期のみはB群がこの横穴墓群の中心的地位を占めたものと考えられる。

調査された二九基のうち人骨の検出された横穴墓は一一基であり、総計三七体が検出されている。一体から最大七体が同一の横穴墓から検出されているが、注目される事実はほぼすべての人骨が改葬された結果と理解できる出土状況を示すことである。しかも通常認められるような遺骸伸展葬──→骨化──→集骨(追葬)──→改葬という状況ではなく、横穴墓の玄室内に遺骸を伸展葬した明瞭な痕跡が確認されていない。

最終的に横穴墓内に人骨を集骨する場合、追葬の結果として行われた場合には最終時の遺骨が伸展葬の状況で残るか、あるいは集骨して埋葬が完結する場合においても集骨される位置は玄室内で偏るものであるが、この横穴墓群の事例においては認められない。明瞭に一体分が検出された第八号墓の場合は、玄室奥の棺座上に揃えて集骨されており、他群に多い小型改葬墓を構築するのではなく、通常規模の横穴墓を改葬墓として利用したものと理解することができるものである。

またこの横穴墓群のように、同単位群で同時期に複数の横穴墓を造営している場合には、一方の横穴墓を第一次葬として用い、他方を改葬墓として利用する区分も想定されるが、他群でしばしば認められる、部分的な人骨の遺存も認められず、第一次葬は横穴墓以外で行われた可能性が高い。

一般に横穴墓を造営した被葬者集団にあって、直接的に造営を担った個別家族の累代的に構築された横穴墓の纏まりが単位群として認識されるところであるが、多くの場合は家長の死を契機としての新たな横穴墓の掘削と理解されており、一世代に一基を基本とするものである。

同群同時期の複数の横穴墓の造営については、中核横穴墓と傍系横穴墓として、[8] 個別家族内における埋葬対象の区分が想定されて来たものである。この駒板新田横穴墓群においては、この実際が検出された人骨より具体的に想定される資料である。

同群同時期の複数の横穴墓からともに人骨の検出された例は、B群Ⅲ期の第一二号墓と第一三号墓である。第一二号墓からは成人男性二体と成人女性一体の三体、第一三号墓からは成人男性四体と成人女性一体の五体が検出されている。ともに成人女性は一体のみであり、限定された人物として、横穴墓造営の契機となった家長の妻などが考えられよう。類似した様相としてB群II期の第一五号墓から、成人男性二体、成人女性一体と小児一体、C群III期の第一九号墓から成人男性三体と成人女性一体、D群IV期の第二八号墓から成人男性二体、成人女性一体と小児一体が検出されており、いずれも成人女性は一体のみの検出である。

また群形成の端緒をなすI期の三基の横穴墓のうち、第三号墓と第二二号墓から人骨が検出されている。第二二号墓からは成人女性ないしは女性の可能性の高い人骨が四体、成人男性三体の合計七体、第三号墓からは脛骨の検出のみであり女性ないしは華奢な男性と推定されている。このI期の様相からは、複数の男女を埋葬する横穴墓と一体のみを埋葬する横穴墓の区分が想定されるところである。

この一体のみの埋葬が確認される例は、他にA群II期の第八号墓とC群II期の第二一号墓がある。第八号墓はA群同期の三基の横穴墓のうちの一基であり、第二一号墓はC群II期に一基のみの構築である。これら一体のみの限定された被葬者としては、各群各時期を代表する人物として個別家族の家長などが想定されるところである。

他にA群IV期の第二号墓からは成人男性二体と成人女性四体が検出されており、同期二基中の一基である。またC群IV期の第二三号墓からは、成人男性一体と小児一体が検出されており、同じく同期二基中の一基である。

以上の横穴墓から検出された人骨の状況より想定されるところは、同群同期に複数の横穴墓を造営する場合の使用法の区分として、横穴墓造営家族内の家長のみの埋葬墓、その他の構成員の埋葬墓、三基以上の場合には男性優位の使用と女性優位の使用が、被葬者により区分して行われたものと考えられる。

三、小申田横穴墓群の様相

次いで小型の改葬墓を伴う横穴墓群から人骨の検出された例として、福島県いわき市所在の小申田横穴墓群(9)についてみてみたい。

この横穴墓群は丘陵先端部の屈曲する北側と東側の斜面に二群に分かれて展開するものであり、北側二八基と東側

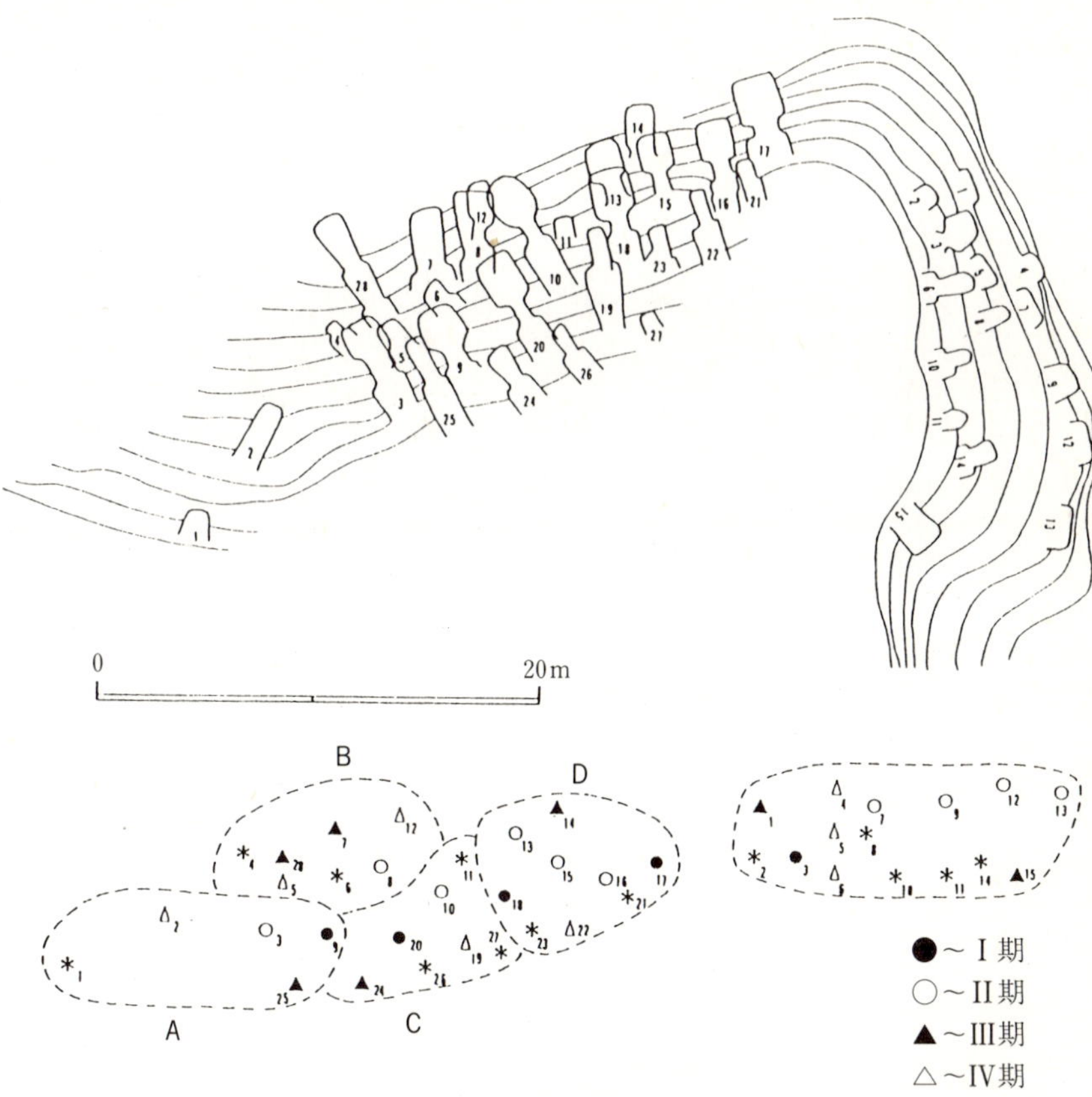

図 2　小串田横穴墓群

一五基の合計四三基よりなるものである。矩形玄室平面のドーム形天井を基本形とする構造が、台形から長方形の平面で水平天井構造に変容するものであり、六世紀末頃から四期にわたる変遷として七世紀代に主体を置く群の展開を想定することができるものである。

主体をなす北群は四つの単位群に区分することができるものであり、各時期一基の横穴墓の造営を基本とするものであるが、横穴墓群の盟主的な位置を占めた単位群のみは同時期に複数の横穴墓を造営している。Ⅰ・Ⅱ期はD群で二・三基、Ⅲ・Ⅳ期はB群に二基ずつの構築が認められる。

また、成人の伸展葬の困難な、改葬墓と想定される小型の横穴墓は、群形成の当初より構築されている。

	I期	II期	III期	IV期
A群	九 →	三 →	二五 →	二 ①
B群		八 ① →	七・二八 ① →	五・一二
C群	二〇 ① →	一〇 ① →	二四 →	一九 ①
D群	一七・一八 →	一三・一五 ① 一六 →	二四 ① →	二二

しかしこの横穴墓群においては小型改葬墓の構築はそれほど顕著ではなく、四期総計二〇基の通常規模の横穴墓に対して八基が認められるにすぎない。

人骨の検出された横穴墓は第三・八・九・一〇・一五・一八・二二・二五号墓の八基であり、いずれも通常規模の横穴墓である。このうち同じ単位群で継続する横穴墓から検出された例は第三・九・二五号墓のA群である。

I期の第九号墓からは玄室内の二箇所から成人男性二体と一二歳前後の少年の骨が混在して検出されており、II期の第三号墓からは壮年女性一体と成人女性一体分の骨が玄室中央に集積された状況で検出されている。また、III期の第二五号墓からは玄室の奥側に散在した状況で性別の定かでない壮年の骨若干が検出されている。

問題とすべきは、これらの横穴墓から検出された人骨が集積された状況での確認であり、一般的に想定される追葬時に先葬者の遺骨を隅に集積させた状況とも異なる点である。群内の他の横穴墓から検出された人骨も、複数検出された例では伸展葬の状況ではなく集積された状況での確認であり、改葬墓としての利用を想起せしめる。この場合には第一次葬の場所が問題となるが、群内に伸展葬と考えられる状況を示す例もあり、改葬の結果とも理解される若干の人骨の遺在する例などから、第一次葬の場所も群内の横穴墓であったものと思われる。

第九号墓のように三体の人骨が混在して二箇所に分かれて集積された状況を考えると、これを通常の遺骸伸展葬──→骨化──→追葬（集積）の繰り返しとは理解できない。集積が個体別に三箇所に認められれば、順次集骨を繰り返し最終追葬後骨化をまって集骨して造営を完了したものとも理解できるが、個体の混在がこれを否定する。

考えられるところは、他の横穴墓を第一次葬に用いこれを別の横穴墓に改葬するという埋葬様式である。同じ単位群において同時期に複数の横穴墓が構築される場合には推定は容易であるが、この小申田A群の場合には各世代に一基ずつの構築である。さらにそれぞれに小型の改葬墓を伴うものであれば、いったん改葬墓へ納骨した人骨を造営の最終時に再埋葬するという様式も考慮されるところであるが、A群ではI～III期までには小型の改葬墓は伴わない。想定されるところは単位群を形成する複数の横穴墓が個別に造営完了するのではなく、相互に関連して造営されたものと考えられるところである。A群I期第九号墓の場合は、伸展葬──→追葬の後、II期の第三号墓に埋葬した遺骸を先行する第九号墓へ改葬するに際して、第九号墓内に伸展葬されていた人骨を集積したものと理解されるところである。

第三号墓からの先葬者の遺骨の他の横穴墓への改葬は、第三号墓への追葬が契機となったものと考えられる。また第三号墓での遺骨の集積は次期の第二五号墓からの改葬時と考えられ、第二五号墓における性別不詳の壮年の人骨若干の検出は、先行する第三号墓へ改葬した人骨の遺存とも考えられるところである。

他にこの小申田横穴墓群から複数の人骨の検出された横穴墓としては、B群II期の第八号墓、C群II期の第一〇号墓、D群IV期の第二二号墓が認められる。第八号墓からは玄室の片側に散在した状況で成人男性の部分的な二体分の骨が検出されており、第一〇号墓からは玄室中央に集積された状況で成人男性一体分と幼児骨片が検出され、第二二号墓からは玄室奥に散在する状況で成人男性一体分と少年期の歯のみが検出されている。ともに小型の改葬墓を伴っており、遺存した人骨の中に改葬された残りの部分が含まれている可能性が高い。

D群I期の第一八号墓とII期の第一六号墓からも、それぞれ成人男性一体分の人骨が検出されている。ともに同時期に複数造営された横穴墓中の一基であり、とくに豊富な遺物の検出された第一八号墓はこの横穴墓群の形成の端緒をなした横穴墓と想定される時に、これらは本来優勢にあった家族の家長のみ一人を埋葬したものであったとも考えられるところである。

四、深渡戸B横穴墓群の様相

次に小型の改葬墓から多数の改葬人骨の検出された、福島県西白河郡表郷村・深渡戸B横穴墓群の様相を検討してみたい。この横穴墓群は阿武隈川の上流域の支流、社川に面する丘陵の南側斜面の中腹に幅四〇メートルにわたり展開する。最大の特徴は、主体をなす通常規模の横穴墓の墓前域の両側壁に多数の小型横穴墓を構築する点であり、これらの多くは改葬墓として用いられたものと想定される点である。

小型の改葬墓は、第二号墓で四基、第三号墓で六基、第四号墓で二基、第五号墓でも二基、第八号墓で三基を数える。この他に第一・三H・六・七号墓が単独に立地している。規模は一応成人を伸展葬するにたるものであるが、実際出土した人骨は第三H・六・七号墓ともに改葬されたものであった。したがって、この横穴墓群においては、いずれの横穴墓も改葬に関連する施設として構築された点が想定されるところである。

出土遺物から想定される年代は、土器類を中心として七世紀後半から八世紀前半代のものであるが、これは造営時期の最終年代を明示するものではあっても群造営の開始年代を示すものとは理解できない。主体をなす横穴墓の構造は、玄室幅が長さを上回るT字形平面の第二・三・八号墓と、隅丸方形ないしは円形の第四・五号墓であり、前者の簡略化としての後者の出現と想定される。

このT字形平面の横穴墓は、東国の横穴墓にあっては類例の乏しいものであり、東北地方にあって集中する地域は宮城県の南部から福島県北部にかけての地域の初現期の横穴墓のみであり、家形天井と内部の棺床などをあわせて山陰・出雲地域からの系譜の想定されるところである。近隣では東村に所在した笊内横穴墓群[10]の中の一単位群の前半代

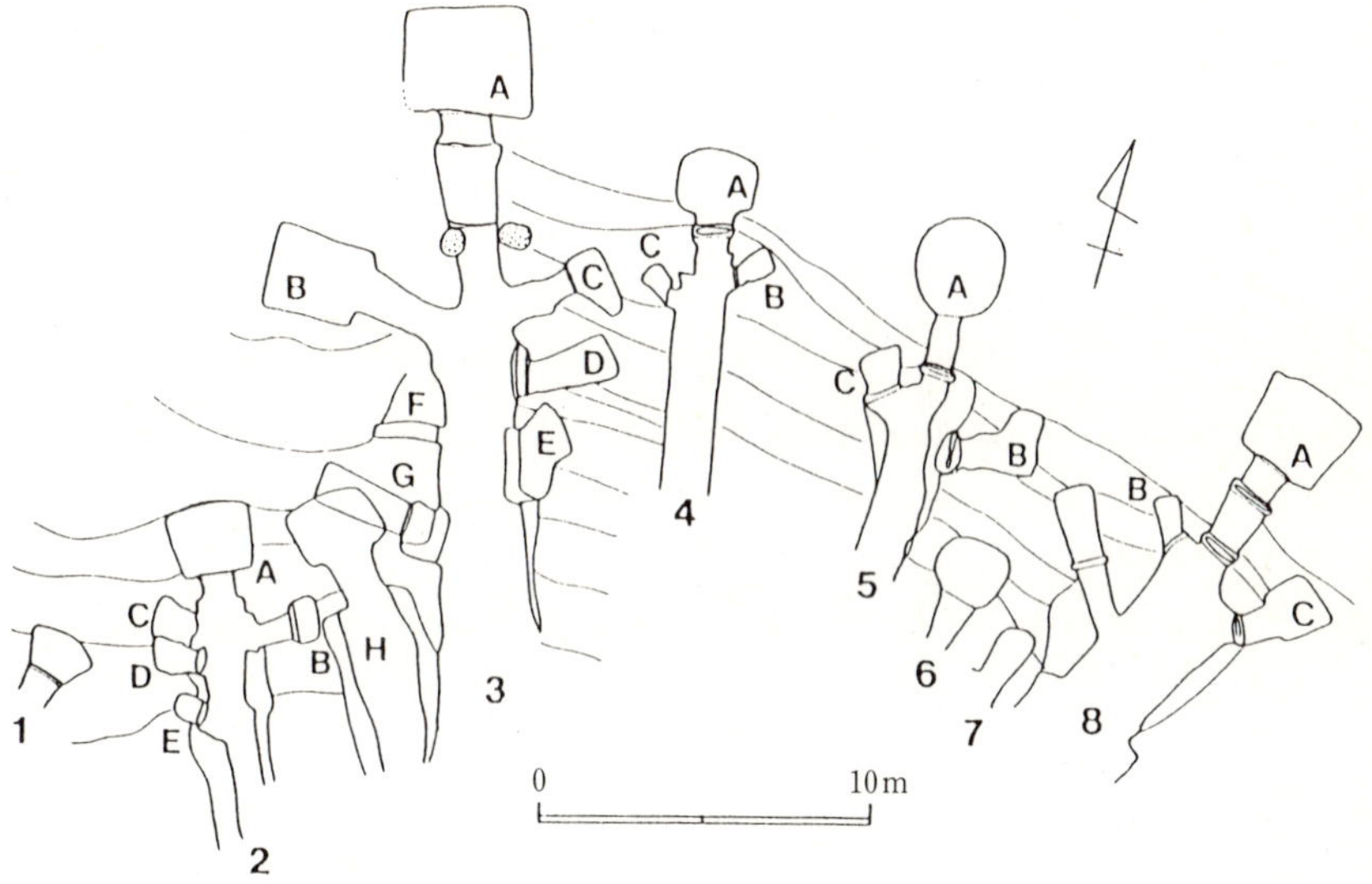

図 3　深渡戸B横穴墓群

二基のみに認められるものであり、あわせて集中地域からの横穴墓構造の伝播を想起せしめる。

また、群内最大の玄室規模二・五×二・一メートルを測る第三A号墓の羨道入り口両側には一メートル大の立石が配置されており、羨門をなしていたものと想定される。群内に類例はないものの、類似するものとしての羨道両側に石積施設を伴う例は、東北地方にあっては阿武隈川流域の横穴墓を中心として八箇所以上の横穴墓群で確認できる。基本的には他から区分される優勢な横穴墓のみに伴うものと考えられ、この深渡戸B横穴墓群においては群形成の当初のみに変形して採用されたものと思われるものである。

以上の様相より、ほぼ七世紀の前半代に第三号墓および第八号墓の構築により横穴墓群の造営が開始され、棘箆被の片刃箭、端刃鑿箭、小型三角型式などの出土の鉄鏃の様相より想定すれば、七世紀の中頃には第四・五号墓が構築されたものと理解できる。また第二・三H号墓は、その立地および構造より第三号墓に遅れ、第四号墓に先行する七世紀の前半代のうちの構築、他の第一号墓は第二号墓、第六・七号墓は第八号墓に関連して構築されたものと想定される。

この横穴墓群では九基の横穴墓から総計二五～二六体の人

骨が検出されている。いずれも改葬された状況での出土であり、主体をなす大型の横穴墓に埋葬し、これが骨化をまって改葬墓へ納骨したものと理解できる。改葬墓構築の契機は主体をなす横穴墓への追葬と想定され、これが累積が多数の改葬墓の構築となったものと考えられる。

第二号墓では二B墓で壮年男性一体分の人骨が検出されており、他の三基の小型墓および主体墓からの人骨の検出はない。第三号墓も類似した様相であり、三D墓から成人男性一体分の人骨が検出されたのみで五基の小型墓と主体墓から人骨は検出されていない。第八号墓では八C墓から成人男性一体分、八B墓から成人女性二～三体分が検出されており、他一基の小型墓および主体墓からの人骨の検出は認められない。

この様相は主体墓が埋葬施設ではなく、遺骸の骨化までの一次葬の場所として機能したものと想定されるところであり、埋葬は小型改葬墓への納骨をもって完了したものと理解される。遺存条件の差異を考慮しなければならないものの、いずれの主体墓からも人骨の検出されていない状況より推定されるところである。

三H墓は成人を伸展葬するに十分な規模を有するものではあるが、検出された人骨は壮年男性一、壮年女性一、幼児一、小児四体の総計七体が改葬された状況での検出であった。これまた改葬墓として、立地より第二号墓あるいは第一号墓に関連して造営されたものと想定される。同様に第六・七号墓も理解されるところであり、第六号墓からは成人男性一、成人女性一、乳児一の三体、第七号墓からは成人男性の頭骨のみの検出である。

次いで後半期の様相は大いに異なる。第四・五号墓ともに小型の改葬墓を二基ずつ伴うものの、これらからの人骨の検出はなく、主体をなす横穴墓のみからの人骨の確認である。第四号墓からは成人男性二、成人女性一、小児一の検出であり、第五号墓からは成人男性三、成人女性一の検出である。

前半期に一次葬墓として機能した主体墓が、逆に改葬墓として使用されている状況である。しかし小型の改葬墓を伴うものであり、横穴墓造営の最終期に改めて納骨したものと想定しておきたい。

五、改葬横穴墓の様相

東北地方、とくに福島県下において近時の調査にかかる横穴墓群のうち、人骨が検出され埋葬様式の実際について窺知することのできる例として、会津・駒板新田横穴墓群、いわき・小申田横穴墓群、表郷村・深渡戸B横穴墓群を検討してきた。

これらは、A～通常規模の横穴墓を改葬墓として利用する例、B～小型改葬墓を伴う横穴墓群、C～墓前域を共有する多数の改葬墓、として類別することができるものであるが、次いでここではこれらの東北地方における類例について瞥見してみたい。

A類型としての駒板新田横穴墓群に窺える様相は、多数の人骨の検出があって初めて認定される埋葬様式であり、人骨の検出を見なかった場合には従前主体をなして確認されていた横穴墓群と何ら異なる点のないものとなる。したがって、これが類例の確認はひとえに人骨の検出にかかるものであり、現状では地方に類例を欠く。ただ遠隔の地である山陰・米子の大谷山横穴墓群[11]中において、一次葬を横穴墓以外の場所で行い改葬墓として通常規模の横穴墓を利用する例が確認されているのみである。現状で類例の乏しい点は、横穴墓群の立地などを考慮すると特異な埋葬様式と理解せざるを得ないものである。

C類型としての深渡戸B横穴墓群に窺える様相もまた地方にあっては類例の乏しいものである。この特徴は緩傾斜としての立地に起因する点も大きいものであるが、これのみでは要因とはならない。

隣接して西白河郡東村に所在した笊内横穴墓群は以前より知られていたこの様相を明示する典型例であるが、内容が明確でない点が多い。

総数五四基が通常規模・中型墓・小型改葬墓と思われるものよりなるものであり、これらが墓前域の共有状況により一一群として展開するものである。さらにまたこの横穴墓群を著名にしている特徴は、これら横穴墓群と一体となって横穴式石室を内蔵する前方後円墳一基と円墳二基の三基の高塚古墳が展開する点である。

この古墳群の盟主墳としての前方後円墳、これに従属する円墳、これらの被葬者に統括された有力集団構成員の墳墓としての横穴墓と位置づけることが可能である。高塚古墳三基の横穴式石室の様相から窺われる年代的懸隔はそれほど大きいものではなく、同世代の構築とも想定されるところであり、六世紀末頃の所産と目される。

また、一一を数える横穴墓小群は立地より高塚古墳の数に見合う三群として大別できるところであり、三群の横穴墓を統括した首長墓としての高塚古墳と理解することができる。

小型改葬墓は横穴墓造営の当初、古墳群の形成開始期としての六世紀末頃から認められるものであり、七世紀後半代と想定される終末期まで構築されている。深渡戸B横穴墓群の様相をもって想定すれば、成人の伸展葬の可能な中型規模の横穴墓も改葬墓として位置づけることも可能となる。この前提によれば五四基の横穴墓の大半は改葬墓として構築されたこととなり、あわせて主体的に展開した横穴墓群と認識できる。

こうした様相のわが国における類例は九州の地に多く認められる。古くから著名な熊本市・浦山横穴墓群(12)をはじめ、初現期横穴墓を含む最大規模での調査として著名な福岡県・竹並横穴墓群(13)、石積羨道を伴う横穴墓を含む同・池田横穴墓群(14)、前方後円形の墳丘を伴うともいわれる同・狐塚横穴墓群(15)、上野精志とともに永遠の同・感田栗林横穴墓群(16)など主として福岡県下に集中する感がある。

横穴墓構築法の九州の地との関連性の確認であり、この地域に著名な装飾横穴墓としての泉崎横穴墓(17)の横穴墓構造・装飾図文などで想定した筑前地方との関連を補強する資料となろう。

六、小型改葬墓を伴う横穴墓群

以上のA・Cの二類型が東北の地にあっては稀例に属するのに対し、人骨が改葬された状況で実際に検出されたゆえに小申田横穴墓群を代表例として採りあげた、B類型としての小型改葬墓を伴う横穴墓群は東北地方に広く分布し

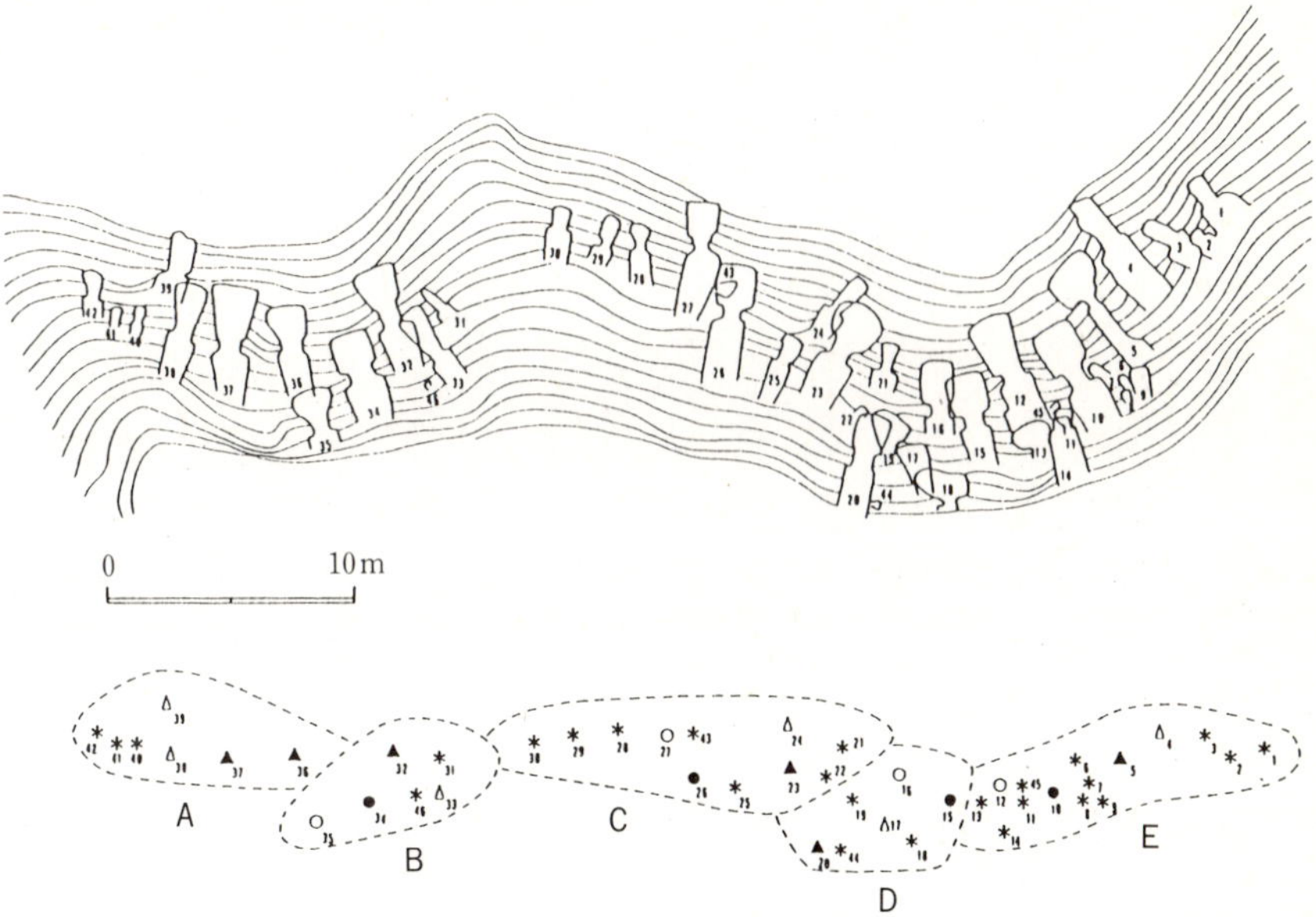

図 4　御台A横穴墓群

ており、東北横穴墓の一つの特徴ともなっている。

ここでその著例を捜すと、人骨の検出は見なかったものの、いわき・御台A横穴墓群[18]となる。この横穴墓群は台地の南斜面に幅約三〇〇メートルにわたり四群に分かれて分布するうちの、東端に位置するものである。四六基が調査されており、このうちの二六基が改葬墓と想定されるものであり、半数以上を占める。この中には出土遺物から六世紀末頃の、この横穴墓群の初現期の所産と考えられる、成人を伸展葬するにたる規模の大型改葬墓も三基含まれる。

この横長二一〇～一七〇センチで奥行一〇〇～一五〇センチ、高さ四〇～六〇センチを測る不整T字形平面を呈する横穴墓を改葬墓と想定した理由は、東国の初現期の普遍的な横穴墓に比し小型・不整形・低平である点であり、横穴墓が在地で任意に必要に応じて開発された墓制とは考えられないので、これの解決をはかるためである。

改葬墓以外の通常規模の横穴墓の構造は、矩形玄室平面・ドーム形天井を基本とするものであり、変容著しいもののほぼ四期の変遷として理解される。全体は立地により五群として区分されるところであり、五つの個別被葬者家族により造営された単位群と認識できる。これらの変遷は次表に示すようである。

	I期	II期	III期	IV期
A群			三六・三七 →	三八・三九 ③
B群	三四 →	三五 →	三二 ① →	三三
C群	二六 →	二七 ④ →	二三 ② →	二四
D群	一五 ① →	一六 ① →	二〇 ① →	一七
E群	一〇 ④ →	一二 ④ →	五 →	四 ③

これはすなわち群形成の当初より改葬墓を伴う埋葬様式の確立していた集団による横穴墓の造営と理解されるところであり、前半代に改葬墓の認められない単位群もあるものの、基本的には横穴墓への追葬時に必要に応じて掘削されたものと考えられる。

現状では東北横穴墓群のうちに、この御台A群および小申田横穴墓群ほどに小型改葬墓を構築する例は、両群の位置するいわき市からやや北に離れた双葉町・西宮下横穴墓群しか確認できない。その他は小型改葬墓を伴うとはいえ、群内に部分的に採用されたか、一部にのみ認められるものである。

部分的に小型改葬墓が採用された例としては、福島県須賀川市に所在した治部池横穴墓群(19)が典型である。時期を明示するほどの出土遺物が検出されておらず明確ではないが、横穴墓の構造よりは七世紀前半代の初現で、矩形平面ドーム形天井構造から四期にわたる変遷として七世紀代いっぱいに展開したものと想定される。

各期の変遷は、二━━→四━━→四━━→五基と想定されるが、立地よりは三つの単位群に分離されるところであり、次のようになる。

	I期	II期	III期	IV期
A群	☆八 ━━→	② 六 ━━→	① 五 ━━→	四・七
B群		① 一四 ━━→	① 一五 ━━→	一二・一三
C群	二 ━━→	② ☆ 一・一〇 ━━→	☆ 三・一〇 ━━→	一四

すなわち、二基で造営が始められた次のII期には二分され、ついでIII期には三つの単位群が明確となるものである。総数一五基のうち、五基に小型の改葬墓が伴うものであり、II・III期で四基中の二基、IV期で五基中の一基に認められる。I期には認められず、この横穴墓群においては遅れて採用された埋葬様式と理解される。

またこの横穴墓群では、墓前域の両側壁に石積み施設を伴う例が第八・一〇号墓の二基と、一段高い壇の造作により本来は伴っていたであろうと想定される第一一号墓の合計三基が認められる。これらは

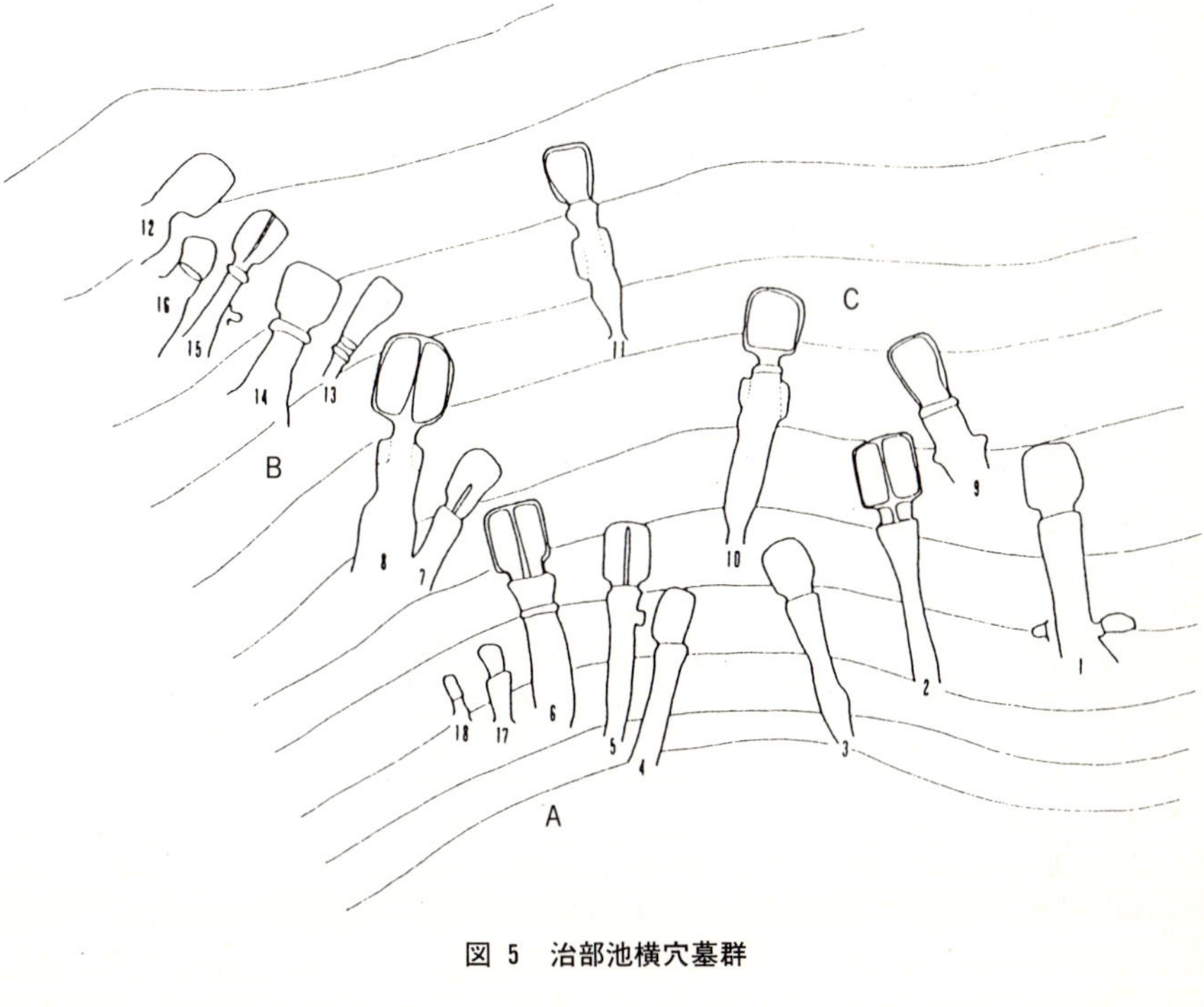

図 5　治部池横穴墓群

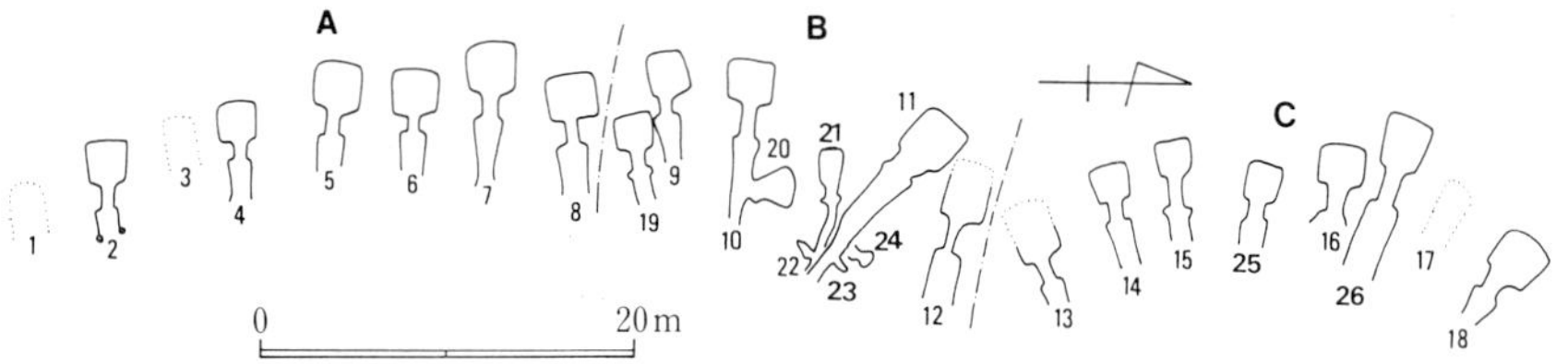

図 6　桜小路横穴墓群

各期に一基のみの構築であり、限定された存在として各期を代表する横穴墓群の盟主墓と認識される。Ⅰ期にはA群の第八号墓が認められるものの、Ⅱ・Ⅲ期にはC群の第一〇・一一号墓となる。

この盟主墓の単位群の移動は、横穴墓の立地にも関連するところであり、A・B群に比しC群は墓域を広く確保した状況が窺知できる。さらに単位群を構成する横穴墓の基数も、Ⅱ・Ⅲ期にはC群で二基ずつが認められるところであり、優勢であるがゆえの複数の造営が可能であったものとも理解でき、それぞれに異なった横穴墓の利用法が考慮される。

横穴墓群内の一部に小型改葬墓が採用された例は多い。ここでその例を宮城県亘理郡亘理町所在の桜小路横穴墓群[20]にみてみると、以下のようである。

丘陵東斜面に南北に並列して二四基が確認され、このうちの二一基の内容が判明している。横穴墓の構造は、矩形平面のドーム形天井を基本とするものであり、この変遷として四期に分類することができる。また、立地より三群に区分することができ、このうちのB群に小型の改葬墓が一部認められる。

B群は一一──→一〇・一二──→九・一〇──→二〇・二一号墓として七世紀代の変遷と想定されるところであり、Ⅳ期の第一一号墓に伴って三基の小型改葬墓が認められる。

すなわち群造営の終末に至り、改葬墓を伴う埋葬様式が一部に採用された状況を窺知することができるものである。またこの横穴墓群では、A群に一基の墓前域に石積施設を伴う例が知られる。A群は墓域の占有状況よりこの三群の中では優位にあった点が想定されるところであるが、他例よりする石積施設の存在により、この点が補強されよう。内容不明な二基が存在するものの、同時期二基の変遷として認識され、このうちのⅢ期と目される。改葬墓とあわせ遅れて採用された要素である。

七、改葬横穴墓の分布

以上に改葬墓として利用された横穴墓の様相を三類に分けて記してきたが、ここでその分布をみてみたい。通常規模の横穴墓を改葬墓として利用する例は会津・駒板新田横穴墓群のみであり、墓前域を共有して多数の中・小型の改葬墓を造営する例は表郷村・深渡戸B横穴墓群と東村・笊内横穴墓群の二群だけである。したがって、ここで対象となるのは群内に小型改葬墓を構築する例として、従前の副室をも含むものである。

この小型改葬墓が主体的に採用された埋葬様式の確認されるのは、すでに記したように福島県いわき市域に所在する横穴墓群である。御台A群を典型として、人骨検出例では小申田横穴墓群である。

しかし同じいわき市域でも千代鶴横穴墓群[21]では一〇基の横穴墓のうち一基のみに二基の小型改葬墓が伴うのみであり、群形成の中途に一時的に採用された状況である。また、館崎横穴墓群[22]では群形成の当初のみに、四基中二基に一基ずつ伴うものの、後を絶つ。千代鶴横穴墓群とは逆に本来は小型改葬墓を伴う埋葬様式を保持する被葬者集団内での変容と理解されるところである。

さらに同じいわき市域でも白穴横穴墓群[23]にあっては小型の改葬墓は構築されておらず、さまざまである。いわき市域における横穴墓の初現は、複室構造にして装飾横穴墓として著名な中田横穴墓[24]に求められるところであり、六世紀後半代のうちでは他群に先行する可能性が高い。群全体の様相は不明であるものの、改葬を伴う様式とは考え難い。改葬様式の横穴墓は、やや遅れてこの地に伝来したものと理解される。

いわき市所在例以外に小型改葬墓を主体的に構築するのは双葉町の西宮下横穴墓群のみであり、他は群内で部分的に採用されるか、ごく一部に認められるのみである。

福島県の浜通り地区では、双葉郡楢葉町・北向横穴墓群[25]が九基中の二基に伴うのみで一部の採用であり、同・清戸迫横穴墓群[26]でも一部に構築されている。浪江町・丈六横穴墓群[27]、鹿島町・糠塚横穴墓群[28]では認められず、同・江垂横穴墓群[29]では一部に採用され、相馬市・福迫横穴墓群[30]では調査・報告された三基中の一基に副室の状態で認められる。

中通り地区では、白河市・郭内横穴墓群[31]一〇基中の一基、泉崎村・観音山横穴墓群[32]で一四基中の二基に認められ、同・観音山北横穴墓群[33]でも一四基中の二基に採用されている。改葬墓を部分的に採用する治部池横穴墓群に近い須賀川市・神成横穴墓群[34]では七基中の一基のみに認められ、同・梅田横穴墓群[35]では一一基中の一基に伴っている。また、隣接する長沼町・才合地山横穴墓[36]には副室として構築されている。総じてこの地区では横穴墓群の形成の当初のみに伴う例が目立つ。また、会津・駒板新田横穴墓群に近い大塚山横穴墓群[37]では小型の改葬墓は構築されていない。

宮城県下においては小型改葬墓を伴わない横穴墓群のほうが多く、伴う例でも群内でごく一部に認められるのみである。南から記すと、亘理町・桜小路横穴墓群、同・堤の内横穴墓群[38]では七基中の一基、柴田町・炭釜横穴墓C群[39]で二〇基中の一基、白石市・郡山横穴墓群[40]で五三基中の七基、仙台市・愛宕山横穴墓群[41]で七基中の一基、志太郡松山町・亀井囲横穴墓群[42]で二七基中の二基、同三本木町・山畑横穴墓群で一八基中の三基、同・混内山横穴墓群[43]で八基中の二基、遠田郡涌谷町・中野B横穴墓群[44]で二八基中の二基に小型改葬墓を伴う。

これらは、隣接して存在する横穴墓群を加味すれば、さらにその位置が明確になる。炭焼横穴墓群ではB群一六基に認められず、愛宕山横穴墓群では隣接する宗禅寺横穴墓群[45]一四基、大年寺山横穴墓群[46]二三基には認められない。

すなわち、少なくとも宮城県下の横穴墓群にあっては、小型改葬墓はごく一部にしか採用されておらず、群形成の初期に遡る例は稀である。したがって、宮城県下の南側の地区で想定される出雲地方、北側の地区で想定される肥後地方との関連性ある初現期の横穴墓を営んだ被葬者集団においては、本来的には改葬墓を伴う埋葬様式は保持されてはおらず、遅れてこの地に南側から伝わったものと考えられるところである。

ひるがえって関東地方北部の常陸地域の横穴墓群における小型改葬墓の様相をみてみると、かなりの数の造営を確認することができる。日立市・赤羽横穴墓群[47]においては、一二基中の八基に小型改葬墓が伴っており、主体的に採用

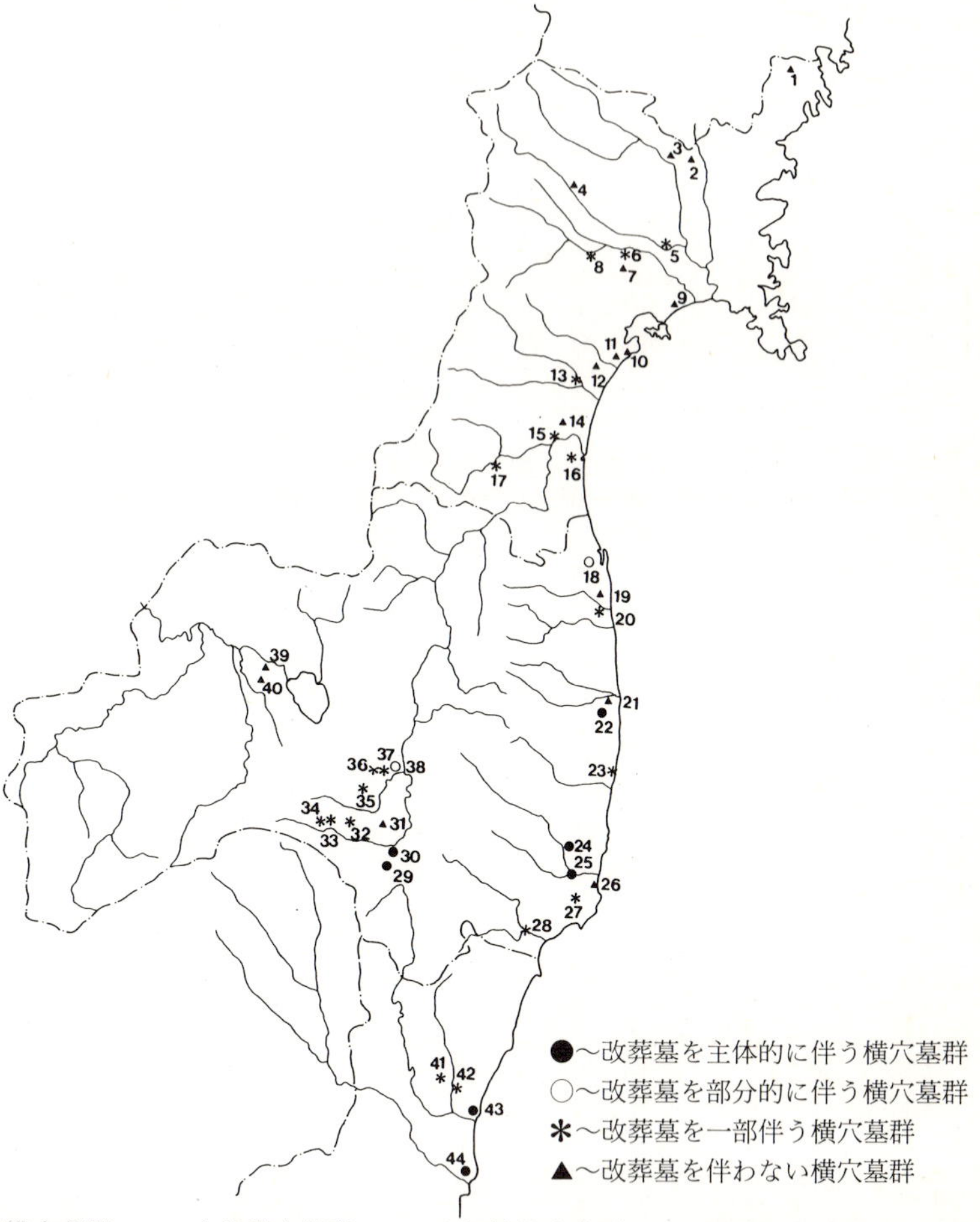

1．塚沢横穴墓群　2．白地横穴墓群　3．山根前横穴墓群　4．川北横穴墓群　5．追戸・中野横穴墓群　6．亀井囲横穴墓群　7．大迫横穴墓群　8．山畑・青山・混内山・坂本館山横穴墓群　9．矢本横穴墓群　10．砂山横穴墓群　11．大代横穴墓群　12．善応寺横穴墓群　13．愛宕山・宗禅寺・大年寺山横穴墓群　14．長谷寺横穴墓群　15．炭焼横穴墓群　16．桜小路・堤の内横穴墓群　17．郡山横穴墓群　18．福迫横穴墓群　19．糠塚横穴墓群　20．江垂横穴墓群　21．丈六横穴墓群　22．西宮下横穴墓群　23．北向横穴墓群　24．小申田横穴墓群　25．御台A横穴墓群　26．白穴横穴墓群　27．千代鶴横穴墓群　28．館崎横穴墓群　29．深渡戸B横穴墓群　30．笊内横穴墓群　31．七軒・泉崎横穴墓群　32．観音山北横穴墓群　33．観音山横穴墓群　34．郭内横穴墓群　35．才合地山横穴墓群　36．神成横穴墓群　37．梅田横穴墓群　38．治部池横穴墓群　39．駒板新田横穴墓群　40．大塚山横穴墓群　41．身隠山横穴墓群　42．幡山横穴墓群　43．赤羽・坂下・千福寺下横穴墓群　44．十五郎横穴墓群

図 7　関連横穴墓群分布図

された埋葬様式である点が確認される。同・千福寺下横穴墓群[48]でも二九基中の一〇基に認められるが、初現期の六世紀末頃から終末を除く七世紀の中頃までの構築である。また同・坂下横穴墓群[49]では一五基中の五基と、部分的な採用にとどまる。

常陸太田市域では、幡山横穴墓群[50]のうちA・C地区では部分的に採用された状況が窺われるが、B地区では二二基中の二基と一部に構築されたのみであり、身隠山横穴墓群[51]も同様である。

江戸時代から小宮山楓軒の記述とともに著名な、ひたちなか市・十五郎横穴墓群[52]では成人を伸展葬するに困難な小規模の小型墓は、報告された中では八六基中の二〇基に伴う。また、この横穴墓群にあっては、成人を伸展葬するにたる規模であっても、狭長・低平な通常とは異なる中型墓も多く構築されている。中に頭骨のみが検出された例が一例確認されているが、これをも改葬墓と想定した場合には、横穴墓の半数以上が改葬墓として造営されたものとなる。これら常陸北部の様相は、改葬を伴う埋葬横穴墓の盛行した福島県南部地区に匹敵する状況であるが、那珂川を越えて南側には著例をみない。

以上各地の様相を纏めると、磐城南部から常陸北部にかけての地区に改葬を伴う横穴墓の埋葬様式が伝播・定着した状況が考慮されるところであり、主として北側の地域へ拡散していった状況を窺知することができる。

八、九州・筑前地域との関連

次いで問題となるのが、かかる改葬墓を構築する埋葬様式が、この土地で確立したかどうかであるが、すでに六世紀末頃の当該地域の初現期の横穴墓には小型改葬墓が伴っており、通常規模の横穴墓の造営のみではなく、小型改葬墓を伴う埋葬様式として伝播した可能性が高い。

東国の初現期の横穴墓を検討したおりに、この常陸北部から一部磐城南部にかけての横穴墓の系譜として、幡山・千福寺下・泉崎横穴墓などの構造および装飾要素より、九州・筑前地域との関連性の強い点を指摘した。

ここで筑前地域における小型改葬墓を伴う横穴墓群をみてみると、墓前域を共有する例としてあげた飯塚市・池田横穴墓群、直方市・感田栗林横穴墓群、鞍手郡鞍手町・小牧西牟田横穴墓群[53]、田川郡大任町・狐塚横穴墓群、同・大行事横穴墓群[54]、宗像市・久戸横穴墓群[55]などが認められ、この地域に盛行した埋葬様式であることが確認できる。九州の地以外では山陰の一部に認められるとはいえ、地域の特徴となるほどのものではなく、筑前地域と磐城・常陸地域との関連は密接なる点が確認されよう。

両地域の関連は、埋葬様式以外にも指摘できる。すなわち横穴墓の墓前域両側壁の石積施設の存在である。東北地方にあっては、阿武隈川流域を中心として存在するものであり、改葬墓を伴う横穴墓群としては治部池・神成・深渡戸B・桜小路横穴墓群で確認されている。これが筑前地方における類例は、中間市・瀬戸横穴墓群[56]、鞍手町・古月横穴墓群[57]、同・小牧西牟田横穴墓群、飯塚市・感田栗林横穴墓群、同・岡ノ浦横穴墓群[58]など多くが知られるところであり、東北南部の横穴墓の源流地としての推定を補強するものである。

以上総括すれば、構造の矩形平面・ドーム形天井のみでは源流地の特定が困難であった、東北南部の初現期の横穴墓の系譜を、九州とくに筑前地方として考えることが可能となるものである。

全体からすれば特異な埋葬様式と認識される横穴墓の造営は、これを東北の地に定着せしめた背景の追及こそが重要な点である。発現以来横穴墓とは区分された横穴式石室を内蔵する高塚古墳との関連を含め、今後の課題としておきたい。

註

（1）渡辺一雄「福島県下における横穴墓の特色」『えとのす』第一三号　昭和五五年
氏家和典『東北古代史の基礎的研究』　昭和六三年

（2）池上悟「東国横穴墓の型式と伝播」『おおいた考古』第四集　平成三年

（3）梶ケ山真理「出土人骨からみた武蔵・相模地域の横穴墓の様相」『立正考古』第二九号　平成元年

(4) 菅原文也「横穴墓群における副室の性格」『標葉・西宮下横穴墓群』 昭和六二年
(5) 表郷村教育委員会『深渡戸B横穴群発掘調査報告』 平成三年
(6) 宮城県教育委員会『山畑装飾横穴古墳発掘調査概報』 昭和四八年
(7) 福島県教育委員会「駒板新田横穴群」『東北横断自動車道遺跡調査報告』六 平成元年
(8) 加賀市教育委員会『法皇山横穴古墳群』 昭和四六年
(9) いわき市教育文化事業団『小申田横穴群』 昭和六三年
(10) 福島県教育委員会「竾内古墳群」『母畑地区遺跡発掘調査報告』III 昭和五四年
(11) 鳥取県教育文化財団『大裕山横穴墓群』 昭和六二年
(12) 上野辰男「熊本市浦山横穴群」『考古学雑誌』第五三巻第三号 昭和四二年
(13) 竹並遺跡調査会『竹並遺跡』 昭和五三年
(14) 飯塚市教育委員会『池田横穴群』 昭和五三年
(15) 大任町教育委員会『狐塚古墳群』I・II 昭和五一・五二年
(16) 上野精志『遠賀川流域の考古学』 昭和六〇年
(17) 上田三平「泉崎横穴」『考古学雑誌』第二四巻第六号 昭和九年
(18) いわき市教育文化事業団『御台横穴A群』 平成元年
(19) 福島県教育委員会「治部池横穴群」『東北新幹線関連遺跡発掘調査報告』I 昭和五五年
(20) 亘理町教育委員会『桜小路横穴群』 昭和五六年
(21) いわき市教育文化事業団『千代鶴横穴群』 平成五年
(22) いわき市教育文化事業団『館崎横穴群』 平成五年
(23) いわき市教育委員会『白穴横穴群調査報告』 昭和五二年
(24) いわき市史編纂委員会「中田装飾横穴」『いわき市史・別巻』 昭和四六年
(25) 楢葉町教育委員会『北向横穴群』 昭和四七年
(26) 双葉町教育委員会『清戸迫横穴墓群』 昭和六〇年
(27) 浪江町教育委員会『丈六横穴群発掘調査報告書』 昭和六〇年
(28) 鹿島町教育委員会『糠塚横穴墓調査報告』 昭和五五年
(29) 福島県教育委員会『福島県東部地区遺跡発掘調査報告書』 昭和三八年

(30) 相馬市教育委員会『福迫横穴群Ⅰ』 昭和五五年
(31) 白河市教育委員会『郭内横穴墓群発掘調査報告Ⅰ』 昭和五六年
(32) 福島県教育委員会「観音山横穴群」『東北自動車道遺跡調査報告』 昭和五〇年
(33) 福島県教育委員会「観音山北横穴群」『東北自動車道遺跡調査報告』 昭和五〇年
(34) 須賀川市教育委員会『神成横穴墓群発掘調査報告書』 昭和五〇年
(35) 福島県教育委員会「梅田横穴墓群」『東北自動車道遺跡調査報告』 昭和五〇年
(36) 長沼町教育委員会『才合地山横穴古墳調査報告書』 昭和四五年
(37) 会津若松市教育委員会「大塚山横穴墓群」『文化財調査報告』第五号 昭和五四年
(38) 亘理町教育委員会『亘理の古墳』 昭和五〇年
(39) 柴田町史編纂委員会『柴田町史』考古資料編 昭和五六年
(40) 白石市教育委員会『白石市郡山横穴古墳群』 昭和四七年
(41) 仙台市教育委員会『愛宕山横穴群発掘調査報告書』 昭和四九年
(42) 氏家和典「東北横穴の問題」『日本考古学・古代史論集』 昭和四九年
(43) 三本木町教育委員会『青山・混内山横穴古墳群』 昭和五〇年
(44) 涌谷町教育委員会『追戸・中野横穴群』 昭和四八年
(45) 仙台市教育委員会『宗禅寺横穴群発掘調査報告書』 昭和五一年
(46) 宮城県教育委員会『大年寺山横穴群』 平成二年
(47) 日立市教育委員会『日立市赤羽横穴墓群発掘調査報告書』 昭和五二年
(48) 日立市教育委員会『千福寺下横穴墓群』Ⅰ・Ⅱ 昭和六〇・六一年
(49) 日立市教育委員会『坂下横穴墓群』 平成三年
(50) 常陸太田市教育委員会『幡山遺跡発掘調査報告』 昭和五二年
(51) 常陸太田市教育委員会『身隠山横穴群調査報告』 昭和四六年
(52) 勝田市教育委員会『十五郎横穴群発掘調査報告書』 昭和五六年
(53) 鞍手町教育委員会『小牧西牟田横穴群』 昭和五六年
(54) 大任町教育委員会『大行事横穴群』 昭和五四年
(55) 宗像町教育委員会『久戸古墳群』Ⅰ・Ⅱ 昭和五四・五五年

(56) 小田富士雄「福岡県瀬戸装飾横穴調査概報」『史淵』第七四号　昭和三二年

(57) 鞍手町誌編纂委員会『鞍手町誌』昭和四九年

(58) 児島隆人・藤田等編『嘉穂地方史』先史編　昭和四八年

二　山陰横穴墓の埋葬様式

一、はじめに

横穴墓研究史上に重要な位置を占める出雲地方を中心とする山陰地方の横穴墓研究状況は、昭和三〇年代の高揚[1]のあと四〇年代以来の中断期を経て、近年の伯耆・陰田横穴墓群[2]、同・東宗像横穴墓群[3]、同・大峪山横穴墓群[4]、同・マケン堀横穴墓群[5]、出雲・高広横穴墓群[6]、同・臼コクリ横穴墓群[7]、岩屋口北横穴墓群[8]、同・島田池横穴墓群[9]などの大規模調査の成果に基づき、地域的に盛り上がりつつある。

これらのうち出雲における成果は『出雲の横穴墓—その型式・変遷・地域性—』として総括されており[10]、内包する問題は多い。これら最近の調査の成果を踏まえた山陰地方における横穴墓の初現期を中心とする様相は、別稿で検討したところである[11]。

出雲を中心とし、これに伯耆西端部に所在する例をも含め、六世紀の第3四半期を中心とする初現期における横穴墓の様相は、早くに横穴墓発生地である北部九州からの導入型式が定着し、次いで山陰独自の型式が創出され、六世紀第4四半期を中心とする展開期を最盛期としての横穴墓構築が顕著である。初現期後半以降には、出雲後期前方後方墳体制において在地の首長墓としての位置を占めるに至った「石棺式石室[12]」と類似する構造の横穴墓が、出現・定着している。

また山陰初現期の特徴の一つは、後背墳丘を伴う横穴墓の存在であり、構築数の僅少であった初現期前半においては方形の墳丘が中心地たる意宇平野に、円形の墳丘が周辺地区と地区を分けて認められる。構築数の激増した初現期後半には、これに加えて前方後方形、前方後円形の墳丘が構築され、従前の地区を基盤としての墳丘における秩序の表示がいっそう明確化している。

近年における大規模調査においては、横穴墓からの豊富な副葬品とともに、横穴墓の占有主体である埋葬された人骨の検出も顕著な成果の一つである。山陰横穴墓からの出土人骨に関する重要な問題点の指摘は、昭和六二年の報告にかかる米子・大浴山A二号墓からの集積された状態で出土した人骨に関する井上貴央の分析報告である[13]。すなわち人骨中に遺在した砂粒よりする横穴墓以外で第一次葬して骨化した後における横穴墓への改葬という特異な埋葬様式の指摘である。この指摘は他地方で類似した集積状況で出土する人骨の埋葬様式についての理解を可能としたのみならず、従前遺体を横穴墓内に仰臥伸展葬し、追葬の時に埋葬空間の確保のために先葬者を片寄せる状況が一般的であると理解されていた横穴墓の埋葬様式について、新たな視点による分析が必要である点を明確にしたという意味においても重要な問題点の指摘であったといえるものである。

こうした視点のもとで東国の横穴墓の埋葬様式について、主として小形の改葬墓の問題については平成五年以降に検討して来た[14]。東北南部からの良好な状況で伸展葬が困難な規模の小形横穴墓から集骨状況にての人骨の検出は、これを通常規模の横穴墓に埋葬した後の改葬としての理解が可能なものである。

関東・東北地方の横穴墓の様相を総括したところでは[15]、これら小形改葬墓を伴う横穴墓は、関東北部から東北南部にかけて集中分布するところであり、この様相が当該地区の初現期たる六世紀後半代にすでに現出している状況から、かかる埋葬様相を保持しての横穴墓葬法の伝播として北部九州との関連を問題とした。

想定される横穴墓の埋葬様式は、A類は先葬者の遺骨を追葬時に順次片付け集骨するものであり、従前一般的に確認されていた埋葬様式である。B類は先葬者の遺骨を追葬時に片付け、これを小形の改埋葬施設に収納する埋葬様式である。C類は特定の横穴墓を改葬用に使用するものであり、遺体を骨化する第一次埋葬施設を土壙墓などとするC①類と、横穴墓とするC②類に区分できる。

山陰地方と東国の横穴墓の関連は、横長平面・家形天井構造の横穴墓を出雲を起源として東国北部に伝播したもの

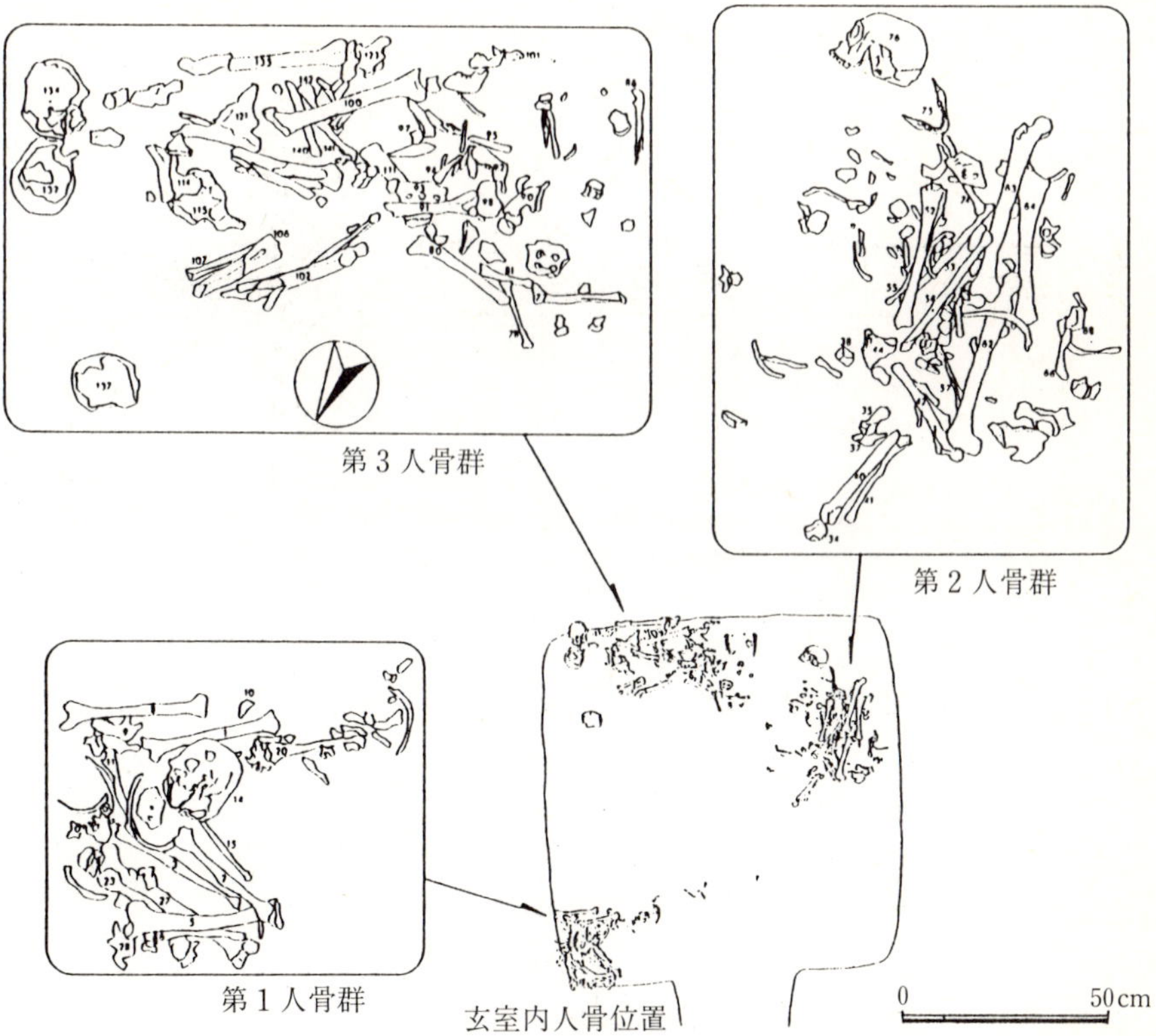

図 1　大浴山 A 2 号墓人骨出土状況

と理解して来た[16]。しかしながら、その後の検討ではこの出雲起源の横穴墓型式は継続して濃密に展開するほどの優勢な状況ではなかったようであり、東国初現期に異彩を放ったもののその後の凋落は著しい[17]。

展開期に注目すべきは房総の地に展開した長生型であり[18]、横穴墓型式の主要な要素は出雲型と重複する。しかしながら、その横穴墓型式確立に至る様相はいまだ明確にはなっていない。今後に検討すべき重要な課題ではある。

残念ながら今日まで、東国に分布するこの種の出雲型横穴墓から、埋葬された被葬者の人骨は検出されてはいない。したがって埋葬様式の面からの彼我の関連を追及することは困難である。出雲を中心とする山陰地方における実際の出土人骨からする埋葬様式の分析は、横穴墓構造とは別の視点にての横穴墓の位置づけを明確にするものとして重要な意義を有するものと思われる。本稿ではこうした視点から近年の調査により出土した人骨を対象としての山陰横穴墓の埋葬様式の検討を果たしたい。

二、研究の前提

横穴墓の所産年代の推定は、一応は出土した須恵器が基本となる。山陰地方における須恵器の編年は、先駆的な山本清の業績[19]を基礎として行われて来た。横穴墓の初現・展開の時期は山本編年Ⅲ期のうちにあり、内容の検討・畿内の陶邑編年との対応などが、門脇俊彦[20]・花田勝広[21]・西尾克己・丹羽野裕[22]・角田徳幸[23]・和田晴吾[24]らの研究者によって試みられてきた。

最近の出雲における横穴墓の報告は、新たに出雲地域の出土須恵器を集成分析した大谷晃二の編年[25]によっている。この編年は山本Ⅲ期を細分して出雲三期をＴＫ四三型式・陶邑Ⅱ型式四段階、出雲四期をＴＫ二〇九・陶邑Ⅱ型式五段階に対応させるものではある。しかしながら必ずしも見解の一致を見ているものではない[26]。

以下個別検討により、ＭＴ八五・陶邑Ⅱ型式三段階並行期を初現期、ＴＫ四三・陶邑Ⅱ型式四段階並行期を展開期、ＴＫ二〇九・陶邑Ⅱ型式五段階並行期を継続期として記述する。

問題は、横穴墓からの出土須恵器が直截的に所産年代を明示するかどうかという点である。個別横穴墓をのみ埋葬空間として把握し来った従前の理解では、当然のこととして出土須恵器の最古の資料をして横穴墓の構築された年代と捉えることができるが、同時に複数の横穴墓を利用する埋葬様式にあっては、先葬者に伴う須恵器を片付け去り、遺存しない状況も考えられる。

個別横穴墓の所産時期の特定には、出土遺物とともに、その構造の検討も不可欠である。近年の報告にかかる資料を瞥見すると、この点の検討が十分ではないと考えられる例も認められる。出土遺物をもとにした分析で、長期にわたり横穴墓構造が変化しない様相は問題を内包するものといえよう。

近年の報告にこうした資料でさらに注目される点は、出土遺物・横穴墓構造を検討した結果として、複数の横穴墓が近接して配置され、これが同時期の所産と目される点である。従前の横穴墓を含め、いわゆる後期群集墳の一般的

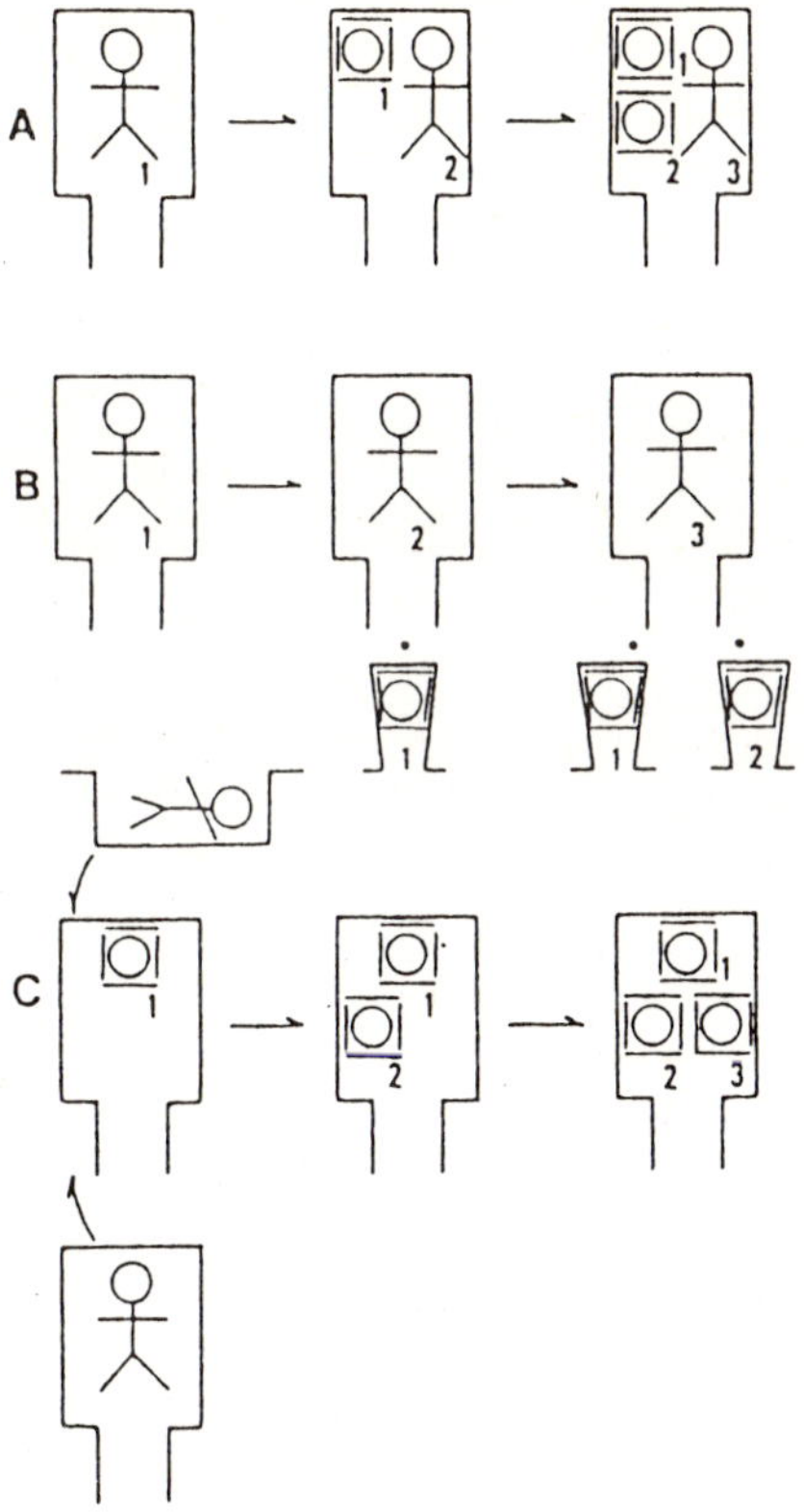

図 2　横穴墓埋葬類型

な理解にあっては、「複数の古墳造営主体が墓域を分割占有しながら、その中で造墓活動を行った累積現象である」とする広瀬見解[27]が無批判に継承されて来た感がある。広瀬見解は一世代一墳の築造を基本とする基本類型を呈示したものではあるが、その他の類型を考慮したものではない。

畿内における横穴式石室を内蔵する群集墳を基盤とする広瀬見解はそれなりに適合する古墳群もあるものの、全国に展開する群集墳のすべてがこの類型に包括されるほど群集墳の展開は単純ではない。

従前の同じ単位群内における同時期の遺物を出土する複数の埋葬施設間の関連は、基本的には時期の近接した累代的造営の結果として理解される傾向にあった。この点については、東国の横穴墓を中心として四類型を設定して検討した[28]。このうちで同時期に複数の埋葬施設を構築する類型は集団墓的様相を明示するものとして、墓域全体の中で個別造営主体の墓域占有状況の明確な類型に従属する場合も考慮されるものとした。また別な視点では、同時期に複数の埋葬施設を構築する類型は、同時期に一基しか構築しない造営主体より、被葬者を分別しての埋葬施設の利用という点において優勢である点も考慮され、人骨の出土により埋葬の実際の確認し得る資料に期待するところがあった。

三、島田池横穴墓群の様相

山陰横穴墓の同時期に複数の埋葬施設を構築する様相は、最新の報告にかかる島田池横穴墓群四区に顕著である。第四～第一七号墓よりなる支群のうち、出土遺物の確認されていない第一三号墓以外の横穴墓のすべてが展開期の所産にかかるものと理解される。これらは個別横穴墓の立地に従い、①第四・五・六号墓、②第七・八号墓、③第九・一〇号墓、④第一一・一二・一三号墓、⑤第一四・一五号墓、⑥第一六・一七号墓が纏まり単位群をなす。またこれらの単位群のうち、③第九・一〇号墓には長さ九メートルほどの前方後方形、④第一一・一二・一三号墓と⑤第一四・一五号墓には長さ五メートルほどの方形の後背墳丘を伴っており、⑥第一六・一七号墓では尾根上の墳丘の状況よりすれば前方後方形の墳丘を伴うものとも想定できる。

この四区の展開期の横穴墓の様相は、前方後方形・方形の墳丘を伴う単位群と墳丘を伴わない単位群が、墳丘により横穴墓被葬者集団内の序列を表示しながら、おそらくは一区の大形前方後方形の墳丘を伴う横穴墓の被葬者に統括される存在であったものと考えられる。

同時期複数横穴墓の存在は、相互に異なる利用法であったがゆえに必要であったものと考えられ、実際には人骨の出土から想定される埋葬方法により内容は明確となる。

島田池横穴墓群では、一区と四区の横穴墓から出土した人骨のみが報告されている。横穴墓からの埋葬された人骨の出土は、埋葬以後の内部の状況いかんによるものであり、調査時に遺存しない例のほうが多い。したがって内部から人骨の検出されなかった横穴墓には埋葬されなかったことにはならないが、人骨の出土状況は埋葬の実際を想定させる資料として重要である。

報告をもとに各単位群内の様相を検討すると、①第四・五・六号墓では、第四号墓から人骨は検出されておらず、第五号墓から集骨された状態で二体、第六号墓からも集骨された状態で三体の人骨が検出されている。

また②第七・八号墓では、第七号墓から集骨された状態で二体の人骨が検出されているのに対し、第八号墓からはわずかに二体分の残片が検出されているにすぎない。この②第七・八号墓の様相に類似するのは⑤第一四・一五号墓であり、第一四号墓からはわずかに残片の検出であるのに対し、第一五号墓からは集骨された状態で五体の人骨が検出されている。

これらの状況はすなわち、単位群をなす複数の横穴墓の一基が遺体を埋葬し骨化させる空間として機能し、他方が骨化した遺体を改葬・収納する横穴墓として機能したのではなかろうかとの想定を可能とする。換言すれば骨化と収納という異なる機能を果たす横穴が組み合わさって単位群を形成したものといえよう。これはすなわち上記した埋葬様式ではC②類である。

このように理解すれば、残る③第九・一〇号墓における第一〇号墓からの残片の検出、⑥第一六・一七号墓におけ

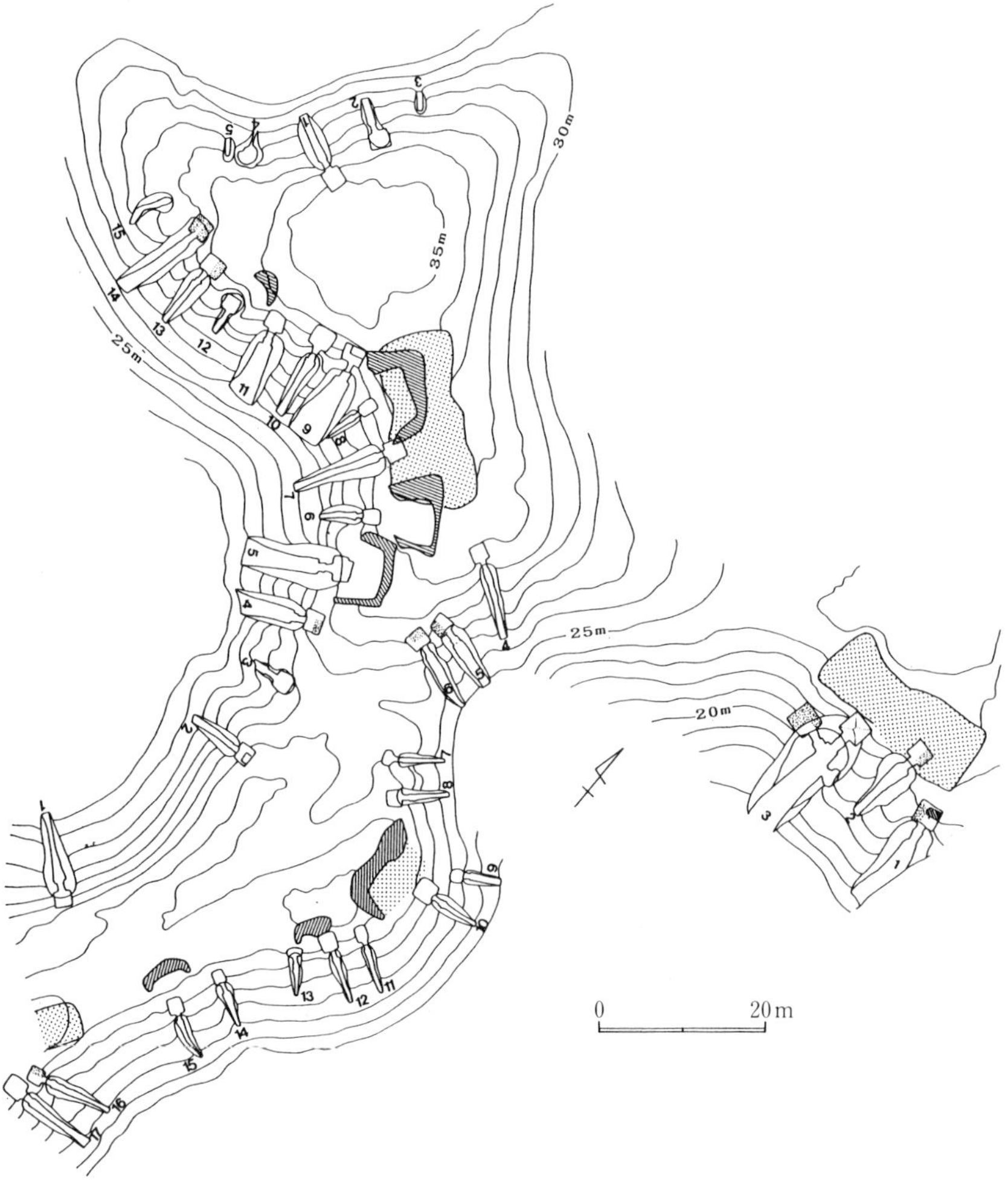

図 3　島田池横穴墓群

る第一七号墓からの集骨された状態での二体の人骨の検出は、条件により一方のみが遺存した例として捉えることができよう。

この島田池横穴墓群四区において唯一異なる様相を示すのは、④第一一・一二・一三号墓からなる単位群である。第一一号墓からは伸展葬された状態で一体、第一二号墓からは同じく伸展葬された状態で三体の人骨が検出されており、第一三号墓からは天井が陥没していたこともあり、遺物も含め何ら検出されていない。第一一・一二号墓ともに横穴墓の入り口方向に頭位を採る特異な埋葬法である。

この島田池横穴墓群においては、初現期の所産にかかる六区第八号墓が類似した埋葬法を採る。入り口方向に頭位を採る二体とその傍らに内部で片寄せられた状態で一体の人骨が検出されており、上記したA類様式である。この横穴墓群において初現期の埋葬法の実際が確認できる例はこの六区第八号墓のみであるが、同じく初現期の安来・高広一区第三号墓も同様に入り口方向に頭位を採る二体の人骨が検出されており、この埋葬法をして初現期の埋葬法と理解することができよう。この埋葬法は本邦横穴墓発現の地である北部九州・豊前の竹並H四一号墓[29]、あるいは上ノ原第二五号墓[30]などの五世紀後半代の所産にかかる横穴墓にても確認されるところである。

したがって、④第一一・一二・一三号墓は古い埋葬法を採る単位群として理解されよう。また何ら遺物の出土していない第一三号墓は、主軸に直交して横長の玄室平面を呈する小形の構造であり、北部九州に起源する山陰初現期横穴墓型式の一つと認識される時に[31]、あるいはこの単位群の形成が初現期に遡及し得るものかとも思われる。

この島田池横穴墓群における他地区の様相は、六区では第二号墓、第四号墓、第九号墓の三基から人骨が検出されている。第二号墓は継続期の所産であり、棺座上からの残片の検出のみである。隣接して立地する第三号墓との関連かとも考えられるが明確ではない。

第四号墓も継続期の所産であり、隣接する方形の墳丘を伴う同時期の第五号墓と単位群をなすと考えられるものである。横長平面の玄室奥壁に平行する棺座上には須恵器の甕の破片を敷き並べた「須恵器床」を施設し、この上から頭位を交差させた二体が伸展葬の状況で埋葬されたものと想定されている。しかし「須恵器床」から外れて頭蓋骨が検出されているなど、この状況は改葬の結果とも理解されるところである。

第九号墓も継続期の所産と考えられるが、横長平面の玄室奥壁に平行する石床上に二体の人骨が伸展葬の状況で検出されており、これにそれても若干の残片が検出されている。

五区では展開期の所産にかかる第一号墓から左右の棺座上より二体の人骨が検出されている。出土状況よりは集骨の状況と解される。

一区の横穴墓群は、調査報告された範囲では全長二一メートルの前方後方墳の主体部として構築された第二号墓と、これに継続して構築された二基よりなる単位群であり、出土遺物から第一・二号墓が展開期、第三号墓では墓前域正面奥に位置するC号墓と小形のA号墓が継続期、墓前域脇に構築されたB号墓が継続期に続く七世紀の中頃の所産にかかるものである。

第一号墓はやや横長平面の玄室の中央部に、主軸に直交して前縁部を付設する横口式の家形石棺を配置し、この脇に「須恵器床」を造作する島田池横穴墓群では唯一特殊な埋葬構造を採る横穴墓群である。この構造のほかに馬具を含む副葬品などから、前方後方形の墳丘を含め、この横穴墓群の当該期の盟主墓として認識されるものである。人骨は石棺脇の須恵器床上から頭骨と四肢骨片若干が検出されているにすぎず、本来より遺存状況の良好であるべき石棺内からは検出されていない。

見かけの上では前方後方墳の主体部としての位置を占める第二号墓は、やや横長平面の玄室平面を採る家形平入り構造の横穴墓であり、片側壁沿いに「須恵器床」を施設しており、人骨は三体ほどが集骨の状況で出土しているようである。以上の第一・二号墓の人骨出土状況よりは、四区展開期と同じく第一号墓にての骨化、第二号墓への収納という機能分化が想定される。

第三号墓は墓前域の正面と脇に都合三基の横穴墓を配置する、出雲にあっては特異な様相を示すところである。正

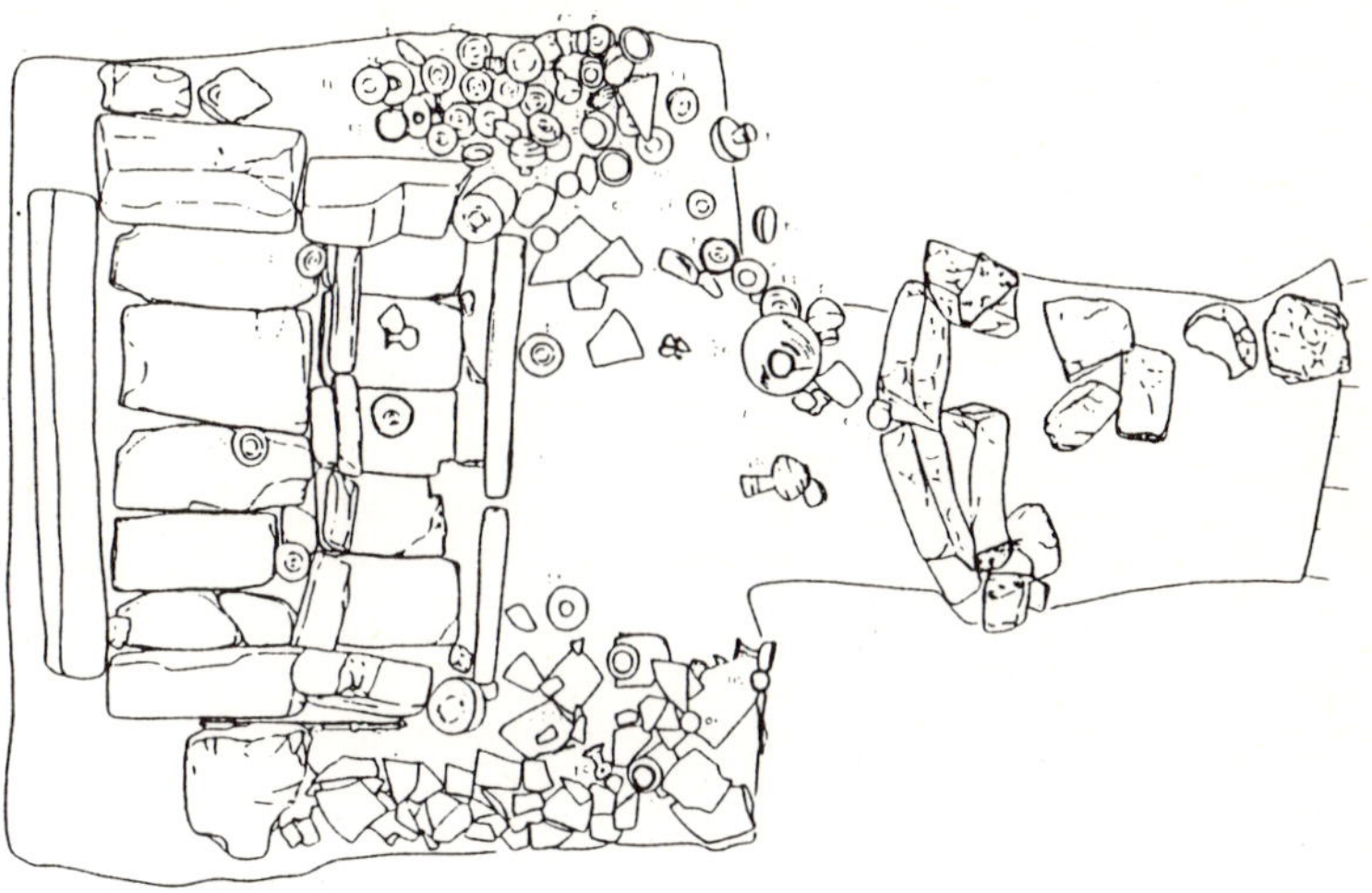

島田池１区第１号墓

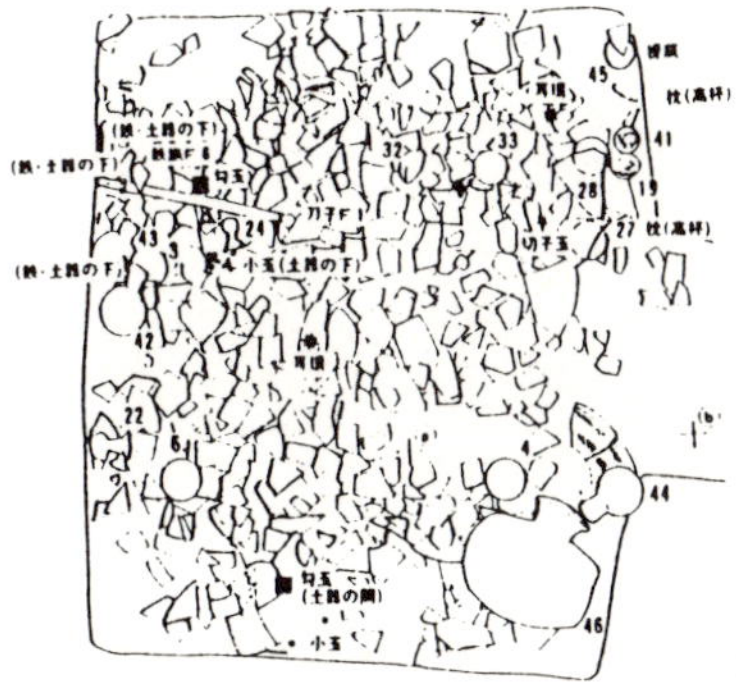

陰田第14号墓

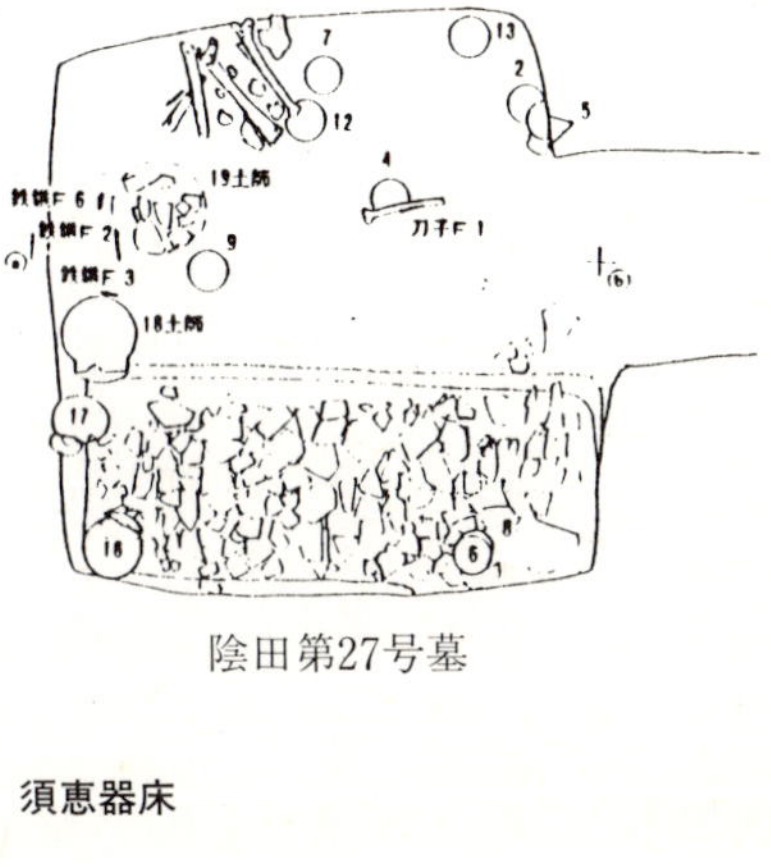

陰田第27号墓

図 4　須恵器床

面奥のC号墓は矩形平面の家形妻入り構造の横穴墓であり、二体以上の人骨が集骨状態で出土している。墓前域脇のB号墓は奥壁と片側壁に沿いL字形に須恵器床を配置し、この須恵器床上およびそれた中央部から集骨状態で五体の人骨が検出されている。墓前域脇の小形のA号墓からは人骨は検出されていないが、おそらくは改埋葬用の施設として構築されたであろうことが考慮される。

この第三号墓の人骨出土状況は、いずれも二次的な集骨状態にての検出であり、第一次的な状況は窺えない。これに第一号墓からの七世紀中頃までの遺物の出土を勘案すると、第一号墓にての遺体の骨化は長期にわたったものかとも推測される。

この一区の様相は、特定の横穴墓を骨化場所として長期間使用し、改葬収納施設を時期別に構築するという特異なものであり、集団内で最有力であった特定造営主体の累代的な横穴墓造営であったものと理解される。

以上の一・四区の横穴墓からの出土人骨を中心として検討した埋葬様式は、山陰に特徴的な須恵器の大甕を破砕してその破片を敷き並べて施設された「須恵器床」とも関連する。現在のところこうした施設の初現期に遡及しての確認はなされてはいない。横穴墓の造営数が激増する六世紀第4四半期を中心とする展開期になって現出する遺体埋葬に伴う施設である。

四区の様相では①第四・五・六号墓では、第四・五号墓の玄室床面に認められ改葬に関連する施設とも解され、この様相は一区の第二号墓、第三B号墓も同様である。しかし、四区⑥第一六・一七号墓では、集骨状態で二体出土した第一七号墓ではなく、人骨の遺存しなかった第一六号墓に「須恵器床」が施設されており、一区第一号墓をあわせ逆の様相を示している。しかしながら、集骨状態で検出された例が多い点を強調すれば、この特異な埋葬様式に関連して発現した可能性も考慮されよう。

この施設が同時期のすべての改葬用の横穴墓に認められない点からすれば、石棺を最上位としてこれに従属し、無施設例より優位に立つ造営主体による造作とも想定されるものの、墳形の相違、墳丘の有無には相関していない。

島田池横穴墓群の報告における周到な検討により、個別横穴墓の「須恵器床」を構成する大甕の破片は、後背墳丘から出土した破片との接合関係、さらには隣接する他の横穴墓出土例、さらには地区を異にする横穴墓出土例とも接合関係が認められている。この事実は、本来は墳丘で実修された埋葬儀礼に伴い大甕が使用され、破砕された後の横穴墓内部への搬入、さらには破片を持ち込むことによる被葬者の祖先系譜関係の確認などの埋葬儀礼の実際が想起されるところである。

すなわち、個別造営主体の序列が墳丘に表示されるのに対し、「須恵器床」は被葬者個人に起因する集団内における特定の埋葬儀礼実修の有無に関連するものとも思慮されるところである。

四、マケン堀横穴墓群の様相

以上の島田池横穴墓群の様相に対して、類似する様相は伯耆西端部の西伯町・マケン堀横穴墓群にも窺知することができる。この横穴墓群には、径五～二〇メートル規模の六基の円形の後背墳丘が認められ、これらのうち三基は初現期に遡及する可能性が高いものと思われる。確認された二九基の横穴墓は、初現期以降いずれも縦長平面の家形妻入り構造のものであり、安定した横穴墓型式を継続している。

初現期に遡及する可能性が高い横穴墓は第九・一六・三一号墓であり、大形で単独に立地しており、埋葬様式も次期以降の横穴墓とは異なる様相を示し、ともに墓前域の側壁に小形の横穴墓を付設する点、あるいは墳丘に小形の改葬かと想定される埋葬施設を造作する点も共通する。

人骨の出土は第九号墓では伸展葬にて二体とこの傍らに集骨された状況で二体の合計四体、第一六号墓からは同じく伸展葬で一体と集骨で二体の合計三体、第三一号墓は集骨された状況で五体が検出されている。第九・一六号墓の状況は、追葬時に先葬者を片付けて埋葬空間を確保した状況を集骨と伸展葬の区別として理解されるが、第三一号墓の集骨された状況のみでの五体の検出は他の解釈が必要となる。隣接して遺体の骨化を図る横穴墓は共存しておらず、米子市・大谷山A二号墓で想定されている横穴墓以外を第一次埋葬の場所とした、上記したC①類の埋葬様式も考慮されよう。しかしながら墓前域における小形施設の付設から想定すれば、横穴墓造営の最終時の所産とも考えられる。

山陰地方においては小形横穴墓の機能について、稀に出土する遺物を捉えて遺物収納の施設、あるいは小形である点を強調しての小児埋葬の施設などと解釈されている[32]。しかしながら、現在山陰唯一の確認例ではあるが安来市・高広IV区の第四号墓の墓前域の側壁に造作された第七号墓の内部から頭骨片も認められており、堅固な閉塞の認められる場合をも考慮し、集骨状況にての出土人骨の確認されている東北・九州などの各地の類例を勘案した場合に、この小形横穴墓をして改葬用の施設と理解するのが妥当であろう[33]。

したがって、マケン堀横穴墓群の初現期にあっては、単独横穴墓を使用しながら先葬者を片付けての追葬を行い、場合によって小形の改葬用の施設をも造作して埋葬を完結していることが確認できる。

展開期以降の様相は、島田池横穴墓群で想定した個別造営主体複数横穴墓機能分化使用法、すなわちC②類埋葬様式として確認できる。第二号墳に関連する横穴墓では①第二四・三号墓の単位群では、第二四号墓より集骨状態にて四体、第三号墓よりは奥壁側に頭位を採って並列する伸展葬にての六体が検出されている。

この第二四号墓は本来第二号墳の主体部として構築されたものと考えられるものであり、大形の構造を採る。初現期の造営と想定した第九号墓を主体部とする第三号墳は、墳丘の状況よりは第二号墳に後出するものであり、想定される主体部の先後関係とは逆転する。第二四号墓が初現期に構築され、展開期に第三号墓を付設して継続使用されたものと考えておきたい。

②第二五・二七号墓の単位群では、第二五号墓から集骨状態にて三体、第二七号墓からは残片の検出である。③第一・二号墓の単位群では、第二号墓から残片、第一号墓から集骨状態にて二体が検出されている。④第四・二六・一三号墓の単位群では、第四号墓から残片で四体、第二六号墓から伸展葬にて一体、第一三号墓から集骨状態にて四体が検出されている。この第二六号墓からの伸展葬にての一体の検出は、この単位群における最終埋葬に伴うものと理

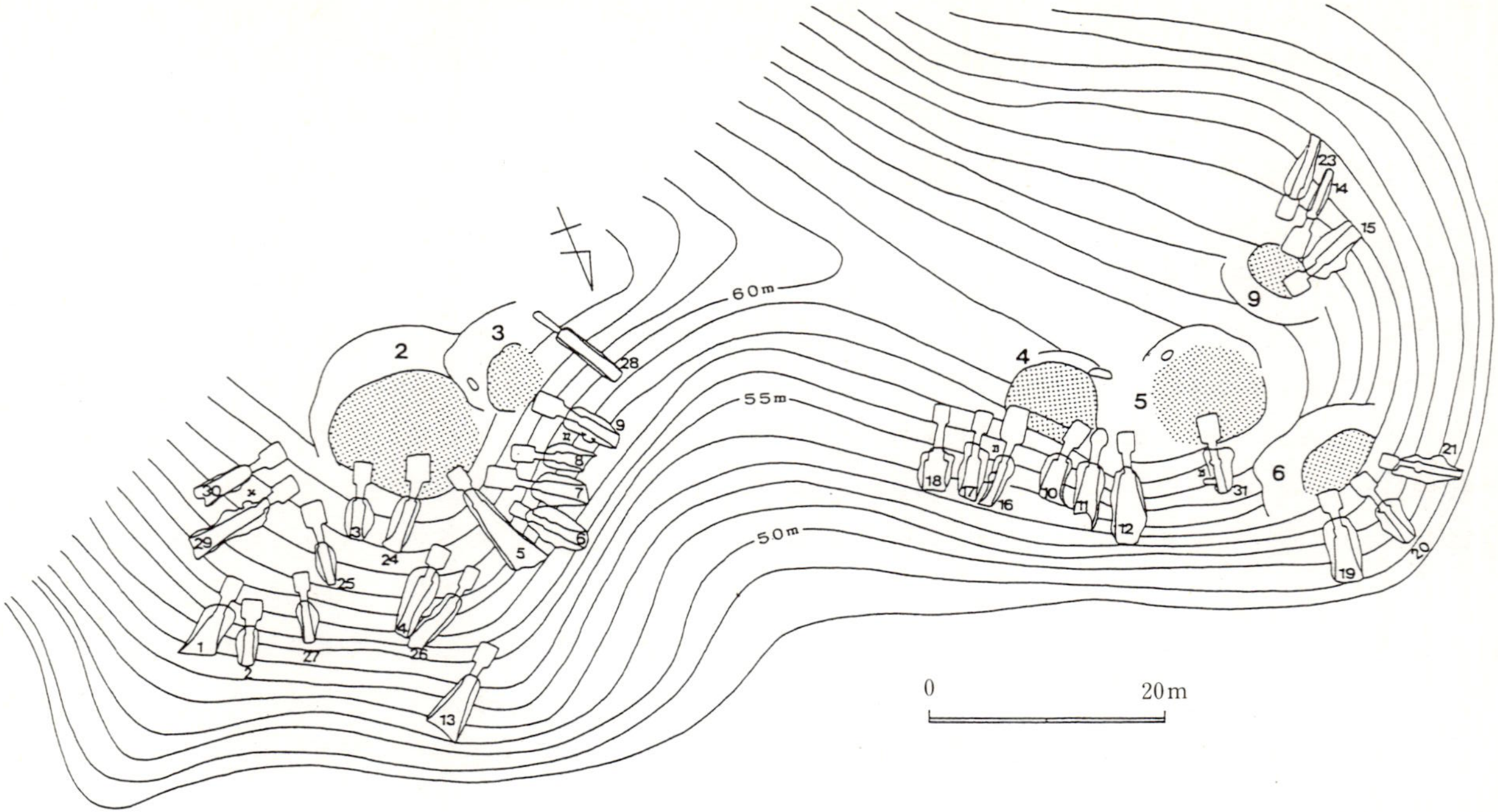

図 5　マケン堀横穴墓群

解されよう。⑤第二九・三〇号墓の単位群では、第二九号墓から集骨状態にて三体、継続期の遺物が出土した第三〇号墓からは残片二体が検出されている。

第二・三号墳間の北側斜面に展開する初現期の第三号墳の主体部である第九号墓と主軸方位の類する横穴墓を第三号墳関連の横穴墓とした。①第五・六号墓の単位群では、第五号墓からは集骨状態にて三体検出されているが、第六号墓からの人骨の検出はない。②第七・八号墓の単位群では、第七号墓から集骨状態にて四体、継続期の遺物が出土した第八号墓からも集骨状態にて四体が検出されている。若干の解釈を要する状況であり、別施設骨化横穴墓改葬も考慮されよう。

第四号墳関連では、①第一〇・一一・一二号墓の単位群では、第一〇号墓から残片、第一一号墓から集骨状態にて三体、第一二号墓からも集骨状態にて三体が検出されている。改葬用横穴墓を二基使用する造営主体として、横穴墓に埋葬し得る対象者が多数を占めたものと想定できる。②第一七・一八号墓の単位群は継続期の造営にかかるものであるが、第一七号墓から残片、第一八号墓から集骨状態にて二体が検出されており、かかる埋葬様式の継続期すなわち七世紀の前半代までの継続を認めることができる。

第六号墳関連では三基がいずれもこの展開期に造営されている。第一九号墓から集骨状態にて二体、第二一号墓からも集骨状態にて三体が検出されているが、第二〇号墓では奥側に頭位を採って若干の移動は認められるものの、七体が伸展葬にて並列して検出されている。改葬を果たさずに横穴墓の造営が終焉した結果と理解される。

第九号墳では、展開期の第二三号墓からは集骨状態にて二体が検出されており、継続期の遺物を出土した第一四号墓からは残片の検出のみであるが、同じく継続期の遺物を出土した第一五号墓からは集骨状態にて五体が検出されている。横穴墓の立地からは中央に位置する第一四号墓が第九号墳の主体部として構築されたものと考えられ、この第一四号墓は継続して骨化横穴墓として機能したものと理解できる。

以上に瞥見したマケン堀横穴墓群の出土人骨から想定した埋葬様式は、初現期にはB類様式として始まり、造営数

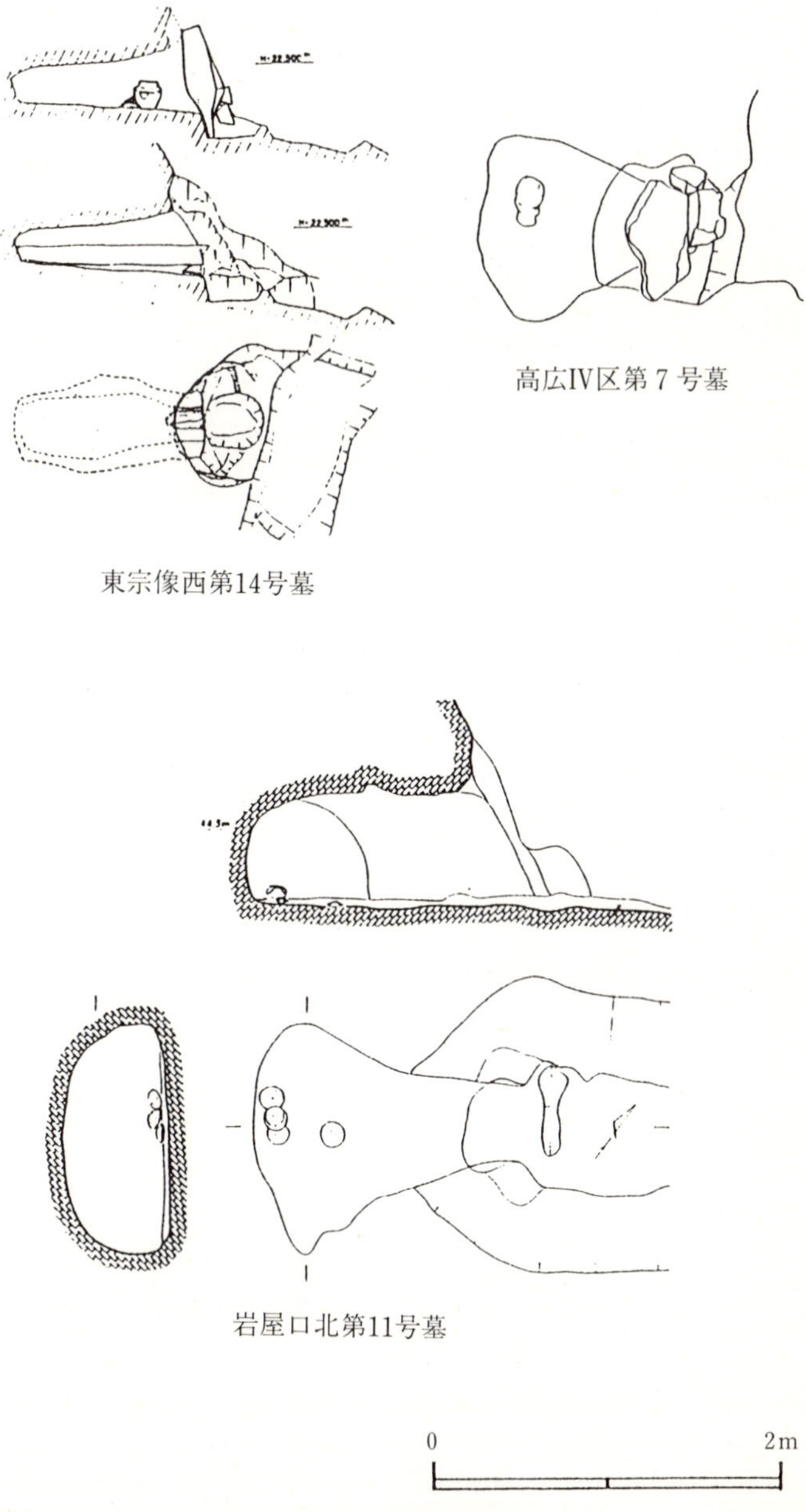

図 6　小形改葬墓

が激増する展開期にC②類様式が定着し、継続期に至っている。

意宇平野東縁部と伯耆西端部における展開期以降における埋葬様式の類似性は、集団の個性により横穴墓型式を異にするとはいえ、埋葬儀礼を共通させるものであり、被葬者集団の類縁性を示すところであり、類似した社会体制をも想起せしめるところである。

五、その他の横穴墓群の様相

出土人骨の検出の顕著であった島田池横穴墓群およびマケン堀横穴墓群で想定されたC②類の埋葬様式は、近時の調査にかかる他の横穴墓群でも確認することができる。

安来市・臼コクリ横穴墓群では人骨の遺存状況は良好ではないものの、二単位群で埋葬の実際を想定することができる。この横穴墓群は、東西二基の墳丘の南北斜面に合計五つの単位群の展開を確認することができるものであり、ほぼすべての横穴墓がTK四三型式・II型式四段階、すなわち展開期に造営を開始したものと想定することができるものである。

このうちのもっとも有力な単位群は、S二・S三・S四号墓からなる単位群であり、S二号墓は石棺一基を側壁に沿って配置し単鳳環頭大刀を出土し、S三号墓は石棺を二基並列している。人骨はS二号墓の石棺内からは残片、石棺外から集骨された状態で三体、S三号墓からは検出されていないが、S四号墓から中央部に集骨された状態で四体が検出されている。この様相はS二号墓をしてA類様式とも認識されるところであるが、隣接する同時期のS三号墓の存在を考慮すれば、C②類様式も想定されるところである。またS四号墓からの出土須恵器は七世紀末から八世紀初頭の時期を示すところであるが、横穴墓構造とは相関しない。三基が一体になっての埋葬をも考慮させるところである。

いま一つの埋葬様式の復元可能な単位群はN一・N二号墓からなる単位群である。ともに内部に「須恵器床」を施設するものであり、人骨はN一号墓からは残片二体分、N二号墓からは集骨された状態で四体が検出されている。これらをしてC②類様式の想定が可能であろう。

N二号墓で注意されるところは、幅広い墓前域における須恵器を伴う四基の土坑である。報告で土壙墓とするように、規模から想定して改葬施設と理解できる。墓前域の側壁に造作された場合に小形改葬墓となるものであろう。類

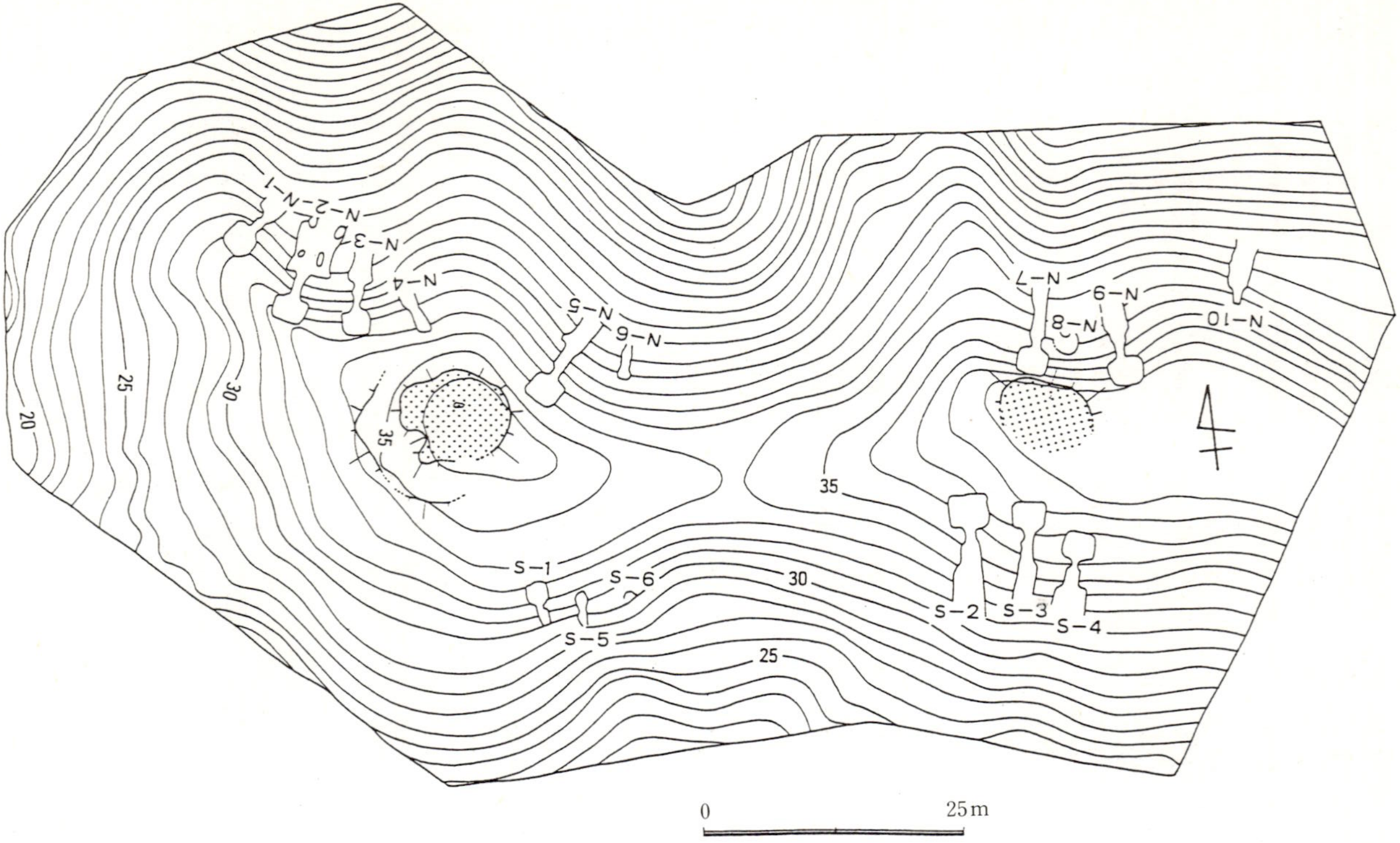

図 7　臼コクリ横穴墓群

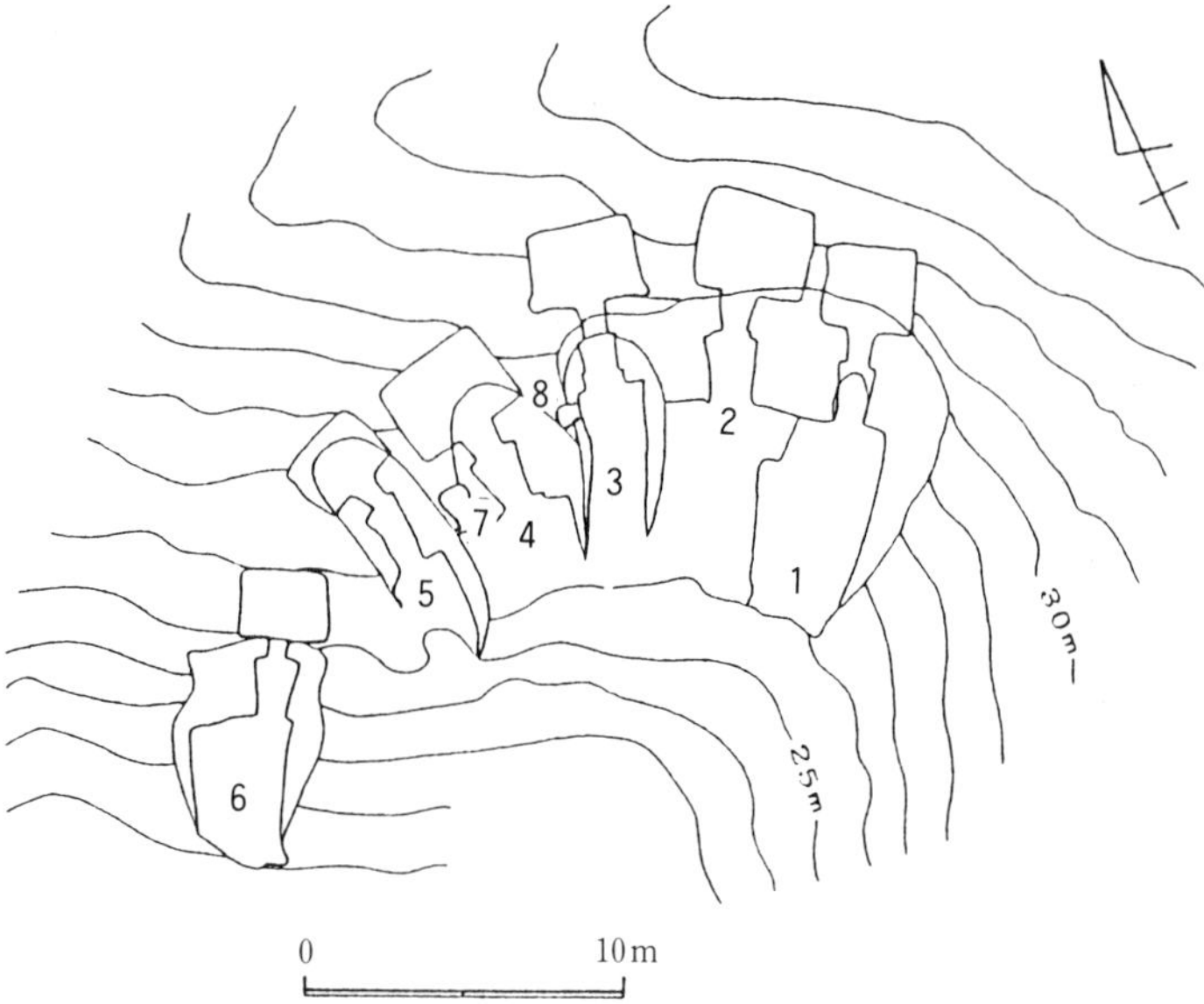

図 8　高広横穴墓群

例は少ないものの、伯耆江府町・北谷ヒナ第一号墓の墓前域床面下に検出された、未完成とされる第五号墓[34]なども再検討を要する資料かと思える。

すなわちこのN一・N二号墓からなる単位群における埋葬様式は、山陰の展開期すなわちTK四三並行期における特徴的なC②類と、変形B類の混在した様相と捉えることができよう。この横穴墓群においては、同時期に異なる埋葬様式の存在を想定できる。以上検討した二単位群が若干の変容を窺えるもののC②類様式であるのに対し、N五・N七・S一号墓では小形の改葬墓と想定される施設を伴うB類様式である。これを個別横穴墓の規模、単位群の立地から想定すれば、優勢な造営主体におけるC②類様式、劣勢な造営主体におけるB類様式の採用という点も考えられるところである。しかしながら、遺体を埋葬した後に改葬するという点では共通する埋葬様式である。

出雲地域では安来市・高広Ⅳ区横穴墓群も、複数横穴墓同時使用の類型と理解される横穴墓群である。展開期の所産である第一・二・三号墓では、第一号墓は内部に石棺を配置し単鳳環頭大刀を出土した盟主墓である。

これらのうち人骨の検出は、第三号墓から集骨された状態で五体が認められている。また第三号墓の墓前域の側壁には小形の施設を伴っており、臼コクリ横穴墓群で想定した変形C②類様式の想定されるところである。この様相は隣接する第四号墓も同様である。出土須恵器からは七世紀の中頃に近い年代までの造営が確認されるところであり、墓前域に造作された小形の第八号墓内部からは頭骨の破片が検出されており、その機能を明示する資料として注目されるものである。

安来市・岩屋口北横穴墓群も、人骨の検出はないものの、類似した埋葬様式が想定される。南斜面に展開した第一〜五号墓は、TK二〇九型式並行期の継続期以降の遺物の出土するものであるが、第一・二号墓、第三・四号墓が組み合わさっての複数同時使用の類型を呈示しており、C②類様式が想定される。

これに対し東斜面の第六〜一一号墓は、第七号墓を除きTK四三並行期の遺物を出土しており、展開期の造営にかかるものと思われる。七世紀末以降の遺物を出土する第七号墓も、隣接する展開期の遺物を出土した第六号墓の第七号墓を意識した立地を勘案し、横穴墓構造を検討すると展開期の構築後の継続使用と想定できよう。当該期の横穴墓型式から逸脱した小形の第八〜一一号墓は、小形改葬墓と位置づけることができ、したがってこの単位群でも変形C②類様式が想定される。

C①類様式、すなわち横穴墓以外で第一次葬を行い、骨化した段階で横穴墓に改葬する様式が復元呈示された米子市・大谷山横穴墓群でも、複数横穴墓同時使用類型が顕著である。C①類様式が設定されたA二号墓は隣接して横穴墓が存在しないが、他の多くは二基並存する。このうち人骨の検出されたのは、C一号墓とC八号墓である。

C一号墓はII型式六段階並行期、すなわち七世紀の前半代の造営と考えられるが、内部片側を須恵器床とし集骨の状況で二体が検出されている。隣接して横穴墓は存在しておらず立地より想定すると、あるいはA二号墓の造営主体の後裔による同様式の実践とも理解されるところである。

C八号墓は内部を〝コ〟の字形に「須恵器床」を施設しており、集骨の状況で八体が検出されている。隣接するC七号墓からは人骨の遺存は認められていないものの、あわせてC②類様式が想定されよう。この横穴墓群で顕著な事

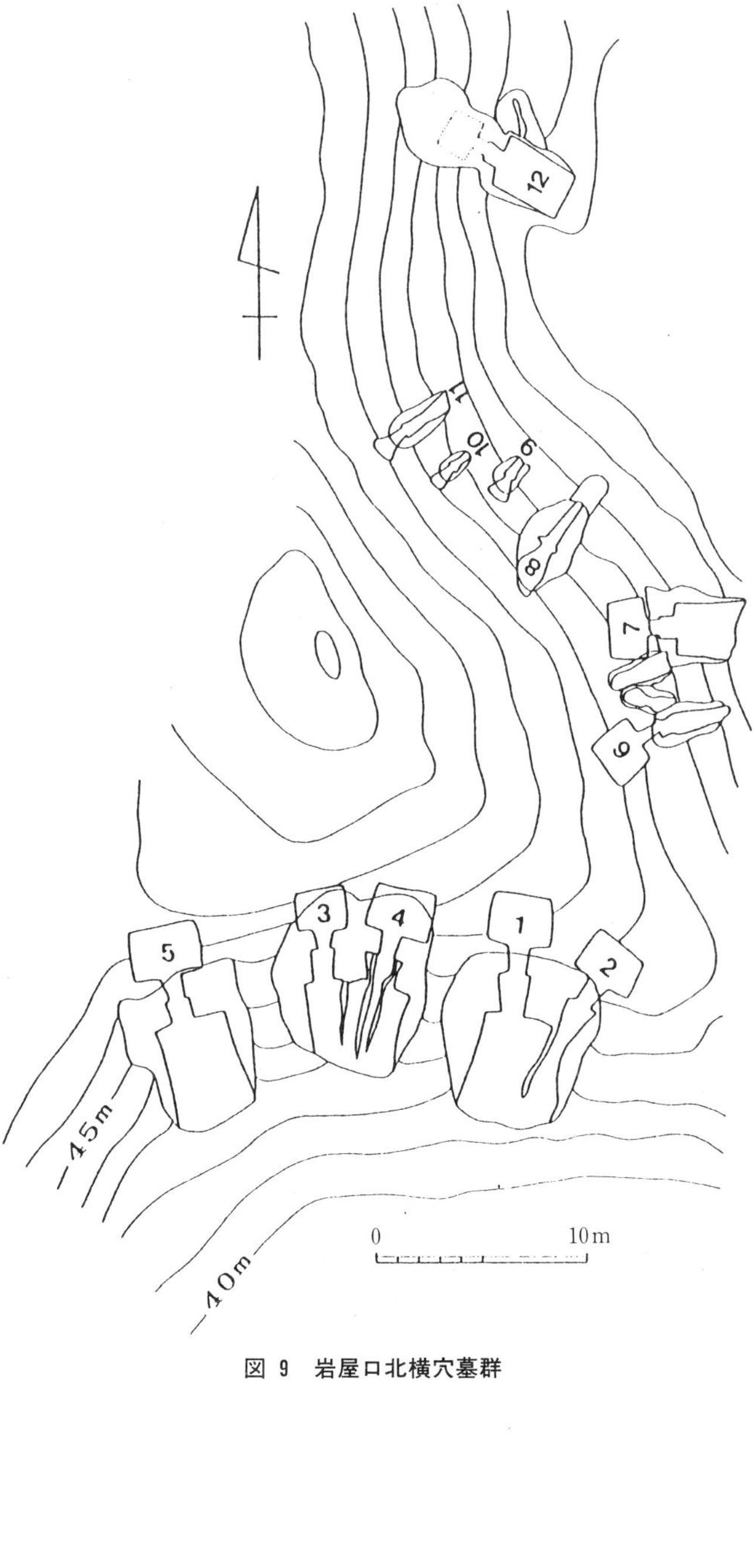

図 9　岩屋口北横穴墓群

象は、集骨状況と須恵器床の合致である。最優勢の造営主体と想定できる墳丘を伴うＢ一・Ｂ二号墓では両者に施設されているものの、特徴的にＣ②類様式に伴出する様相と確認できよう。

この大浴山横穴墓群と至近の距離に位置する米子市・東宗像横穴墓群も、複数横穴墓同時使用類型を窺知すること

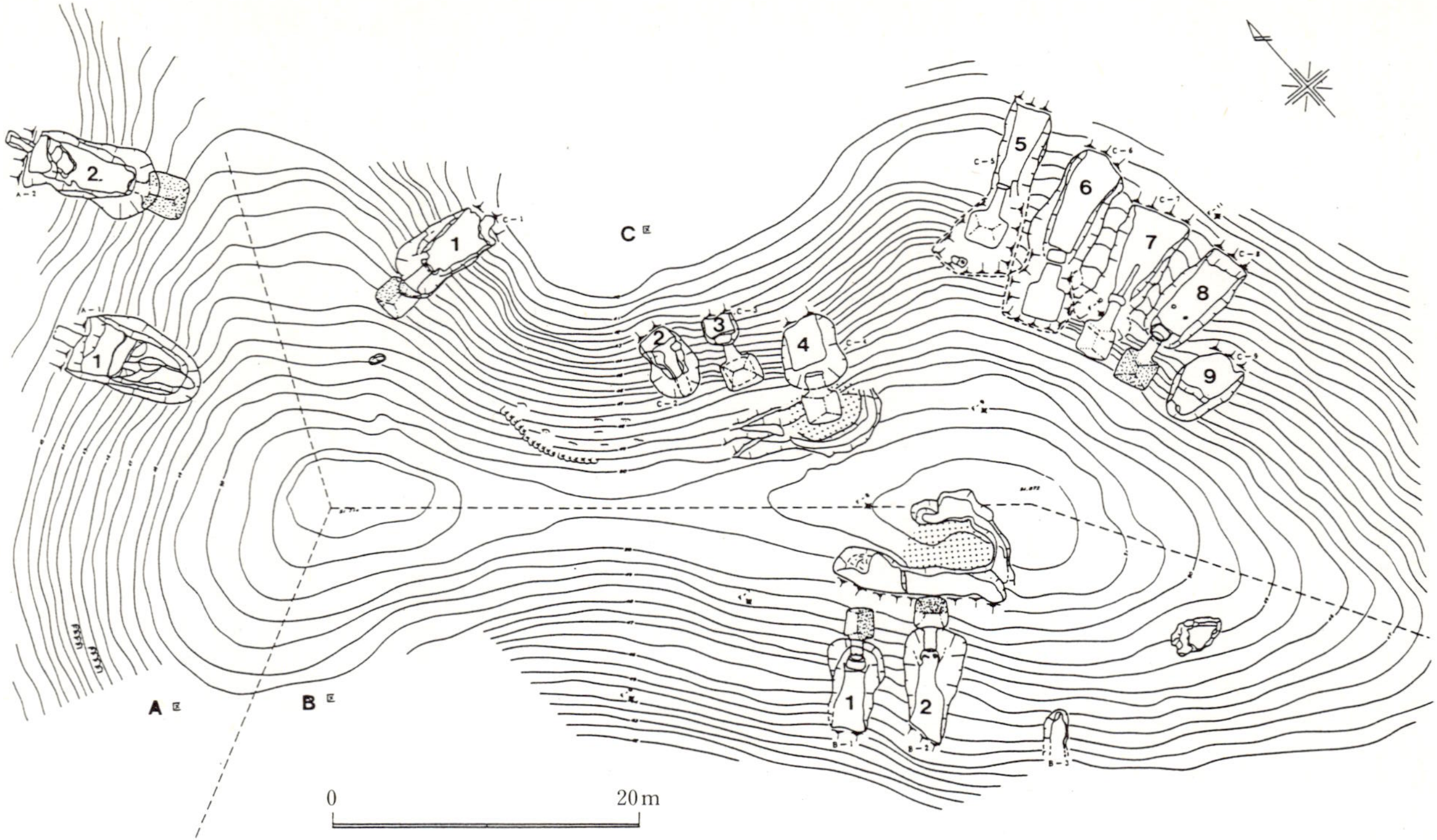

図 10　大谷山横穴墓群

ができる。西地区第一・二号墓が展開期、第四・五・六号墓が継続期の所産と理解され、東地区の第一・二号墓よりは七世紀末ないしは八世紀初頭の須恵器が出土しており、報告ではそのように年代づけられてはいる。しかしながら横穴墓構造は相関するものではなく、西地区第一・二号墓と同じく展開期に構築され、遺物の示す年代まで造営が及んだものと理解できる。

複数横穴墓同時使用の単位群は、東地区第一・二号墓、西地区第一・二号墓、西地区第四・五号墓である。このうち良好な人骨の出土を見たのは、西地区第一・二号墓である。第一号墓は内部片側に須恵器床を施設するものであり、残片二体分が検出されている。第二号墓よりは集骨の状況にて七体の多くが検出されており、組み合わせてC②類様式を確認することができる。

東地区第一・二号墓の単位群にあっては、第二号墓に小形の第三・四号墓が付設されており、変形C②類様式が想定されよう。また集骨状況で七体の遺骨が検出された西地区第二号墓にも一基の小形施設が伴っており同様に解される。この様相は継続期の西地区第四・五号墓も同様であり、一基単独で立地する西地区第七号墓では二基の小形施設を伴っている。

この横穴墓群において認められる顕著な遺構は、西地区の斜面下位に溝を掘り、これに五基の小形横穴墓を掘削するものである。堅固な閉塞を施しており、すでに想定したように改葬施設と理解されるものである。内部からの出土須恵器は、ＴＫ二〇九型式以降八世紀前半代に及ぶ。継続期以降に顕著になる小形施設の付設の極まるところではあるが、付近に横穴墓は存在しない。可能性としては西地区第七号墓を継続使用しての改葬墓の集合としてのB類様式とも想定できるが、立地を考慮すれば横穴墓以外で第一次葬を果たしたC①類様式と思われるものである。

米子市・陰田横穴墓群も複数横穴墓同時使用の確認できる横穴墓群である。ほぼ中央部に立地する後背墳丘を伴う第七号墓が山陰横穴墓初現期、ＭＴ八五型式並行期の所産と確認されるものであり、北部九州・豊前地域に展開した横穴墓の構造を採用している。

図 11　東宗像横穴墓群

これに続く山陰横穴墓展開期、ＴＫ四三型式並行期はこの横穴墓群の最盛期であり、基本的には後背墳丘を伴う横穴墓が相対的に小規模な横穴墓を付設して単位群をなしている。第六号墳では①第二七・二八号墓の二基、第一四号墳では②第二三・二四・二五号墓の三基、第五号墳では③第六・二一号墓の二基、第一〇号墳では④第九・一一号墓の二基、第四号墳では⑤第一四・二二号墓の二基、第三号墳では⑥第一五・二〇号墓の二基、第一二号墳では⑦第一六・一七号墓の二基である。

これらのうち人骨の検出されている単位群は二例しか認められない。①単位群の第二八号墓からは集骨された状況で二体が検出されているが、これと組み合わさる内部の片側に「須恵器床」を施した第二七号墓からの人骨の検出は認められていない。④単位群の第一一号墓は内部に石棺を配置し、この中に須恵器大甕の破片を敷き詰めて「須恵器床」とする特異な例であるが、残片一体分しか検出されていない。組み合わせが想定される第九号墓は、内部片側を「須恵器床」とするものであるが人骨は検出されていない。

この状況から実際の埋葬様式を想定するのは非常に困難であるが、「須恵器床」の様相に特徴を見いだせる。単位群をなす二〜三基の横穴墓のうちの一基に「須恵器床」を施設する単位群は、①・②・⑤・⑦であり、さらに④では二基の双方に施設され、③では墓前域にかき出された様相を示す。すなわち「須恵器床」を施設しない単位群は⑥のみであり、この点においても「須恵器床」は複数横穴墓同時使用の類型、C②類埋葬様式に伴って発現したことが首肯されよう。

この群における継続期、ＴＫ二〇九型式並行期以降の所産と考えられる横穴墓は少ない。このうちで最北端に立地する第一・一九号墓の二基は継続期の造営であるが、第一号墓の近くに第一二号墳の周溝を利用した小形改葬墓が五基集中する。Ｂ類ないしは第一九号墓と組み合わさっての変形C②類の埋葬様式が想定されるところである。

さらに最南端に立地する第二八号墓の南側にも溝を掘削してその側壁に六基の小形改葬墓が集中立地する。個別横穴墓からの出土須恵器は、山陰横穴墓展開期、ＴＫ四三型式並行期からＴＫ二一七型式並行期に及ぶ。北端の第一号

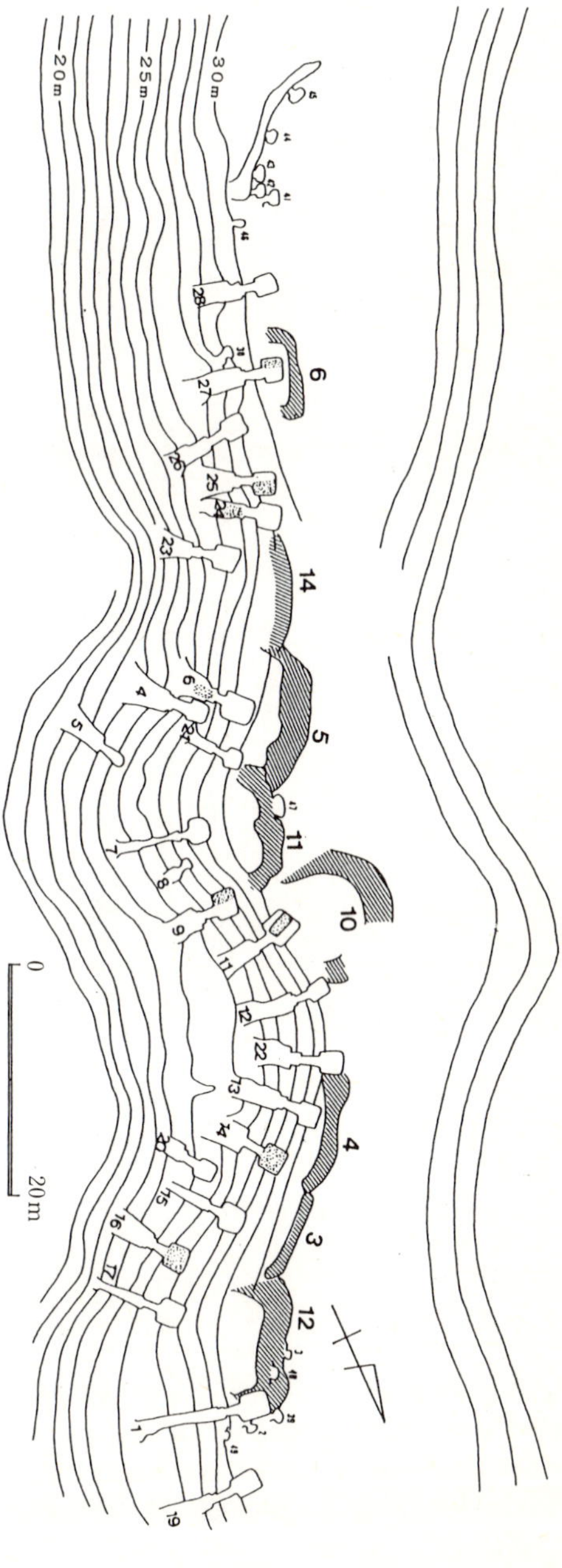

図 12 陰田横穴墓群

墓の周辺に継続期以降に集中する様相は、上記した東宗像横穴墓群に類似する様相として、継続期以降の埋葬様式の転換を予測させるものであるが、南端の例は特異である。確かに展開期①単位群の第二七号墓にも小形施設が一基伴っており、この①単位群との関連で理解することも可能であるが、数が多すぎる。安来・岩屋口北横穴墓群の東斜面の展開期の様相も類似するところであり、展開期の①〜⑦の単位群に関連した施設と理解しておきたい。

六、改葬横穴墓の様相

近年の発掘調査にかかる人骨の出土状況の明瞭な資料をもとに、山陰地方における横穴墓の埋葬様式について検討して来た。その結果は横穴墓の造営数が激増する山陰横穴墓の展開期、ＴＫ四三型式並行期に複数横穴墓同時使用の類型が多数確認でき、骨化と収納に機能を分化した横穴墓が組み合わさっての使用法が復元され、Ｃ②類埋葬様式が主体をなす点が確認できた。

さらに従前から山陰中央部における特異な施設として認識されていた「須恵器床」は、この特異な埋葬様式に伴って発現したものとも解されるところである。多くは骨化施設としての横穴墓に造作されるが、中には収納施設としての横穴墓に造作する例も見受けられ、群中の優勢な造営主体にあっては両者に造作する例も確認されるところである。このように「須恵器床」を位置づけることが可能であれば、上記に分析したところでは伯耆・マケン堀横穴墓群では相違するものの、Ｃ②類埋葬様式の実践された範囲は「須恵器床」の分布に一応示されることとなろう。

すでに扱った横穴墓群以外で「須恵器床」が確認されているところは、西では松江市・十王免横穴墓群[35]、同・狐谷横穴墓群[36]、同・論田横穴墓群[37]、同・筆ノ尾横穴墓群[38]、同・遅倉横穴墓群などであり、東ではマケン堀横穴墓群に近接する小堤山横穴墓群[39]で確認できる。現状では安来平野周縁部における類例が乏しいものの、認められる分布範囲は山代二子塚古墳[40]以降六世紀後半代に前方後方墳体制を確立した出雲東部勢力の基盤[41]として認識されるところである。「須恵器床」の分布はさらに離れて広島県山間部に集中分布している。山陰からの影響としてもっぱら埋葬儀礼とのかかわりで検討されているが[42]、改葬の視点からの再検討も必要と思われる。

いったん埋葬した遺体を、骨化した段階で他の施設に改葬するという埋葬様式は、上記したＢ・Ｃ類様式に共通する。山陰に特徴的なＣ②類様式は、現在のところ山陰横穴墓初現期、ＭＴ八五型式並行期に遡及しない。したがってかかる埋葬様式はＢ類様式からの変容と理解されよう。Ｂ類埋葬様式すなわち改葬用に小形横穴墓を付設するあり方は、伯耆・マケン堀横穴墓群の初現期に顕著であり、展開期の複数横穴墓同時使用の類型でも多数確認されるところである。これから想定すれば、横穴墓への追葬ごとに小形改葬施設を造作する様式から、あらかじめ多くを収納し得る通常規模の横穴墓の設置に変容したものであろうか。展開期C②類様式の想定される単位群に小形施設をも伴う例の多い点からの想定である。

改葬用の小形施設を付設する埋葬様式は、現在知られるところでは山口県朝田横穴墓群のTK一〇型式並行期の六世紀前半を最古とする。[43] 横穴墓発現期以降の八〇基以上の横穴墓を報告された豊前・上ノ原横穴墓群においては、こうした事実は報告されてはいない。しかしながら上ノ原横穴墓群の報告は整然としすぎるものであり、小児用とされる小形横穴墓の捉え方によっては五世紀後半まで遡及する可能性もあろう。

山陰初現期の横穴墓型式の一つとして、朝田横穴墓群に顕著な玄室横長平面構造も確認され、[44] 頭位を入り口に採る埋葬も共通している。したがって、山陰への横穴墓伝播のうちに小形改葬墓を付設する要素は内包されていたものと理解され、山陰横穴墓展開期の造営数の激増すなわち被葬者数の拡大に起因しての所産と理解される。

このC②類埋葬様式は山陰横穴墓展開期に顕著なものであるが、他地方においても想定される横穴墓群を確認することができる。千葉県君津市・市宿横穴墓群[45]では中に三二体、一七体、九体と人骨が集骨状況で集中する横穴墓が認められる反面、ほとんど人骨の検出されていない横穴墓も存在しており、類似した埋葬様式が想定される。一三基の横穴墓から出土した総数一六五体の人骨については、小高幸男氏により横穴墓を単位としての親族構造の復元および埋葬様式についての総括がなされている。[46]

東北は福島県会津・駒板新田横穴墓群[47]においても、人骨の出土状況から通常規模の横穴墓を改葬用に使用する例が認められ、特異な様相を示している。[48] さらに近時調査の富山県高岡市・江道横穴墓群、あるいは武州南多摩の町田市域の横穴墓群では大形横穴墓を改葬用に使用する例も認められ、東国への横穴墓伝播に従っての埋葬様式の波及も考慮されるところではあるが、横穴墓型式よりする山陰地方との関連性は薄い。

かかる特徴的な埋葬様式は、山陰横穴墓継続期、ＴＫ二〇九型式並行期になると、横穴墓の造営数の激減もあり顕著ではなくなる。確かにマケン堀横穴墓群では当該期までの継続を看取することができるものの、他群では顕著ではない。むしろ東宗像・陰田横穴墓群に特徴的な改葬墓と理解できる小形横穴墓の集中構築が顕著であり、横穴墓への被葬者の減少が起因となって旧来のＢ類様式に回帰したものとも考えられる。

七、改葬横穴墓の展開

山陰横穴墓展開期に確認できる個別造営主体による複数横穴墓同時使用の類型から想定できるＣ②類の埋葬様式は、特異な施設としての「須恵器床」との関連が想起されるところであるが、同時に横穴墓内部に配置されている家形石棺との関連も問題となる。山陰の家形石棺も山本清の先駆的業績[49]の後をうけ、和田晴吾の特徴を把握した総括がなされ[50]、平成七年には山陰地方全域の石棺の総括研究がなされている[51]。

このうちでは出雲東部に集中し、横穴墓に配置された組み合わせ式の家形平入り横口構造のものが主体をなしている。この分布はまさに横穴墓に想定されるＣ②類の埋葬様式の実践された範囲に重なる。

横穴墓に配置された石棺からの人骨の出土は顕著ではない。上記したところでは、島田池一区第一号墓では、配置された石棺内部からの人骨の検出はなく、石棺脇の「須恵器床」上から若干が検出されているのみであり、組み合わさる第二号墓への収納を想定したところである。また陰田第一一号墓の幅五五センチ、長さ一七五センチの石棺内を「須恵器床」とした内部からは残片しか検出されておらず、これまた隣接する第九号墓との関連が考えられる。

また臼コクリＳ二号墓では、石棺内からは残片、棺外から集骨された状態で三体が検出されているなど、石棺が恒久的な遺体保護施設としてではなく、「須恵器床」と同じく骨化を目的とした第一次葬としての機能を果たしている点も想定できる。各横穴墓群の「須恵器床」の様相は、骨化を目的とした第一次葬としての機能の想定される場合が多いものの、対する収納の場としての機能が想定される例も、横穴墓群により見受けられる。この点は石棺もまた、恒久的な遺体保護施設としてではなく同様に解されるということである。

一体に、九州地方からの系譜関係の想定は別にして、出雲に特徴的な横口を有する石棺について、その構造に見合う機能が想定されたことはない。横穴墓内に配置された石棺は、展開期に特有なC②類埋葬様式の実践にあたり、遺骸の出し入れに便ならしめるための横口部の付設とも考慮される。大谷晃二の編年に従えば須恵器出雲三期からの横口式の家形石棺の定型ということになるが[52]、これを読み替えればMT八五型式並行期の後半ということとなろう。この時期は山陰独自の横穴墓型式の確立期であり、次期の展開期の横穴墓の隆盛の準備期でもある。

「須恵器床」がその構造上でとくに遺体の身長と関連することはないが、石棺は限定した小空間の中に収納するという点で遺体の身長との関連が問題となる。近時の調査にかかるもので出土人骨の推定身長まで報告されているものは多くはない。

島田池横穴墓群一・四区からは合計一〇体の遺骨からの身長が推定されている[53]。男性八体は一六一〜一六六センチの身長であり、平均は一六一・八センチとなる。これに対して女性二体は一四〇センチと一四二センチであり、男性が二〇センチほど高くなる。伯耆・マケン堀横穴墓では合計一三体の身長が推定されている[54]。男性九体は一五四〜一六三センチの身長であり、平均は一五八・三センチとなる。これに対して女性四体は一四〇〜一四九センチであり、平均は一四五センチであり、男性が一三センチほど高い数値を示す。

大谷山横穴墓群からは合計八体の身長が推定されている[55]。男性五体は一五六〜一六二センチの身長であり、平均は一五八・六センチとなる。これに対して女性三体は一四二〜一四八センチであり、平均は一四五・七センチとなり、男性が一三センチほど高い。この他では高広一区第三号墓検出の二体が、男性一六〇センチ、女性一五〇センチと知れるのみである[56]。この結果からは島田池横穴墓群に埋葬された男性が、他の横穴墓から検出された男性より平均で三・五センチほど高いということとなる。あるいは被葬者集団の在地における特異な性格を反映するものであろうか、後考をまちたい。

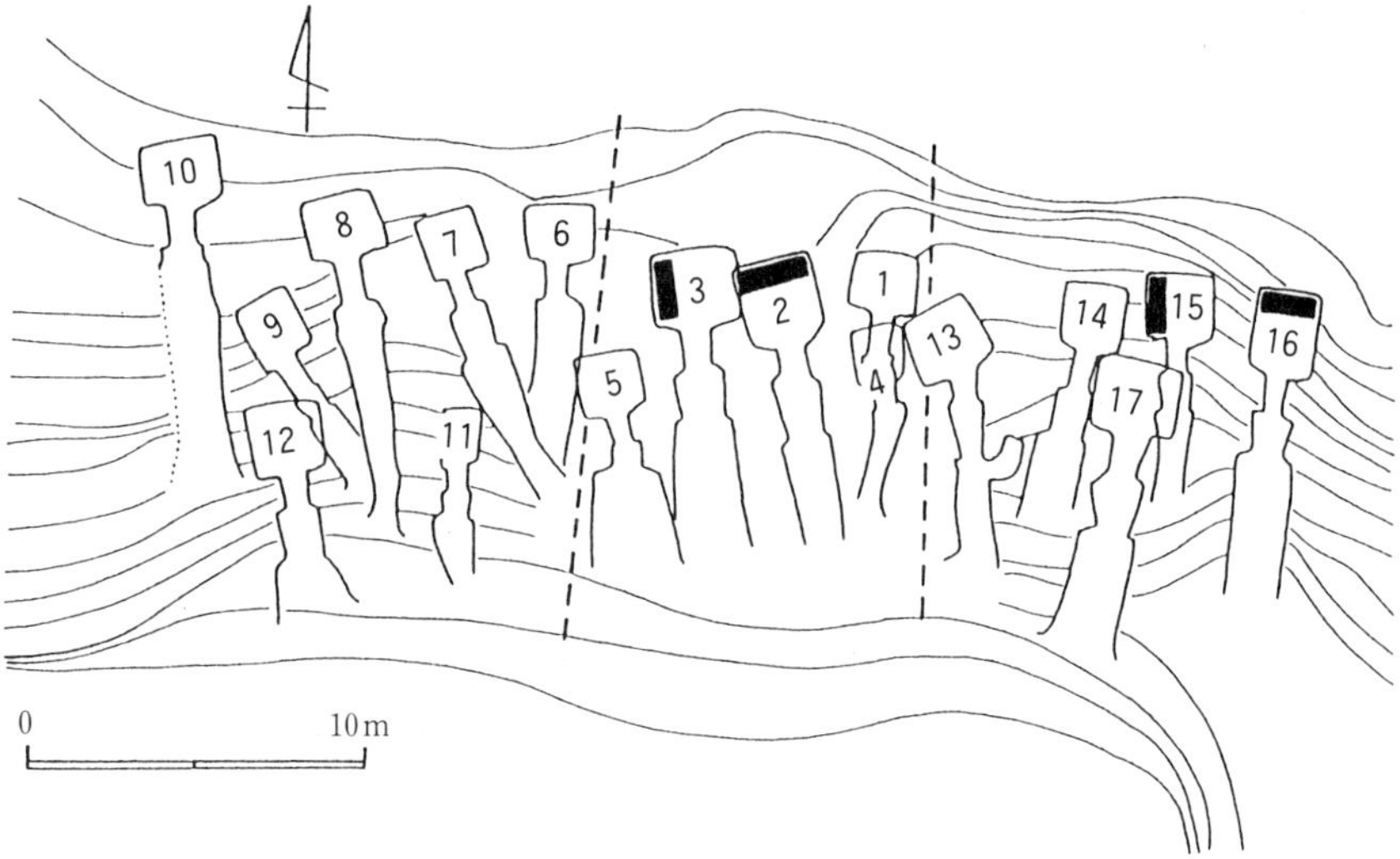

図 13　狐谷横穴墓群

この推定身長をもとに石棺内長との関連を見ると、一六五センチ以上の規模の石棺はとくに問題とはならないが、これ以下の規模の石棺が検討されなければならない。

松江市・狐谷第三号墓の内部側壁に沿って配置された石棺内長は一五〇センチを測るのみである。また第一五号墓例も同様に一五二センチしかない。第三号墓に隣接して石棺を奥壁に沿って配置した第二号墓が存在する。一部しか遺存しないものの、奥壁幅二・三五メートルからすれば通常規模の石棺であったものと想定される。また第一五号墓に隣接しては、同じく石棺を奥壁に沿って配置した第一六号墓が存在する。石棺内長は一・六八メートルを測るものである。この横穴墓群においては、他に石棺を配置する横穴墓は存在せず、第一〇・一一号墓に「須恵器床」が造作されている。

隣接する二基の横穴墓に石棺が配置され、通常の身長の被葬者を伸展葬するに困難な規模の石棺を側壁沿いに配置し、奥壁沿いに配置された石棺は通常規模である点から想定すれば、組み合わさってのC②類の埋葬様式が考慮されるところであるが、遺物・人骨の出土からの詳細な検討は困難である。

また臼コクリS二号墓では、石棺内からは残片、棺外から集骨された状態で三体が検出されており、単独ではA類の埋葬様式が考慮される。しかしながら隣接する同時期のS三号墓は二基の石棺を主軸に沿って配置するが、石棺内長はともに一六〇センチを測るのみであり、若干の問題がある。隣接する同時期のS四号墓からは集骨状況で四体が検出されており、三基の横穴墓を機能分化しての使用も考慮されるところである。

これらの様相よりすれば、石棺が恒久的な遺体保護施設としてではなく、「須恵器床」と同じく骨化を目的とした第一次葬としての機能を果たした場合も十分に想定できよう。

これに関連する事象は、従前より解釈あたわざる特異な構造と認識されて来た出雲・岡田山第一号墳[57]の横穴式石室内に配置された石棺がきわめて小形である点である。岡田山第一号墳は、有銘鉄刀が確認されて以来脚光を浴び、さまざまな考察がなされて来ているが、この点についての納得し得る説明はいまだこれを見ることはできない。

従前の岡田山第一号墳についての問題点は、渡辺貞幸により総括されている[58]。小形家形石棺をまさしく玄室主軸に沿い中央に配置し、これが前に箱式石棺状の施設をも付設する構造を、石棺の前に副葬品収納施設を付設した構築当初からのものであり、単独葬として総括されている。

家形石棺は、底石の上に側石を組み合わせて乗せ、これを縄掛突起を有する屋根形の蓋石で覆う、出雲に稀な妻入り構造の横口式のものである。石棺内幅三五センチ、内長は横口部の抉り込み部を除いて一〇五センチであり[59]、横穴式石室を含めまさしく三五センチに近似する長さの高麗尺を使用しての企画が想定されるところである。

この石棺がきわめて小形である点については、当初の報告をなした梅原末治は「……其形小にして火葬若しくば洗骨に依るにあらざるよりは到底成人の遺骸を納め得べくもあらず。然るにこれを遺物の示す処に依るに武器、馬具等に豊富なるものありて成年の男子を葬れりと解するの穏当なるを教ゆるに似たり。……本墳の営造は当初小児の為にありしが、故あつて後これに葬るに熟年の男子を以てせりと見るにあり。」とし、「既に遺骨の存するなき本墳に於いてかくの如き問題の決定は蓋し永久に不可能なりと云ふを正しとせむか。」と悲観する[60]。

また渡辺貞幸は「現時点では、洗骨・改葬用に故意に小石棺を作ったとするか、小軀の人物（たとえば夭折者）のための棺であったとするか、ということになろうが、当時、殯があったとしても小形の石棺を作るということは一般には認められないので、後者の考えが妥当であろう。」と苦しい解釈をされている。[61]

この岡田山第一号墳の所産期については、和田晴吾は石棺の検討からやや新しくＴＫ二〇九型式並行期に位置づけられ、[62]馬具では雲珠がやや古く置かれるものの、ほぼＴＫ四三並行期の所産と総括されている。[63]この点は横穴式石室の企画における想定される基準長の変遷とも合致する。すなわち岡田山第一号墳をして、山陰横穴墓展開期の所産と考えることが可能であり、当該期に実践された特異なＣ②類埋葬様式との関連が問題となる。

岡田山第一号墳の小形横口式の石棺の存在についての可能性の高いところは、渡辺提言の前者、すなわち改葬用として特別に小形の石棺を造作したとする理解である。この石棺を玄室中央に配置したがゆえに、横穴式石室もまた、通例に反して規模を小形に構築されたものと考えられる。

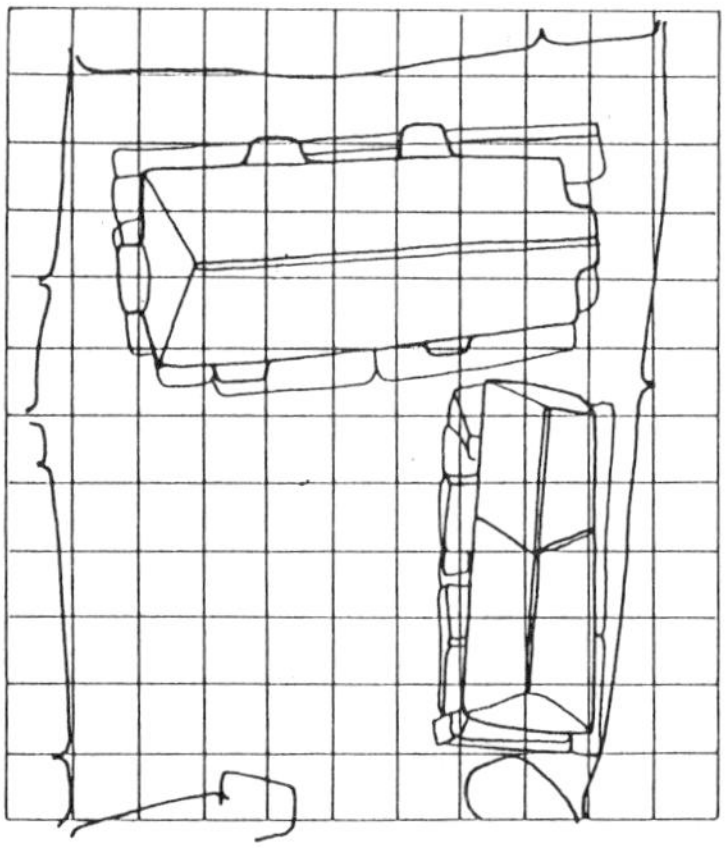

御崎山古墳石室

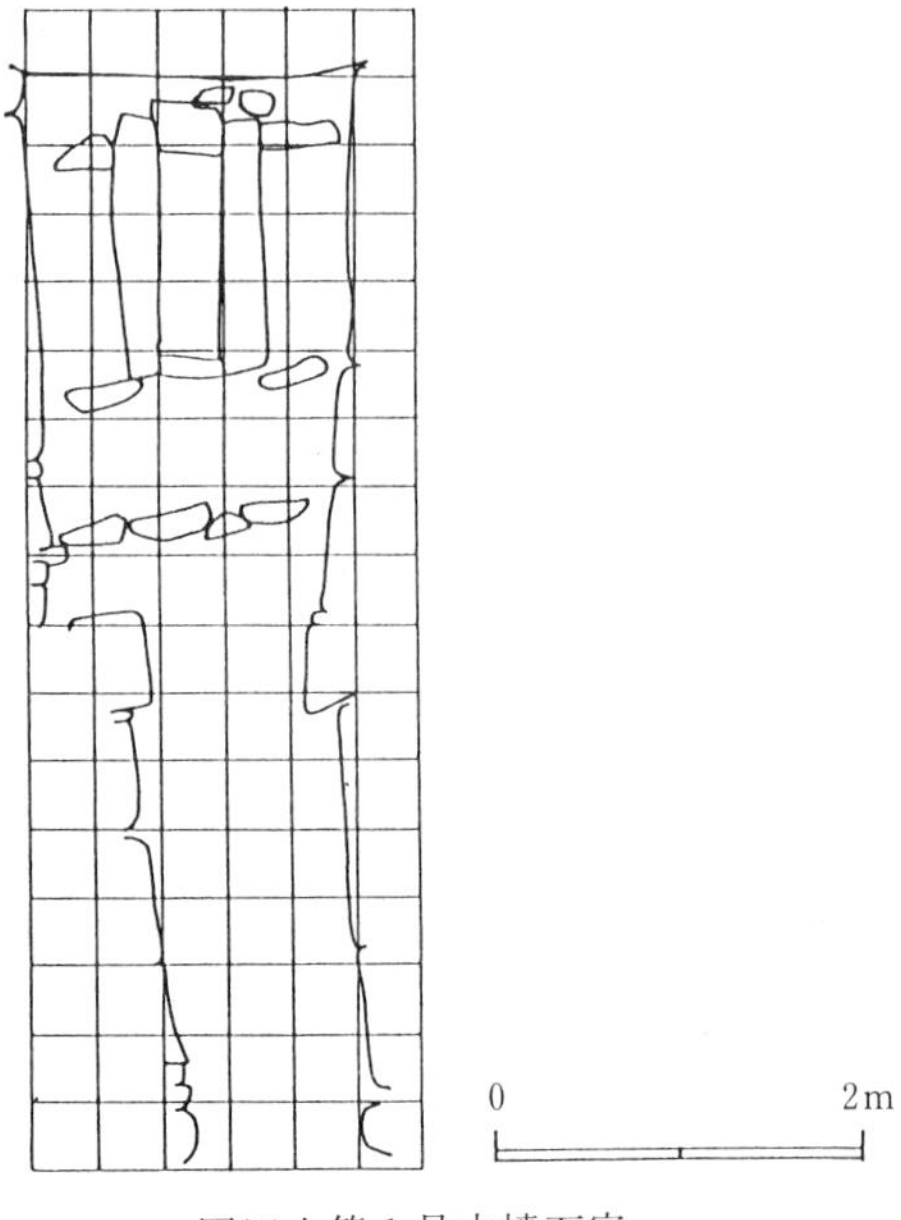

岡田山第１号古墳石室

図 14　石室企画図

横穴式石室における改葬については、近野正幸が美濃・花岡山古墳群を例として分析しており[64]、横穴墓と同様に実際の人骨の検出が稀であったがゆえに、従前論究されることが少なかったにすぎない。

岡田山第一号墳の場合には石室内で集骨を行うA類埋葬様式ではなく、第一次葬は石室以外を考慮しなければならず、C①類埋葬様式であったものと想起される。かく想定した場合には、出雲東部における最高首長に従属する立場で支配者階層に属し、大刀銘文に推測されるような畿内中央との密接な関連性を保持した被葬者がなにゆえに改葬されなければならなかったかが問われなければならない。

想定されるところは単独埋葬であり、被葬者の激増を有力な要因と理解した横穴墓の場合とは異なる。あるいは在地支配者階層をも包括する埋葬儀礼が先行してあり、これが実践とも理解されるところであるが、被葬者の職掌を考慮すれば帰葬された結果とも想定される。さらにはその立地の岡田山第二号墳との間に認められる、前方部前のテラス状の部分の機能をも勘案しなければならない。

岡田山第一号墳の石棺の機能を改葬用とする想定が許容されるものであるならば、あわせて同一古墳群を形成し、一代前の首長墓と位置づけられる御崎山古墳[65]の玄室内に安置される石棺も問題となろう。矩形穹窿形の九州系の横穴式石室[66]には、奥壁沿いに主軸に直交する一基と、片側壁に沿って主軸方向に安置された二基の組み合わせ平入り横口式の家形石棺が認められる。このうち奥側の石棺の内長は二・〇二メートルで問題とはならないが、片側壁沿いの一基の石棺内長は一・五二メートル程度と見られ検討を要しよう。

註

（1）山本清「西山陰の横穴について」『島根大学人文科学論集』第八号　昭和三二年（『出雲の古代文化』平成元年所載）
「横穴の型式と時期について」『島根大学人文科学論集』第一一号　昭和三七年（『山陰古墳文化の研究』昭和四六年所載）
門脇俊彦「出雲国大井谷横穴群の研究」『私たちの考古学』第八号　昭和三一年
（2）杉谷愛象ほか『陰田』（米子市教育委員会）　昭和五九年

(3) 園俊朗ほか『東宗像遺跡』(鳥取県教育文化財団)　昭和六〇年
(4) 中原斉ほか『大峪山横穴墓群』(鳥取県教育文化財団)　昭和六二年
(5) 西伯町教育委員会『マケン堀古墳群・北福王寺遺跡』　平成二年
(6) 島根県教育委員会『高広遺跡発掘調査報告書』　昭和五九年
(7) 島根県教育委員会『臼コクリ遺跡・大原遺跡』　平成六年
(8) 島根県教育委員会『岩屋口北遺跡・臼コクリ遺跡（F区）』　平成九年
(9) 島根県教育委員会『島田池遺跡・鶲通遺跡』　平成九年
(10) 山陰横穴墓研究会『出雲の横穴墓』(第七回山陰横穴墓調査検討会)　平成九年
(11) 池上悟「山陰地方における横穴墓の受容と展開」『立正考古』第三七号　平成一〇年
(12) 出雲考古学研究会『石棺式石室の研究』　昭和六二年
(13) 井上貴央「大峪山横穴墓群出土の人骨について」『大峪山横穴墓群』(鳥取県教育文化財団)　昭和六二年
(14) 池上悟「東北横穴墓の埋葬様式」『立正考古』第三二号　平成五年
(15) 池上悟「東国横穴墓の型式と交流」『日本古代史叢考』(高嶌正人先生古稀祝賀論文集刊行会)　平成六年
(16) 池上悟「東国横穴墓の型式と伝播」『おおいた考古』第四集　平成三年
(17) 池上悟「東北横穴墓型式の成立と展開」『立正大学文学部研究紀要』第一四号　平成一〇年
(18) 松本昌久ほか『千代丸・力丸横穴墓群』(長生郡文化財センター)　平成三年
松本昌久「東上総における横穴墓について」『多知波奈考古』創刊号　平成六年
(19) 山本清「山陰の須恵器」『島根大学開学十周年記念論文集』　昭和三五年（『山陰古墳文化の研究』昭和四六年所載）
(20) 門脇俊彦「西山陰における横穴墓の受容(上)」『島根考古学会誌』第二集　昭和六〇年
(21) 花田勝広「畿内横穴墓の特質」『古文化談叢』第二二集　平成二年
(22) 西尾克己・丹羽野裕「山陰の横穴墓」『おおいた考古』第四集　平成三年
(23) 角田徳幸「石棺式石室の系譜」『島根考古学会誌』第一〇集　平成五年
(24) 和田晴吾「出雲の家形石室」『展望アジアの考古学』　昭和五八年
(25) 大谷晃二「出雲地域の須恵器の編年と地域色」『島根考古学会誌』第一一集　平成六年
(26) 角田徳幸「石棺式石室の系譜」『島根考古学会誌』第一〇集　平成五年
(27) 広瀬和雄「群集墳論序説」『古代研究』第一五号　昭和五三年

(28) 池上悟「南武蔵における古墳の終末期の様相」『国立歴史民俗博物館研究報告』第四四集　平成四年
(29) 佐田茂ほか『竹並遺跡・横穴墓』　昭和五四年
(30) 渋谷忠章・村上久和ほか『上ノ原横穴墓群』（大分県教育委員会）　平成元年
(31) (11)に同じ
(32) (2)に同じ
(33) (14)に同じ
(34) 江府町教育委員会『鳥取県江府町・北谷ヒナ横穴群発掘調査報告書』平成二年
(35) 島根大学考古学研究会「十王免横穴群発掘調査報告」『菅田考古』第一〇号　昭和四三年
(36) 横山純夫「狐谷横穴群」『島根県埋蔵文化財調査報告書』第Ⅶ集　昭和五二年
(37) 松江市教育文化振興事業団『論田四号墳発掘調査報告書』　平成六年
(38) 松江市教育文化振興事業団『筆ノ尾横穴群発掘調査報告書』　平成七年
(39) 中原斉「西伯町原・小堤山横穴墓の再検討」『マケン堀古墳群・北福王寺遺跡』（西伯町教育委員会）　平成二年
(40) 渡辺貞幸「松江市山代二子塚古墳をめぐる諸問題」『山陰文化研究紀要』第二三号　昭和五八年
(41) 渡辺貞幸「山代・大庭古墳群と五・六世紀の出雲」『山陰考古学の諸問題』　昭和六一年
西尾克己「古墳・横穴墓からみた古代社会」『風土記の考古学』第三巻　平成七年
(42) 今西隆司「屍床の研究」『文化財論集』　平成六年
(43) 山口県教育委員会『朝田墳墓群Ⅴ』　昭和五七年
(44) (11)に同じ
(45) 小高幸男『市宿横穴墓群発掘調査報告書』（君津郡市考古資料刊行会）　平成八年
(46) 小高幸男「千葉県君津市市宿横穴墓群における親族構造の復元」『多知波奈考古』第三号　平成九年
(47) 福島県教育委員会「駒板新田横穴群」『東北横断自動車道遺跡調査報告』六　平成元年
(48) 池上悟「東北横穴墓の一様相」『多知波奈考古』創刊号　平成六年
(49) 山本清「山陰の石棺についてⅢ」『山陰文化研究紀要』第一〇号　昭和四五年（『山陰古墳文化の研究』昭和四六年所載）
(50) 和田晴吾「出雲の家形石棺」『展望アジアの考古学』　昭和五八年
(51) 第二三回山陰考古学研究集会『古墳時代の後期の棺』　平成七年
(52) 大谷晃二「出雲の古墳時代後期の切石石棺」『古墳時代の後期の棺』　平成七年

(53) 井上晃孝「島田池遺跡一、四区出土の人骨について」『島田池遺跡・鶴通遺跡』(島根県教育委員会) 平成九年
(54) 井上晃孝「マケン堀横穴墓群出土の人骨について」『マケン堀古墳群・北福王寺遺跡』(西伯町教育委員会) 平成二年
(55) 井上貴央「大谷山横穴墓群出土の人骨について」『大谷山横穴墓群』(鳥取県教育文化財団) 昭和六二年
(56) 井上晃孝「高広遺跡横穴墓より出土の人骨について」『高広遺跡発掘調査報告書』(島根県教育委員会) 昭和五九年
(57) 島根県教育委員会『出雲岡田山古墳』 昭和六二年
(58) 渡辺貞幸「岡田山一号墳研究の現状と問題点」『島根考古学会誌』第一集 昭和五九年
(59) 池上悟『東国の横穴式石室と横穴墓』 甄全舎 平成三年
(60) 梅原末治「出雲国八束郡岡田山古墳調査報告」『中央史壇』第七巻第五・六号 大正一二年
(61) 渡辺貞幸「岡田山一号墳研究の現状と問題点」『島根考古学会誌』第一集 昭和五九年
(62) 和田晴吾「出雲の家形石棺」『展望アジアの考古学』 昭和五八年
(63) 宮代栄一「鞍金具と雲珠・辻金具の変遷」『黄金に魅せられた倭人たち』(八雲立つ風土記の丘) 平成八年
(64) 近野正幸「後期古墳石室内における多数埋葬」『考古学の諸相』(坂詰秀一先生還暦記念会) 平成八年
(65) 勝部昭「御崎山古墳」『八雲立つ風土記の丘周辺の文化財』(島根県教育委員会) 昭和五〇年
八雲立つ風土記の丘「御崎山古墳の研究」『八雲立つ風土記の丘紀要Ⅲ』 平成三年
(66) 小田富士雄「島根県の九州系初期横穴式石室再考」『山陰考古学の諸問題』(山本清先生喜寿記念論集刊行会) 昭和六一年

三　九州横穴墓の一様相

一、はじめに

九州地方においては、昭和四〇年代末からの調査により初現期の横穴墓の所在が明確となり、横穴墓発生の地としてとくに留意されているところである。福岡県行橋市に所在した竹並横穴墓群(1)は、初めて五世紀代に遡及する初現期の横穴墓の内容が明確にされた遺跡として著名であるが、あわせて発掘調査された横穴墓は九四八基にも及び、わが国最大の調査事例として提起された問題点も多い。一つに横穴墓初現期構造の規範としての横穴式石室構造との関連、次いで従前の常識を破って確認された墳丘を伴う横穴墓の意義、他に横穴墓の群集様相の把握などであった。

これらの問題点のうち初現期の横穴墓構造は、これらが埋葬部分としての玄室の構造にかかわらず、ともに入り口部分である羨道が玄室に向かって下降する特異な構造を呈する点が確認されている。この点は五世紀代に北部九州を席巻した初期横穴式石室である竪穴系横口式石室の羨道構造に類似することより、石材を架構しての石室構築に代えて丘陵斜面を横に掘削して埋葬用の空間を確保したものと想定されている。この変遷の実際は、明確に高塚古墳の内部主体として小形の円墳に構築された久戸古墳群(2)に明瞭に窺うことができる。

五世紀代に遡及する初現期の横穴墓の所在は、昭和五〇~六〇年代にかけての調査により広く北部九州で確認されるに至っている。とくに福岡・大分県域の豊前地域における調査内容は充実したものであり、現状ではこの地域において初現期の横穴墓が盛行した点が明らかである。

墳丘を伴う横穴墓は、初現期横穴墓の重要な一つの要素として認識されるところであり、九州以外の地域においても早く山口県・朝田墳墓群において個別の墳丘に複数の埋葬主体としての横穴墓が伴う六世紀前半代の特徴的な様相が確認されている。(3) また大分県・上ノ原横穴墓群においては五世紀後半代から六世紀初頭にかけて、限定された横穴墓に伴う階層性を明示する様相として、墳丘横穴墓が構築されている。(4) さらには近年の調査により、北部九州のうちとくに遠賀川流域においては六世紀中葉以降に墳丘横穴墓の築造を契機とする横穴墓群の形成が顕著に認められるところであり、一つの地域色といえるほどとなっている。(5)

ここ二〇年ほどの調査により、墳丘横穴墓は本州西端の山口県域のみならず山陰中央部の出雲・伯耆地域においても多数確認され、地域において重要な様相を呈示している。さらに最近では従前には顧慮だにされなかった東国においても、東海・関東、可能性としては東北の地においても墳丘横穴墓の所在が想定されるところであり、各地へ伝播した横穴墓制の重要な要素として認識されていた点が明確になりつつある。(6)

横穴墓は基本的には単独ではなく群集して造営される点が特徴の一つではあるが、群集する中における数基よりなる有機的な纏まり、単位群をいかに把握し、いかなる造営主体の実態を想定するかが問題となる。横穴墓を含め古墳時代後期に顕在化する群集墳一般については、個別造営主体が複次葬を基本として限定された墓域内において累代的に造墓した結果として、二〜三基からなる小規模古墳の纏まりを特定家族の墳墓とする理解が一般化している。(7)

しかしながら、単位群の把握には個別横穴墓が墳墓としていかに実際の埋葬に供されたか、すなわちいかなる埋葬様式の実際が行われたかにより群形成の内容は異なるものと思われる。従前の個別単位群の形成においては、この点を明確にした論考は認められない。

本稿では、初現期以来の充実した横穴墓の調査内容を示す九州地方の横穴墓のうち、とくに北部九州の近年の調査報告を対象として若干の検討を試みたい。

二、竹並横穴墓群の様相

横穴墓研究に画期をもたらした豊前・竹並横穴墓群においては、五世紀後半〜六世紀前半代の初現期横穴墓は特定地区に集中して展開している。調査区北端のA地区の北に開く幅一七〇メートルほどの谷の東西両側斜面上部に三七基が集中して所在する以外は、G地区に一〇基、H地区に七基が散在するのみである。

A地区の斜面に展開するこの時期の横穴墓の構造は、①入り口に対して玄室が横長平面を呈するT字形平面のもの一九基と、②縦長平面を呈するもの一八基が半ばする。特徴的な①類横穴墓は、幅一五〇センチで奥行き六〇センチ程度の成人遺骸をようやく収納するにたる小形のものと、幅二メートル、奥行き一メートルほどの規模の二種に分かれ、小形の横穴墓はやや大形の横穴墓に付随するように展開している。また②類横穴墓は一基を除く一七基はやや大形の横穴墓であり、中に三基の家形横穴墓が東側斜面で二基、西側斜面で一基認められる。

これらA地区の三七基の横穴墓は五世紀後半〜六世紀前半代にかけて造営されたものであるが、所産時期の細分は明確ではない。三七基中で出土須恵器により所産時期の明確なものは二基を確認できるにすぎない。五世紀後半代の須恵器を出土したのは西側斜面に立地する第二四号墓であり、縦長の玄室平面のやや大形の羨道部の傾斜の急な構造を呈する。これに対して六世紀前半代の須恵器を出土したのは東側斜面に立地する第七号墓であり、幅広の縦長玄室平面のやや大形で、羨道部の傾斜のゆるい構造を呈している。

尾根上に立地する第三号古墳と第六号古墳は、横穴墓を主体部として構築した墳丘横穴墓であるが、ともに玄室幅一・六〜一・九メートル、長さ三メートルほどの大形の縦長玄室平面の家形構造を呈する、羨道部の傾斜がややゆるくなるものである。第三号墳からは六世紀前半代の須恵器が出土しており、縦長平面の玄室構造横穴墓の相対的に遅れる可能性も考慮されるものの、縦長とT字形の玄室平面の横穴墓の両者を時間的な先後の関係で区分することはできない。初現期横穴墓に特徴的な羨道部の傾斜の緩急の点をして考慮すれば、六世紀前半代の所産と想定される横穴墓は九基ほどであり、A地区の北に開く谷の東西両側斜面上部に立地した三七基の横穴墓の大半は五世紀後半代の所産と理解される。

これら五世紀後半〜六世紀前半代の横穴墓は、明確ではないもののほぼ二〜三基の纏まりとして展開している。特

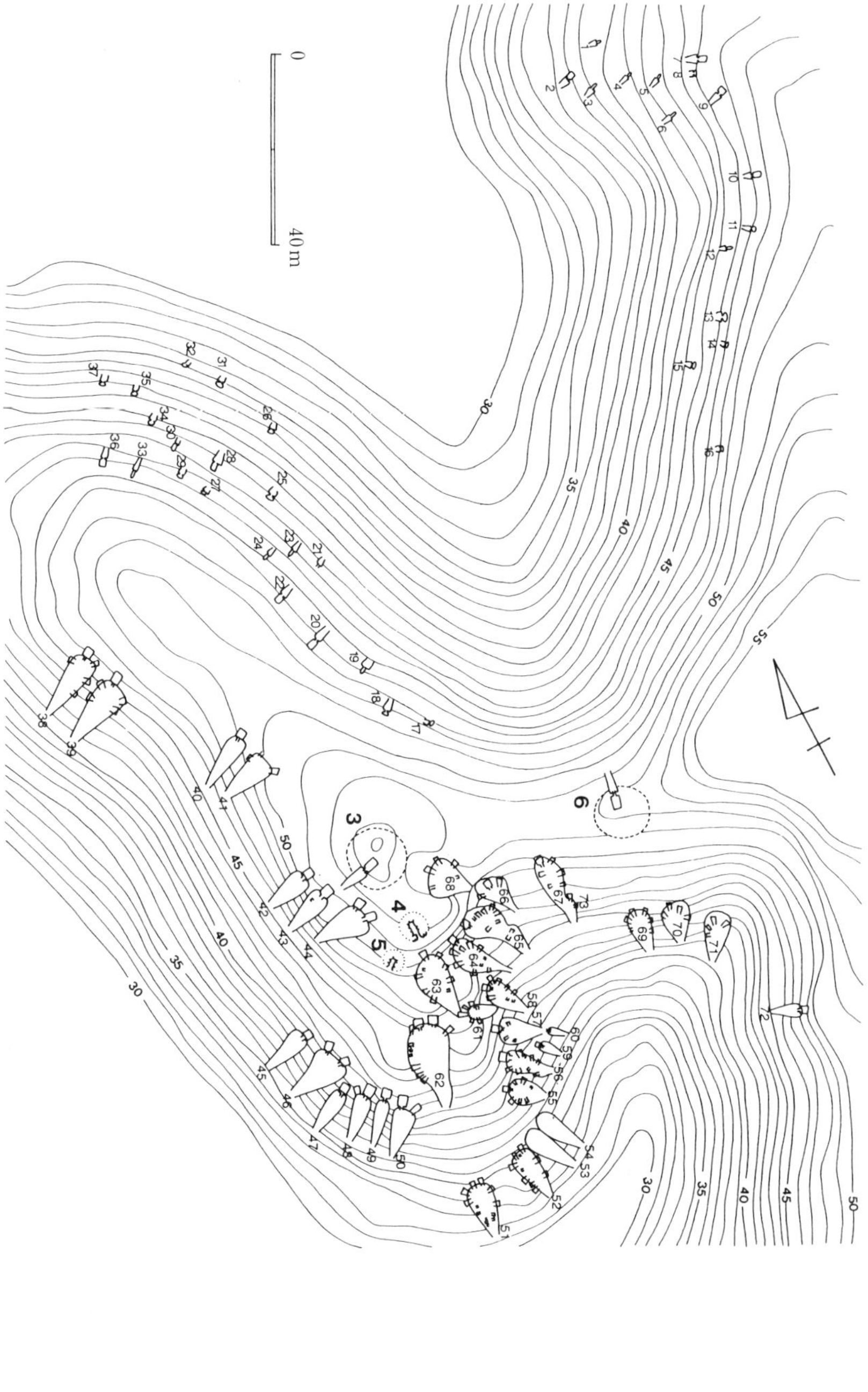

図 1　竹並横穴墓群・A 地区

殊な構造である縦長玄室平面の家形横穴墓である第二・一〇・二八号墓の三基、特殊な出土遺物としての小形倣製鏡を出土した東側斜面に立地する第一三号墓と西側斜面に立地する第二三号墓などが、大きく東西の二群に分かれるそれぞれの横穴墓群の盟主的な位置を占めたものと思われる。

同時期に展開する異なる横穴墓構造の差異は、①類のT字形玄室平面の横穴墓一九基のうち八基が小形であるのに対して、②類の縦長玄室平面の横穴墓では一八基中の一基のみが小形である点を重視すれば、東側斜面に立地する①類の第一三号墓から小形倣製鏡が確認されているとはいえ、被葬者の階層性を内包するものと想定することも可能であろう。

六世紀前半代における様相は、前代に同一群集中に埋没していた盟主墳の分離として確認される。尾根上に位置する第三・六号墳が墳丘横穴墓として他の横穴墓を圧倒している。これら二基の墳丘横穴墓は、直接には東側斜面に五基、西側斜面に四基が想定される当該期の横穴墓群を統括する立場にあった被葬者の存在を明示するものであろう。竹並遺跡において横穴墓群形成の当初からではなく、この時期に至り墳丘横穴墓が築造されるようになった要因は明確ではないが、地区の支配者階層の一部を担う存在としての横穴墓被葬者の基盤の充実という点が考慮されよう。

二群に大別され、基本的には二〜三基が纏まって展開する五世紀後半から六世紀前半代の横穴墓群の内容は明らかではない。横穴墓内部より人骨が検出され埋葬様式の実際が確認できれば相互の関連の想定も可能となるが、この点からの追及はできない。想定される単位群を、基盤家族の直接的な造営の結果としての理解にとどまる。

類似する様相はG地区においても確認できる。第二号墳が墳丘横穴墓として埴輪を伴うものであり、周辺に横穴墓が散在している。

竹並遺跡においては基本的には前代と立地を違えて、六世紀中葉以降に大々的に横穴墓が展開しているが、大きくは七世紀前半代までと、七世紀中葉以降の様相を異にしている。六世紀中葉〜七世紀前半代にかけて造営された横穴墓は、横穴墓の構造の変遷に従って玄室床面と羨道床面が水平化した結果として斜面に長大な墓前域を伴うものとなっている。これが斜面に二～三基並列して造営された結果として、単位群の確認は容易になっている。しかしながら埋葬の実際は明確には窺知することはできない。

六世紀前半代にA地区に現出した墳丘横穴墓は、六世紀中葉以降にはF地区で確認することができる。六世紀末にかけて八基が造営されており、墳丘を伴わない横穴墓と一体となって三～四基の単位群を形成している。この様相は前代とは異なり、F地区全体が通常の横穴墓群とは峻別された優位な集団の墓域として造営された点を明示しており、横穴墓造営数の急増に伴う新様相と理解される。同時期に隣接するD地区では横穴式石室を内蔵する高塚古墳が造営されており、竹並遺跡全体として墳丘横穴墓の被葬者は石室墳に次ぐ階層として位置づけられたものと考えることができよう。

七世紀中葉以降の様相は、大規模な墓前域を共有して三～一六基の多数の横穴墓を集中して築造する点を特徴としている。前代の斜面に並列する二～三基よりなる単位群を凝縮した形態としての横穴墓の造営であり、きわめて特徴的な存在様相である。墓前域の奥および両側に掘削された個別横穴墓は、前代までの通常規模とは異なるきわめて小形の横穴墓をも内包している。通常規模の横穴墓からは平均二～三体の人骨が検出されているほか、小形の横穴墓の中には伸展状態ではなく集骨状態にて人骨が検出され、明瞭に改葬墓として使用された埋葬様式の実際を明示する例も認められる。

すなわち竹並遺跡において七世紀中葉以降に顕在化する大規模な墓前域に多数の横穴墓を密集して造営する密集横穴墓の存在は、埋葬様式の変換を伴う事象であり、個別横穴墓の使用方法の変換が現出の重要な要素の一つとして認識されるところである。

当該期においても遺跡内には石室を内蔵する高塚古墳が造営されており、A地区においても斜面に横穴墓が密集する尾根上に二基の小形石室墳が所在している。前代までの墳丘横穴墓が形態を変換して、地区の盟主墳として造営されたものと考えることができる。

以上に瞥見した竹並遺跡における横穴墓の存在様相は、①五世紀後半の初現期における不分明な二〜三基を基本として単位群を形成し、群内に盟主墳が埋没する状況、②六世紀前半代における墳丘横穴墓を盟主墳とする不分明な二〜三基よりなる単位群、③六世紀中葉〜末葉における墓前域を並列する二〜三基からなる明瞭な単位群で、墳丘横穴墓を造営する優勢集団の墓域が限定される段階、④七世紀前半代における石室墳に従属する墓前域を並列する明瞭な単位群、⑤七世紀後半代における石室墳に従属する密集横穴墓の段階に区分することができる。

これら時期により異なる単位群の様相を示す横穴墓の被葬者集団は、六世紀後半〜七世紀前半代では規制のゆるい家父長的世帯共同体、七世紀後半代では後の郷戸へ連なる家父長的世帯共同体と想定されている。[8]

三、上ノ原横穴墓群の様相

北部九州において竹並遺跡に匹敵する初現期の内容を呈示するのは、豊前・上ノ原横穴墓群のみである。福岡県との県境をなす、北流する山国川下流域右岸の大分県下毛郡三光村に所在し、昭和五五年から六〇年にかけて調査された。山国川右岸の比高約三〇メートルを測る斜面上部に並列して八〇基の横穴墓が調査されており、五世紀後半から七世紀代に及んで造営されている。

この横穴墓群が注目されるところは、初現期の墳丘横穴墓が纏まって確認された点のみではなく、良好な遺存状態で多数の人骨が検出され、これをもとに人骨の形質的な分析により個別横穴墓内に埋葬された被葬者間の関連が想起された点にもある。[9] 従来は年齢・性別をもとにした想定にとどまっていた被葬者間相互の血縁的関連を、肉親に顕著に表れる形質的特徴を捉えて関連性を推定するというものであり、個別横穴墓内に埋葬された家族の関係は、五世紀後半代では家長とその子供、六世紀前半以降は夫婦を基調とする単婚家族に変化する点が想定されている。

この個別横穴墓内に埋葬された複数の個体の関連性を想定する点は、相応の成果として首肯されるところであるが、近接して造営された複数の横穴墓群を捉えての個別造営主体の累代的造墓活動の結果としての単位群の想定には疑問なしとはし得ない。この横穴墓群内における単位群の想定は、確たる根拠も示されてはいない。単位群として纏まる出土人骨の分析は発掘調査報告内容と一致するところであり、同様の見解は個別横穴墓の所産年代の推定に若干の差異が認められるものの、調査者に指導を受けた近年の論考にも窺うことができる。[10]

一体に九州地方において単位群の形成過程をも対象とした報告がなされることは稀であり、相応の評価をするにやぶさかではないが、惜しむらくは分析の視野が狭隘に過ぎた。基本的に単位群の想定は、年代を明示する出土遺物をもとに横穴墓の構造を勘案し、個別横穴墓の所産年代を想定して横穴墓群の形成過程を復元追及するところであるが、結果としてはさまざまな様態が復元できる。近接して存在する数基からなる纏まりを累代的造墓の結果としての単位群として認識できる例はその一様であり、東国各地で分析したところでは六類が想定できる。[11]

調査報告では総数八〇基の横穴墓を、近接して立地する一〜六基の横穴墓を纏めて二三の単位群を想定して分析の基礎としている。しかしながらこの想定は、単位群を形成する個々の横穴墓の所産年代を纏めると、六世紀中葉に多くの単位群内において空白が生じるところであり、造営主体の累代の造墓活動の累積としての単位群把握の基本を満足させるものではない。

調査報告と、これをもとにした近年の論考に示された個別横穴墓の所産年代の想定には若干の齟齬を来している。さらに出土遺物をもとに構造を加味して独自に個別横穴墓の年代を想定すると、合致するのは三〇基ほどであり、想定の困難である点が明白である。

五世紀後半代のI期の横穴墓は、明確ではないものを含めて一二基が想定され、小谷戸により二分された北側に一一基が集中している。これらはほぼ標高三〇メートルを越えたやや斜面の傾斜がゆるやかになった地点に並列しており、個別横穴墓を連ねた状態で墓道が想定される。この上ノ原横穴墓群の立地から想定される基盤集落への通行は、斜面上位へ登っての連接であり、斜面下位からの登攀は考え難い。したがって、以下に分析の対象とする北側地区のI期段階では、北側より第五・八・一〇・一三・一五号墓の五基（A支群）、第二一・二五・三〇・三四・三五号墓の五

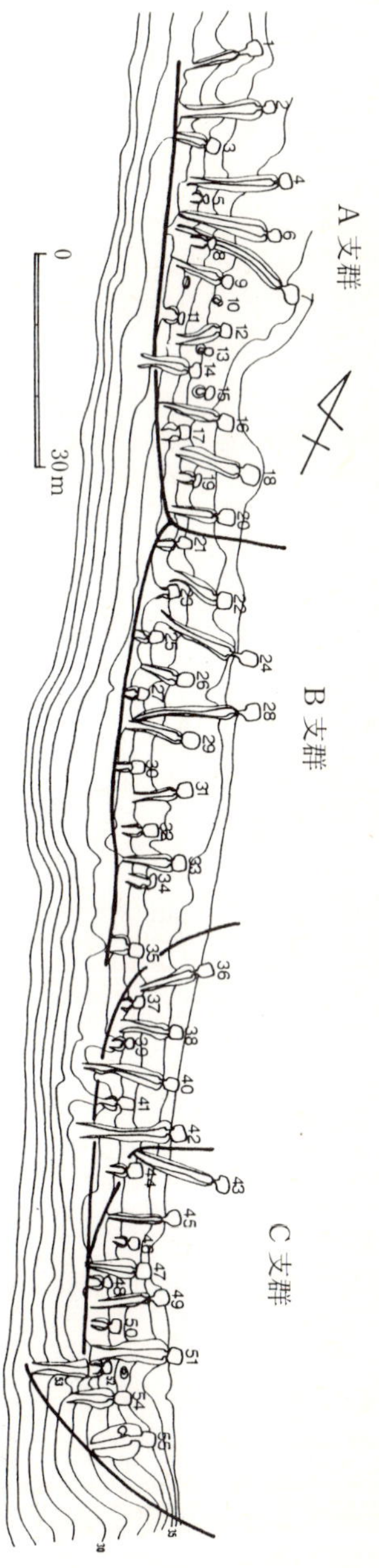

図 2　上ノ原横穴墓群・北側地区

基（B支群）、第四八号墓の一基（C支群）のほぼ同時期の横穴墓よりなる纏まりで群が形成されたものと想定できる。

しかしながらI期の横穴墓には、入り口部分が内部より一段高い構造的特徴は竹並遺跡と同様に共通するが、内部が横長平面を呈する小形の横穴墓と、内部が矩形ないしは縦長平面を呈する大形の横穴墓が認められ、おのずと被葬者の階層差は明白である。この点は墳丘を伴う横穴墓の存在によってより明確となる。上ノ原横穴墓群における墳丘横穴墓は、横穴墓上部の斜面をいったん削平し、この部分に遺存例で七〇～九〇センチ程度の封土を盛り上げて築造している。A支群の五基はいずれも小形の横穴墓であり、このうちの北端の第五・八号墓の二基のみが墳丘を伴うものであったものと想定される。これに対してB支群の五基は大形四基、小形一基からなるものであり、小形の第三四号墓のみが墳丘を伴っていない。C支群の一基は小形であり、墳丘を伴っていない。横穴墓の規模および墳丘を伴う点に明示されるように、B支群の優位性が明白である。

六世紀前半のII期では、小谷戸により二分された北側に一二基、南側に九基の合計二一基が造営されたものと想定できる。A支群では第三・一一・一七・一九号墓の四基が、I期に想定された南上がりの墓道のやや斜面下位に並列して立地している。この四基は小形二基・大形二基からなり、四基ともに墳丘が伴うようである。B支群では第二三・二七・三二号墓の三基が、I期に想定された北上がりの墓道に沿って並列して立地する。これら三基はいずれも大形のものであり、第二七・三二号墓の二基には墳丘が想定される。C支群では第三七・三九・四一・五〇・五二号墓の五基がこの時期の所産と想定されるところであり、大形は第四一号墓のみ、墳丘を伴うのは第三九号墓のみである。他支群と同じく、想定できる北上がりの墓道に沿って並列している。

以上のII期に窺知できるところは、B支群の優位性は揺るがないものの、前代の圧倒的優位な状況はやや薄れるようである。留意すべきはI期と同様に墓道により連接される同時期併存の複数よりなる横穴墓の存在であり、A支群の四基は一基と三基、C支群の五基は三基と二基の単位群に区分される。

六世紀中葉のIII期には、横穴墓の造営数は大幅に落ち込む。対象とする範囲内ではA支群で第一六・二〇号墓の二基、B支群で第三三号墓のみ、C支群で第四四・四六号墓の二基の合計五基であり、前代からの墓道に沿って立地している。上ノ原横穴墓群北側地区においては二一基から五基への急減であるが、六世紀中葉は横穴墓構造が羨道の水平化を伴って大形化し、北部九州に広く普及する時期である。竹並遺跡においては前代とは立地を違えて大きく展開する時期である。これらの状況を勘案すれば、上ノ原横穴墓群における当該期の極端な造営数の急落は、横穴墓造営主体の他地点への転出の結果として理解することが可能であろう。五基の横穴墓が前代の墓道を踏襲して立地する点は、系譜関係にある造営主体の継続的な造営を物語るところであり、構造的変遷に伴って墓前域が長大となるにもかかわらず前代の墳墓を避ける配慮も連続性を想定する根拠たり得るところである。

六世紀後半代のIV期には、造営数が急増する。A支群では第六・七・一四・一八号墓の四基、B支群では第二二・二四・二六・二九・三一号墓の五基、C支群では第三六・三八・四〇・四二・四三・四五・四九・五一号墓の八基が想定される。同様に墓道に沿って並列する基本は変化しておらず、墓道の踏襲に系譜関係を明示している。五基から一七基への急増は、世代を経ての造営主体の分立を物語るところであり、A支群では二基・二基の二単位、B支群では三基・二基の二単位、C支群では四基・四基の二単位の合計六単位群が北側地区にて想定される。またC支群ではこの時期に墓道の変遷をも考慮できる。

六世紀末から七世紀初頭にかけてのV期には、A支群では第一・二・四・九・一二号墓の五基、B支群では第二八号墓の一基、C支群では第四七・五三・五四・五五号墓の四基の合計一〇基が想定できる。A支群では三基・二基の二単位、B支群で一単位、C支群では一基・三基の二単位の合計五単位群が想定され、C支群では小谷戸を利用した南上がり墓道が新設されたようである。

上ノ原横穴墓群においては、竹並遺跡に特徴的な改葬墓を伴う密集横穴墓は造営されてはいない。総体として七世紀初頭頃で新たな造営を停止する状況にある時、各類型の所産年代の差異に基づくところかとも想定される。

以上の上ノ原横穴墓群の北側主要地区では、群形成の当初から基本的には大きく三支群に分かれて同時期に複数の横穴墓を造営する様相が復元でき、個々の支群中により下位の纏まりとしての複数の単位群が想定できる。したがって近接する数基からなる横穴墓小群が、個別造営主体の累代的な形成にかかわる単位群であるとする想定は困難である。

横穴墓に限らず後期古墳時代に顕在化する群集墳の群形成過程の復元には、一部畿内地方における先駆的な研究をもとに、北部九州地方にあってもこれを援用しての分析は認められるものの、[12] いまだ一般化し得る法則性は定立されてはいない状況である。したがってここに示した群形成の類型、すなわち東国の横穴墓の分析から帰納された「IV〜個別造営主体ごとに墓域が分割されるのではなく、墓域の中で同世代の築造にかかる墳墓ごとに纏まり集団的に形成される」類型[13]も、十分に考慮の対象となるものと思われる。

この横穴墓群で精力的に追及された出土人骨の分析では、明瞭な改葬墓は検出されてはいない。いずれも個別横穴墓内部における先葬者の人骨の集積程度であり、数基からなる同時期横穴墓の纏まりは横穴墓個別の機能の差異を内包するものではなく、もっぱら被葬者集団内における血縁的関連をもとにした結合と想定されるにとどまる。

四、九州横穴墓の様相

竹並遺跡で七世紀の中葉以降に展開した墓前域を共有して複数の横穴墓を造営する密集横穴墓は、九州横穴墓の顕著な特徴の一つと認識できる。しかしながら九州地方においては、竹並遺跡がその初現の様相ではない。現在までのところでは竹並・上ノ原横穴墓群の所在する豊前東部地域における初現期横穴墓の隆盛は確実であるものの、その後の新様相の確立には受動的である。

近年の調査の成果によれば、六世紀以降の横穴墓に顕著な新要素の確立は、九州北部の遠賀川流域に認められる。遠賀川流域においては、とくに墳丘横穴墓の存在が目立ち、初現期を除けば中心地帯の感もある。出土須恵器による年代観の差異により九州においてはやや新しく想定されるところであるが、ほぼ六世紀中葉の段階より新たに造営された横穴墓に墳丘が伴うようであり、六世紀後半代までは同様相を呈する横穴墓が認められる。

直方市・水町横穴墓群(14)A地区においては、墳丘横穴墓から密集横穴墓への変遷を良好に窺知することができる。ほぼ東西に延びる尾根の北側縁辺に六基の墳丘横穴墓が立地し、斜面下位に密集横穴墓が展開している。単独の墳丘横穴墓が古く、密集横穴墓の造営が遅れる状況にある。第七号墓の六世紀中葉の段階からの造営であり、六世紀後半の古い段階では単独の墳丘横穴墓と斜面下位の密集横穴墓が共存するようである。被葬者集団内における盟主墳が区分されているようである。また羨道入り口部分に石積を施しての羨門、あるいは羨道入り口部分の上部に庇状に平石を施す造作は、第三・九号墓などに認められるように六世紀後半の古い段階の密集横穴墓の展開に合致するようである。

この横穴墓入り口部分における石積の羨門施設については、従前もっぱら石積の横穴式石室との構造的関連が重視されて来たところであるが、実際の存在様相を看取すると、必ずしもこの関連のみで現出したものとは考え難い。水町横穴墓群では第九号墳丘横穴墓における様相は大形・単独として被葬者の階層性を明示するものとしての石室との構造的関連も首肯されるところであるが、第三・四・八号墓の密集横穴墓では墓前域奥側の主横穴墓ではなく脇横穴墓に施設されており、別の要因に基づくものかとも思われる。

可能性の高いところは、竹並横穴墓群の人骨出土状況で確認できるように、密集横穴墓は小形改葬墓を内包するところであり、長期間の使用に耐え得る入り口施設の補強という意味での羨門の付設という点である。しかしながらこ

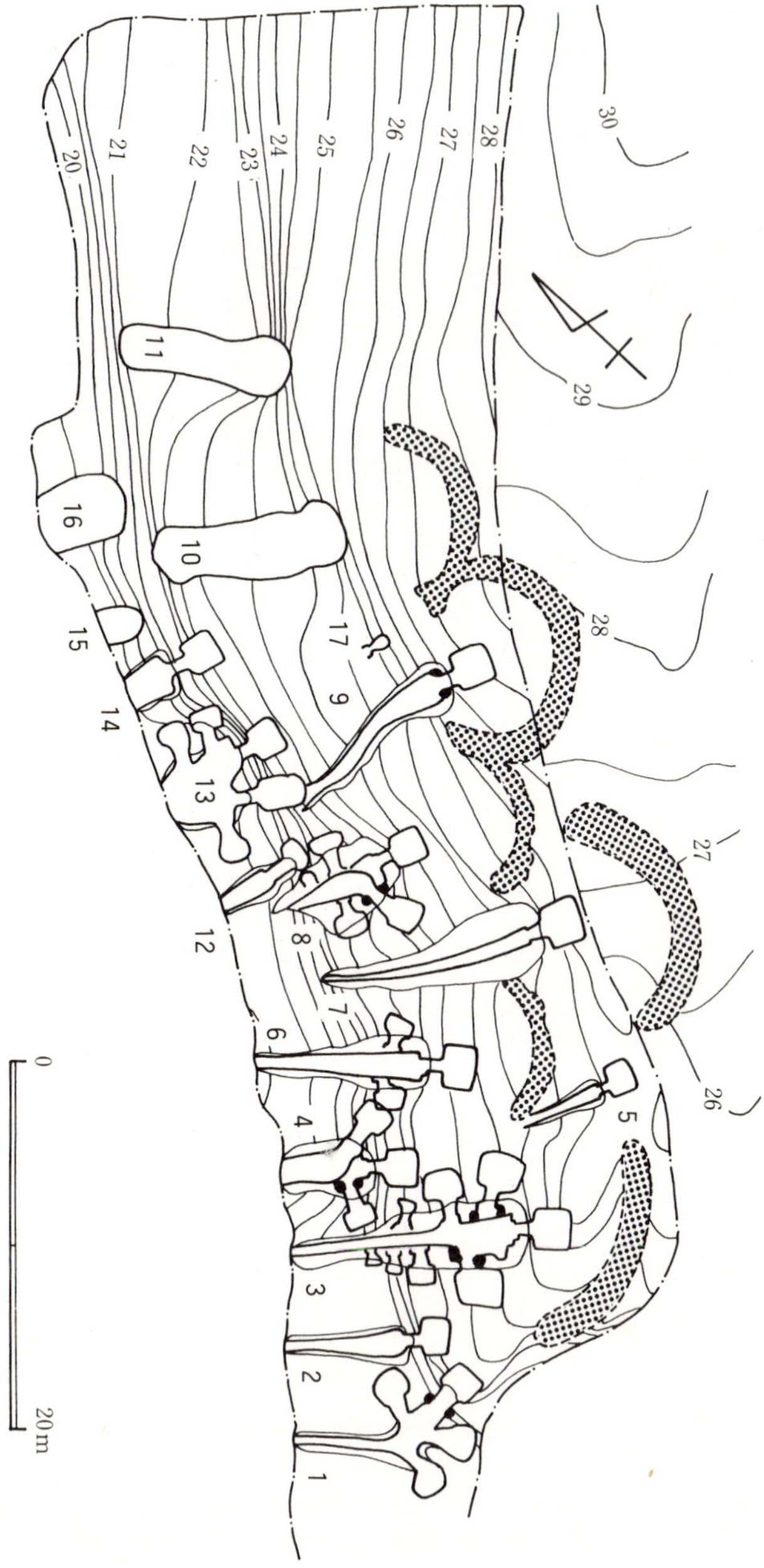

図 3　水町横穴墓群・A 地区

の点は、羨門を伴う横穴墓内部からの改葬人骨の検出により検証されるところではなく、今後の調査に期待するところが大きい。

現状では密集横穴墓については、当初から改葬を伴う埋葬様式を考慮して造営されたものと断定することはできない。現在のところ最古の様相を示す直方市・感田栗林横穴墓群第一〇・一一・一二・一三号墓[15]では、寄棟平入りの家形構造で入り口部に庇石を横架する第一一号墓を主横穴墓、ともに家形横穴墓である小形の第一〇・一二号墓を脇横穴墓として極小形の第一三号墓を伴う密集横穴墓である。出土の須恵器を年代推定の根拠とすると、六世紀前半代より造営を開始し七世紀代まで造営されたようである。一〇〇年に近い造営期間を考慮すれば四～五世代の被葬者を対象としたものかと推定されるが、人骨は出土していない。長期間にわたる埋葬された人骨の処理が個別横穴墓内部のみで行われたのかどうか問題であるが、脇横穴墓を改葬墓として使用したかどうかは不明である。

密集横穴墓は、以後六世紀代以降に北部九州の特異な様相として各地で展開している。上記した六世紀後半の古い段階から展開する直方市・水町横穴墓群、六世紀後半の新しい段階に墳丘横穴墓で初現する田川市・長谷池横穴墓群[16]などが近年の調査にかかる顕著なところである。また鞍手町・小牧西牟田横穴墓群[17]でも六世紀後半代に横穴墓数の多数ではない様相として展開している。この様相は、横穴墓の東国への伝播に伴い東北の二、三の横穴墓群で現出しており、装飾横穴墓などと同じく九州起源の要素の一つとして、源流の地の想定に重要視されるところである[18]。

しかしながら、北部九州における密集横穴墓受容の様相は各地で異なるところであり、六世紀後半の古い段階に墳丘横穴墓で初現する北九州市・相坂横穴墓群[19]では六世紀代に単独横穴墓で終始するようである。また田川市・狐ケ迫横穴墓群[20]では六世紀後半代に、ほぼ二基よりなる単位群が小形改葬墓を伴って展開するものの、密集形態は採っていない。同じく田川市・経塚横穴墓群[21]では、六世紀後半から七世紀代にかけて家形あるいは石積施設を伴う横穴墓を含む二～三基からなる単位群が、小形改葬墓を伴って展開するものの、密集状態は呈してはいない。

豊前地域の福岡県京都郡豊津町に所在する居屋敷横穴墓群[22]では、六世紀後半から七世紀前半代にかけて一〇基以上の横穴墓群が造営されているが、ほぼ同時期の二基よりなる単位群で終始するようである。竹並横穴墓群における七世紀中葉以降の盛行状況を考慮すると、豊前東部における密集横穴墓の受容は時期的にかなり遅れたようである。

個別墓前域に限定して多数の横穴墓を造営する密集横穴墓では、個別造営主体の墓域が集団墓の中より分離した状況を確認することができる。これを上ノ原横穴墓群に窺知できる集団的に造墓活動を行った段階に比較すれば、造営主体の集団内における独立性がより明確になった段階の所産として理解することができる。現出の背景には造墓規制の変換が考えられるところであり、密集横穴墓の存在を指標としての地域支配の変遷を想定することができよう。

九州地方における横穴墓は、発生以後独自の様相を展開させており、少なくとも六世紀代までは東北北部に至る本州各地で展開する横穴墓に重要な影響を与え続けている。この意味において九州横穴墓の様相把握は横穴墓研究の基本となる。初現期横穴墓、墳丘横穴墓、密集横穴墓それぞれの様相は、かなり明確になってきている。しかしながら出土人骨をもとにした埋葬様式の実際の把握はいまだ十分ではない。埋葬の実際は横穴墓の単位群の形成にかかわるところであり、種々の推定を止揚する。今後の調査に期待するところが大きい。

註

(1) 竹並遺跡調査会『竹並遺跡』 昭和五四年
(2) 宗像町教育委員会『久戸古墳群』(宗像町文化財調査報告書第二集) 昭和五五年
(3) 山口県教育委員会『朝田墳墓群』I・V 昭和五一・五七年
(4) 大分県教育委員会『上ノ原横穴墓群』I・II 平成元・三年
(5) 長谷川清之「遠賀川流域における横穴墓の研究」『古文化論集』 平成三年
(6) 池上悟「日本の墳丘横穴墓」『立正大学文学部論叢』第一〇九号 平成一一年
(7) 広瀬和雄「群集墳論序説」『古代研究』第一五号 昭和五三年
(8) 佐田茂「横穴墓群と築造集団」『竹並遺跡』 昭和五四年
(9) 田中良之『古墳時代親族構造の研究』柏書房 平成七年

(10) 大森円「豊前における群集墳造墓単位の分節過程」『古文化談叢』平成九年
(11) 池上悟「南武蔵における古墳終末期の様相」『国立歴史民俗博物館研究報告』第四四集　平成四年
(12) 佐田茂「北部九州における群集墳の推移」『九州文化史研究所紀要』第二五号　昭和五五年
(13) (11)に同じ
(14) 直方市教育委員会『水町遺跡群』(直方市文化財調査報告書第二〇集)平成九年
(15) 上野精志「感田栗林横穴群」『遠賀川流域の考古学』(上野精志遺稿集刊行会)昭和六〇年
(16) 田川市教育委員会『長谷池遺跡群』(田川市文化財調査報告書第八集)平成五年
(17) 鞍手町教育委員会『小牧西牟田横穴群』(鞍手町文化財調査報告書第一集)昭和五六年
(18) 池上悟「東国横穴墓の型式と交流」『日本古代史論叢』平成八年
(19) 北九州市教育委員会『相坂横穴群』(北九州市文化財調査報告書第六九集)平成八年
(20) 田川市教育委員会『狐ケ迫横穴群』(田川市文化財調査報告書第一集)昭和五六年
(21) 田川市教育委員会『経塚横穴墓群・古墳』(田川市文化財調査報告書第九集)平成一一年
(22) 福岡県教育委員会『居屋敷遺跡』(一般国道一〇号、椎田道路関係埋蔵文化財調査報告　第六集)平成八年

四　日本の墳丘横穴墓

一、はじめに

古墳時代後期に群集形態を採って盛行する横穴墓は、封土を盛り上げた横穴式石室を内部主体とする高塚群集墳とともに、古墳時代後期に顕在化した造営階層の拡散を物語る事象として重要な研究対象と位置づけられて来ている。その発現については明治時代以降の長い研究の後、昭和三〇年代に山本清により山陰地方の横穴墓が総括された中で、九州地方の横穴式石室を規範としての発現と想定され、従前の多元論が捨象されて以後の主導的な見解となっていった。(1) その具体的な様相の把握は、その後昭和四九年～五一年にかけて九四八基に及ぶ豊前・行橋市の竹並横穴墓群が発掘調査され、横穴墓の発現が五世紀後半代に遡及する事実と、特異な構造が明確となった。(2)

五世紀後半代の横穴墓の構造は、従前知られていた六世紀代以降の構造と異なり、羨道が玄室より一段高く造作された、遺体を安置する玄室に下って入る特徴的なものである。この構造は、北部九州地方にあって五世紀初頭に始源し五世紀後半代に盛行する竪穴系横口式石室に酷似するものであり、一般には石材を構築するのに代えて斜面を掘削して造営した石室の簡略形として考案されたものと理解されている。(3)

その実際は昭和五三～五四年に調査された、墳丘を有する横穴墓としての福岡県宗像市所在の久戸古墳群に明示されるところである。(4) この古墳群は直径七～一八メートルの規模の円墳一三基からなるものであり、報告では尾根の最上部の箱式石棺を主体部とする大形古墳を五世紀初頭の所産、派生する尾根上の竪穴系横口式石室を主体部とする三基の古墳を五世紀後半から六世紀前半、次いで六世紀の前半代に径六～九メートルの墳丘を有する横穴墓を主体部とする三基の古墳が構築されたものと想定されている。

しかしながら、横穴墓発現の過程についてはかく想定されるものの、横穴墓なる特異な墓制の発現にかかわる社会的背景を踏まえての問題点の追求は果たされてはいない。現在のところ横穴墓発現の地とされる、九州は豊前地域の古墳の変遷を総体的に検討することにより解明の糸口は見いだされるものかと思われる。

一方、一般的に想定されている竪穴系横口式石室から初現期横穴墓への構造の転換については、直接的に竪穴系横口式石室から推移したのではなく、竪穴系横口式刳貫石室と称される、地山の岩盤を上から長方形に深く掘削してその一方に出入り口を拵え、上部に天井石を横架する構造の埋葬施設を中間形態として位置づける論考も提示されている。(5)

これはこの種埋葬施設からの出土遺物より想定する所産年代が、豊前地域の初現期横穴墓より一段階早い点からの想定であるが、分布が筑後地域で確認基数も僅少な現状であり、竪穴系横口式石室を規範とした地域的な現出とも考えられるところであり想定にとどまる。

さらにまた、横穴墓発生の地である豊前地域においては、初現期横穴墓に墳丘を伴う例も特徴的に知られている。初めて初現期の横穴墓が確認された竹並横穴墓群にあっては、五世紀後半代の特徴的な入り口が内部へ傾斜する構造の横穴墓が斜面上部に並列して群を形成しているが、六世紀初頭には墳丘を有する横穴墓が造営されている。豊前地域においてはまた、大分県・上ノ原横穴墓群が初現期以降の大横穴墓群として著名であり、ここでも墳丘を伴う横穴墓が認められる。

墳丘を伴う横穴墓は本州西端の周防・朝田横穴墓群でも早くに知られており、その後山陰中央部でも初現期の横穴墓に顕著に伴う事象として注意されて来たところであり、近時の報告にかかる調査においても類例を増加させている。

最近に至るまで、かかる墳丘を伴う横穴墓は、西日本の初現期横穴墓に特徴的な事象として、横穴墓の東国への伝播の過程で欠落し去った要素と理解して来たが、このところ房総地域および伊勢地域において類例が調査されるようになってきた。

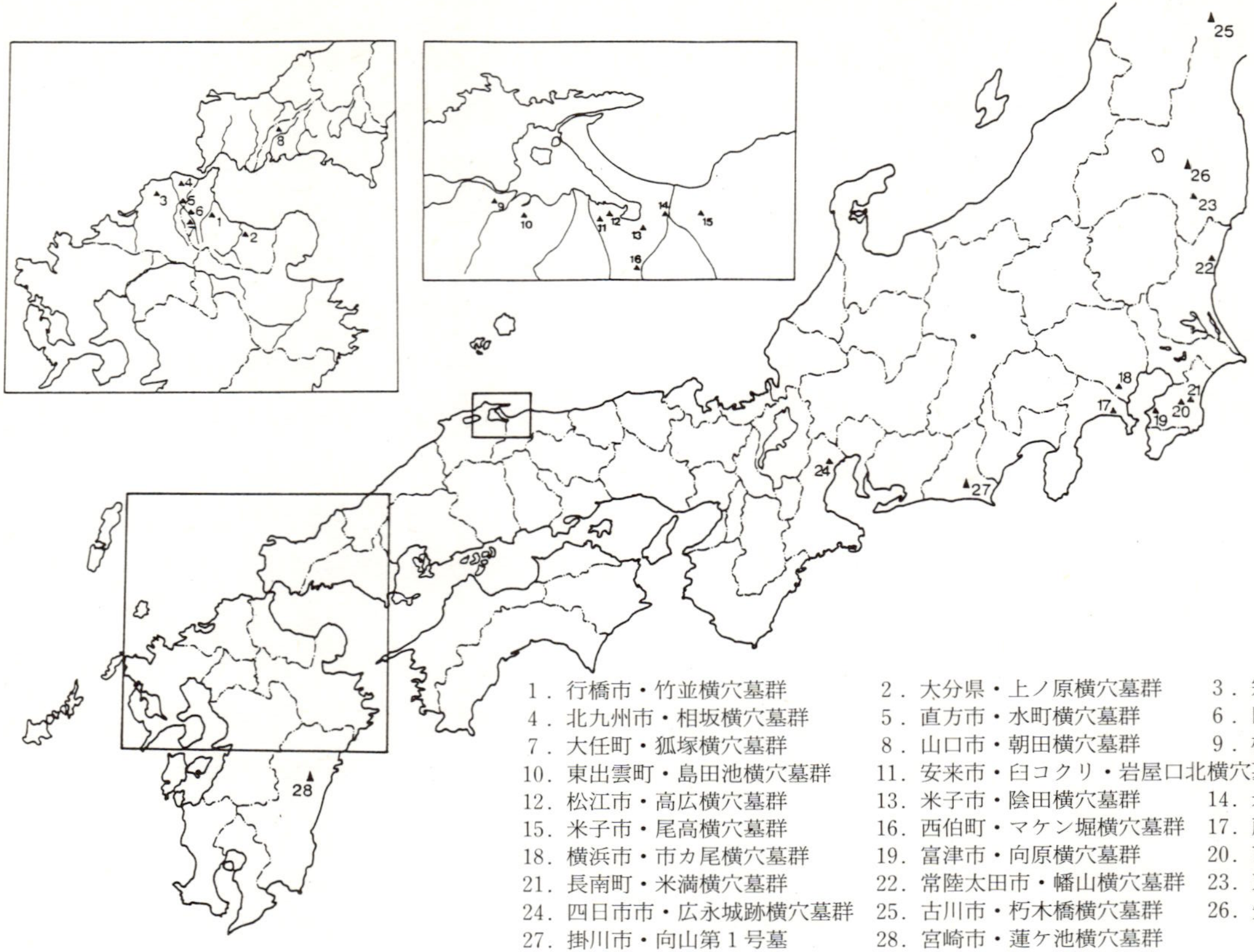

1．行橋市・竹並横穴墓群	2．大分県・上ノ原横穴墓群	3．宗像市・久戸古墳群
4．北九州市・相坂横穴墓群	5．直方市・水町横穴墓群	6．田川市・長谷池横穴墓群
7．大任町・狐塚横穴墓群	8．山口市・朝田横穴墓群	9．松江市・中竹矢遺跡
10．東出雲町・島田池横穴墓群	11．安来市・臼コクリ・岩屋口北横穴墓群	
12．松江市・高広横穴墓群	13．米子市・陰田横穴墓群	14．米子市・大袷山横穴墓群
15．米子市・尾高横穴墓群	16．西伯町・マケン堀横穴墓群	17．藤沢市・代官山横穴墓群
18．横浜市・市カ尾横穴墓群	19．富津市・向原横穴墓群	20．市原市・大和田遺跡
21．長南町・米満横穴墓群	22．常陸太田市・幡山横穴墓群	23．東村・笊内横穴墓群
24．四日市市・広永城跡横穴墓群	25．古川市・朽木橋横穴墓群	26．矢吹町・弘法山横穴墓群
27．掛川市・向山第１号墓	28．宮崎市・蓮ケ池横穴墓群	

図 1　墳丘横穴墓分布図

東国の調査例はいまだ報告書が刊行されてはいないものの、概要は報告されていることもあり、本稿ではわが国における墳丘横穴墓を現状で総括し、派生する問題を考えてみたい。

二、九州地方の様相

九州地方における墳丘横穴墓は、上記した竹並横穴墓群・久戸横穴墓群・上ノ原横穴墓群以外にも豊前地域、とくに遠賀川流域で類例を増しており、横穴墓に窺われる一つの地域色と認識できるほどである。

竹並横穴墓群は、九四八基と本邦最大の発掘調査されたきわめて重要な横穴墓群であり、五世紀中頃の発現にかかる六世紀初頭までの初現期の横穴墓も多数確認されている。当該期の横穴墓はA地区として区分された調査地区に集中して三九基、G地区に一〇基、H地区に七基の合計五六基が造営されており、横穴墓が二〜四基の纏まりをもって単位群を形成している。北向きの谷の東西斜面の上部に展開したA地区では、一四ほどの単位群を想定できる。単位群は、横穴墓の被葬者集団中のおそらくは血縁的な紐帯による有機的な関連を有した家族により造営されたものと想定されるところであるが、初現期の単位群間における階層差は、横穴墓の副葬品から想定してそれほど顕著ではない。確かに特定の横穴墓から小形倣製鏡が出土するなど、同一世代において盟主的な位置を占めたであろう被葬者を想定することは可能であるが、横穴墓の規模・構造にまで反映するものではない。

この状況に反して六世紀初頭段階以降では、墳丘を有する横穴墓が確認されており、大多数の墳丘を伴わない通常の横穴墓とは際立った差異を明示している。横穴墓と年代的に並行する横穴式石室を埋葬施設として構築する古墳は、D地区で一一基、A地区で二基であるのに対して、墳丘横穴墓はA地区四基、F地区八基、G地区一基の合計一三基であり、基本的には同地区では共存しない。A地区では唯一両者が共存しているが、ここでは径一二〜一四メートル規模の墳丘横穴墓のうち二基が調査され六世紀の初頭頃の年代が想定されているが、横穴式石室墳二基は、これらに後続して造営されたものであり、同時期に共存するものではない。

すなわちこの竹並遺跡においては、六世紀前半代以降に少数の横穴式石室墳と大多数の横穴墓が共存しており、横穴式石室墳はD地区に一一基と集中している。両者の関係は、数的な稀少性とともに、石材を横架する横穴式石室構築に投入された労働量を勘案すれば、被葬者の相対的に上位にあったであろうことは容易に推定されるところである。換言すれば横穴式石室墳に統括された横穴墓と認識することができ、この秩序の中に墳丘横穴墓を位置づけることが肝要であろう。

初現期の横穴墓が集中するA地区では、六世紀の初頭頃の二基に継続して墳丘横穴墓は造営されていないが、D地区に隣接するF地区では六世紀中頃から末頃にかけて八基の墳丘横穴墓が造営されており、際立った差異を顕現している。これらは径八〜二〇メートルの墳丘を伴うものであり、単独の横穴墓が位置する墳丘が六基、二基の横穴墓が位置する墳丘が一基、四基の横穴墓が位置する墳丘が一基である。墳丘を伴わない横穴墓一六基は、墳丘横穴墓と一体となって単位群を構成している。G地区の墳丘横穴墓一基は、埴輪を伴う六世紀初頭頃のものであり、以後継続しては造営されないという点においてA地区と類似する。

これらを総括すると、竹並横穴墓群における六世紀初頭の墳丘横穴墓の登場は、墳丘をして明確に被葬者集団の盟主墳として位置づけたものとして、横穴墓造営数の増加に従った支配秩序の具現化として把握できよう。したがって、五世紀中頃以降の後半代における横穴墓に墳丘を伴う例が認められないという事実は、横穴墓が伝統的な石材を構築して造営した石室とは異なる新出の埋葬施設であるという点とも関連して、当該期の横穴墓被葬者がけっして地域の上位の支配者層の墳墓ではなかったことを示すものと理解されよう。

六世紀前半以降の竹並遺跡の墳丘横穴墓は、総体の盟主墳としての横穴式石室墳に統括された個別地区の被葬者集団を代表するものと理解することができるものであり、基本的には横穴式石室墳が集中するD地区に隣接するF地区にのみ認められる。すなわち横穴墓に墳丘を伴う事象は、石室墳に次ぐ支配的立場を明示するものと理解することが可能であり、よく横穴墓の性格を表すものといえよう。

宗像市・久戸古墳群は、上記したように箱式石棺から竪穴系横口式石室を経て墳丘横穴墓への変遷が想定されている。しかし出土遺物より三基の墳丘横穴墓を五世紀後半から六世紀初頭にかけての造営とする見解も認められる。確かにその後の横穴墓の調査の進展を勘案すると横穴墓の構造など妥当なところであり、竪穴系横口式石室と共伴する墳丘横穴墓の性格を再考しなければならない。立地・墳丘規模・出土品などから想定すると、墳丘横穴墓は竪穴系横口式石室を主体部とする古墳に従属する状況を呈するものであり、時期的な変遷としての石室の横穴墓への変遷ではなく、同時期に被葬者の地位の差異を顕現する埋葬施設としての横穴墓の採用という状況が想定される。

福岡県田川郡大任町・狐塚古墳群は昭和五〇年と五二年に調査され(6)、遠賀川支流の彦山川に面する東に突出する尾根上に四基の古墳と、南北の斜面に合計四四基の横穴墓が確認・調査されている。尾根上の第一号墳は全長二四メートルの前方後円墳であり、埴輪を巡らすものの周到な調査にもかかわらず墳丘内からは埋葬主体施設は確認されていない。この横穴墓群でもっとも古く造営された第一b横穴墓が前方後円墳の後円部直下に位置することもあり、横穴墓を主体部として構築された可能性が指摘されている。

横穴墓は前方後円墳の南側で一群八基、北側では五群三六基が調査されているものの、横穴墓群形成の単位としての個別家族により造営された単位群は二〜三基の横穴墓により成り立っており、一六単位群を数える。最古の横穴墓は第一号墳の後円部直下に位置する第一b横穴墓であり、横長玄室平面の寄棟平入りの家形構造を呈するもので、玄室床面には礫を敷きつめている。六世紀の中頃の所産年代が想定されており、以後七世紀の中頃にかけて横穴墓群が造営されている。

この古墳群に窺われる墳丘横穴墓の様相は、当初は単独の横穴墓の構築で始源するものの、後続する横穴墓は墳丘横穴墓は認められず、横穴群の象徴として高塚古墳が機能したものと考えることができよう。

大分県下毛郡三光村に所在する上ノ原横穴墓群(7)は、昭和五六年から六〇年に発掘調査され、平成元年に報告書が刊行されている。豊前平野の東部、山国川下流域右岸に立地し、八一基の横穴墓が西向斜面に並列して確認されている。

この横穴墓群の調査により、初現期の横穴墓の様相がより明確になったのみならず、出土人骨の分析により被葬者集団の親族構造をも鋭意追求する方法が実践された点の評価は高いが、その前提としての横穴墓群内の単位群の把握に問題を残す。

初現期の横穴墓型式は、特徴的な内部（玄室）へ傾斜する通路（羨道）を有する構造であり、六世紀前半代の横穴墓構造は横穴式石室と同じく玄室床面と羨道床面が水平に変遷している。上ノ原I期すなわち五世紀の後半代の造営にかかる横穴墓は一二基調査されており、(8)このうちの七基は玄室上部の斜面を削平してテラス状の平坦面を形成している。遺存状態の比較的良好であった第二五号墓の様相は、斜面を一度削平して一辺六メートル程度の隅丸方形の平坦面を造作して、この部分に高さ七〇センチの墳丘を形成していた。この部分に墳丘の遺存した例は他に第一九号墓とあわせて二基であるが、本来はテラス状の平坦面には墳丘を形成していたものと想定できる。したがって上ノ原I期における墳丘横穴墓の割合は、一二基中の七基、五八パーセントということになる。

I期の横穴墓一二基は、矩形ないしは縦長玄室平面の大形の横穴墓四基と、横長玄室平面の小形の横穴墓八基に区分できるが、大形の横穴墓四基はすべて墳丘を伴い、墳丘を伴わない五基の横穴墓はすべて小形の類型である。横穴墓型式とともに被葬者の階層差を明示する手段としての墳丘の有無という点を確認できよう。

II期すなわち五世紀末ないしは六世紀の初頭にかけて造営された横穴墓は二一基を数える。大形の横穴墓は八基であり、このうちの五基は墳丘横穴墓である。第三号墓ではテラスの上部を幅二メートルの溝で区画し、長さ七メートルを測る。また第二七号墓では高さ二〇〜四〇センチの墳丘が確認されている。小形の横穴墓一三基のうち墳丘の認められたのは三基である。第一一号墓では周溝を伴い一辺四メートルの方形で高さ四〇センチの盛土が認められ、第三九号墓では三〇センチの墳丘が確認されている。II期の横穴墓総体に占める墳丘横穴墓の割合は、二一基中の八基であり、三八パーセントとなる。

III期すなわち六世紀の前半以降には墳丘横穴墓は造営されてはおらず、この上ノ原横穴墓群においては、まさに墳

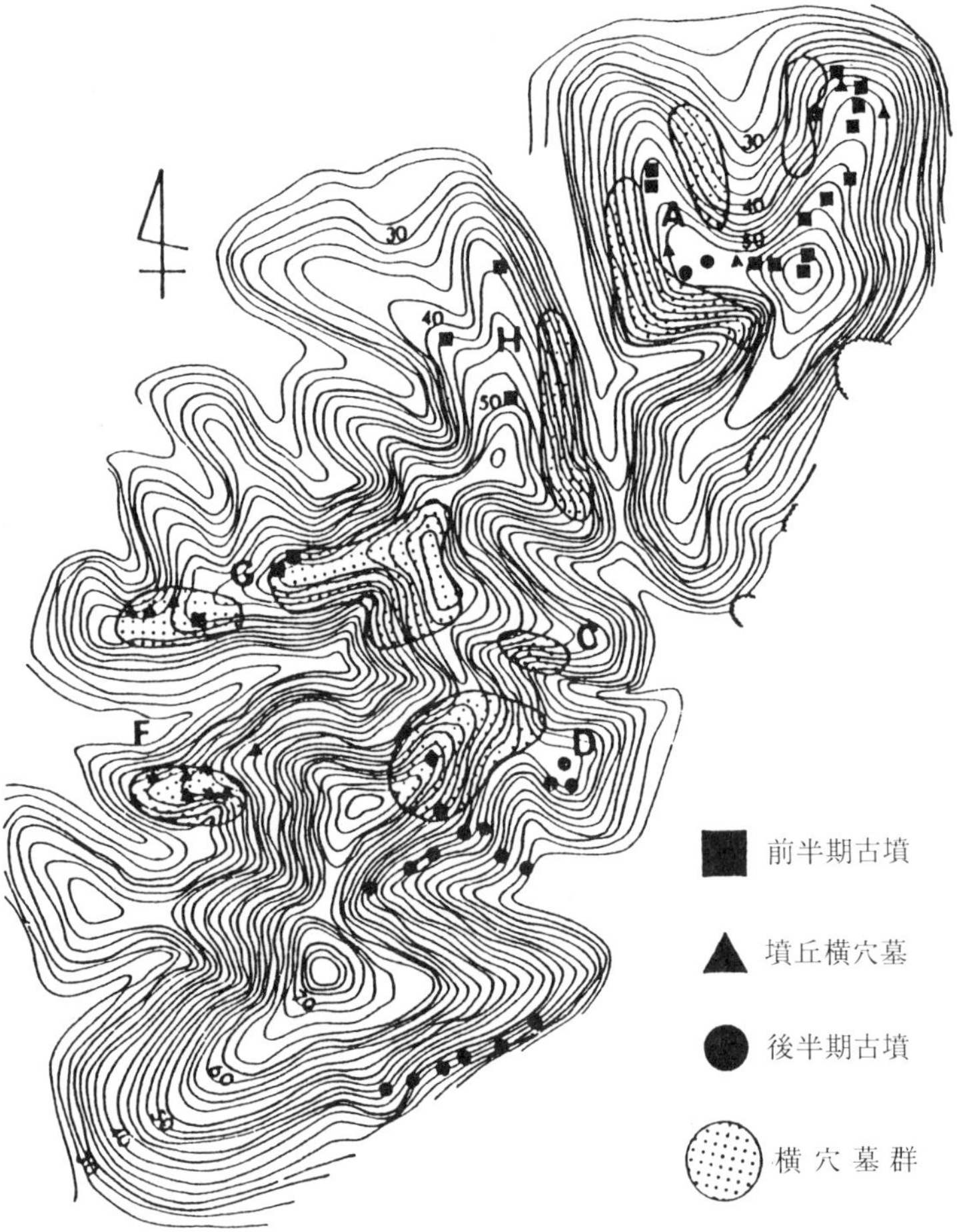

図 2　竹並遺跡における古墳・横穴墓分布図

丘横穴墓は初現期に特徴的な様相であるものと確認できる。しかしながらⅠ期においてすでに墳丘を伴う横穴墓と伴わない横穴墓が横穴墓型式と一体となって区分されて造営されており、墳丘横穴墓は集団内の優位な被葬者を対象としての造営と理解され、墳丘に明示される古墳時代墳墓の秩序を表すものである。

北九州市・相坂横穴墓群[9]は、北九州市八幡区に所在する横穴墓群であり、平成二～五年に調査が行われている。この結果一七基の横穴墓が確認され、このうちの一二基の内容が明確になっている。横穴墓のうち七基は墳丘を伴うものとして構築されており、径六～一二メートルの楕円形を呈するものが多いが、尾根の最上部に立地する第二号墳は、長径二〇メートル、短径一二メートルの規模を測るものであり、形状よりは前方後円墳の可能性も考慮されるところである。

基本的には隅丸方形の玄室平面でドーム形天井構造の横穴墓が墳丘を伴って構築された後に、付随する形でやや横長平面の横穴墓が後続するようである。出土遺物よりの年代の想定は、後続段階で六世紀の後半代小田編年のⅢb期であり、したがって群形成は六世紀中頃まで遡及する可能性が考えられる。

すなわちこの横穴墓群においては、第一段階として横穴墓は明確に墳丘を伴うものとして構築されている点が確認でき、第二段階に同じ単位群で継続して構築された横穴墓には墳丘は欠如するものの、第二段階で新規に造営を開始した単位群では墳丘を伴う場合と欠如する場合が認められるようである。横穴墓が群集形態を採る葬法として、各地に定着して造営された一つの様相として留意されるところであり、至近地には同時期の高塚古墳が所在しない点にも関連するところであろう。

田川市・長谷池横穴墓群は平成四年に調査され、確認できた三二基の横穴墓が報告されている。[10]これらの横穴墓は、墓道を共有して明確に群別に集合して六群をなしており、このうち五群には墳丘が伴う。第一～五号墳とされるものであり、二～八基の横穴墓が伴う。第一号墳の主体部である横穴墓は大規模な陥没により内容不詳であり、小形の一基が報告されているのみである。

第二号墳に伴う横穴墓は五基であるが、通常規模の横穴墓はまさしく墳丘直下に位置する一基のみであり、羨門上部には庇石を横架している。他の横穴墓はいずれも小形であり、改葬に伴う施設と考慮される。また隣接する四基の横穴群にも小規模な墳丘を伴うようであるが明確ではない。これら二群に隣接して九基よりなる単位群が立地しており、墳丘は伴わないようである。通常規模の横穴墓は中心に位置する一基のみであり、入り口には庇石を横架している。

第三号墳には六基の横穴墓が伴う。このうち通常規模の横穴墓は三基であり、墳丘直下の中心に位置する横穴墓には庇石を横架しており、単位群形成の端緒をなす点が明確である。第四号墳には二基の横穴墓が伴う。通常規模の横穴墓に小形の一基が付設されている。第五号墳では八基の横穴墓が造営されており、このうちの三基が通常の規模であり、中心に位置する一基の入り口には門柱石が設置されている。

この横穴墓群の形成は、出土遺物より六世紀後半代と考えられ、玄室矩形平面で家形天井構造を採っている。基本的には墳丘横穴墓として造営が開始され、端緒をなす横穴墓の入り口部分には石室を意識した造作が施されている。墳丘を意識して次期の横穴墓が継続して造営された結果としての墓道を共有する複数横穴墓の集合であり、改葬を含めた横穴墓の埋葬様式に関連する配置を採ったものと考えられる。

直方市・水町横穴墓群は平成六～八年に調査されたものであり、総数七〇基の横穴墓を確認し、このうちの五六基が発掘調査され内容が明らかになっている。[11] 西に張り出した尾根の南北両斜面に分かれて横穴墓が造営されており、九基の横穴墓に径五～一〇メートルほどの小規模な墳丘が伴っている。北側斜面では、墳丘横穴墓がⅢA期すなわち六世紀後半の早い段階に上位に構築され、下位にはⅢB期すなわち六世紀後半以降に墓道を共有して複数の横穴墓が密集する形で造営されている。南側の斜面には基本的には一墓道に一横穴墓の形で造営されているが、二基までの墓道を共有する形での造営も認められる。このうちのⅢB期の造営にかかる隣接して位置する大形の三基の横穴墓に墳丘が伴う。

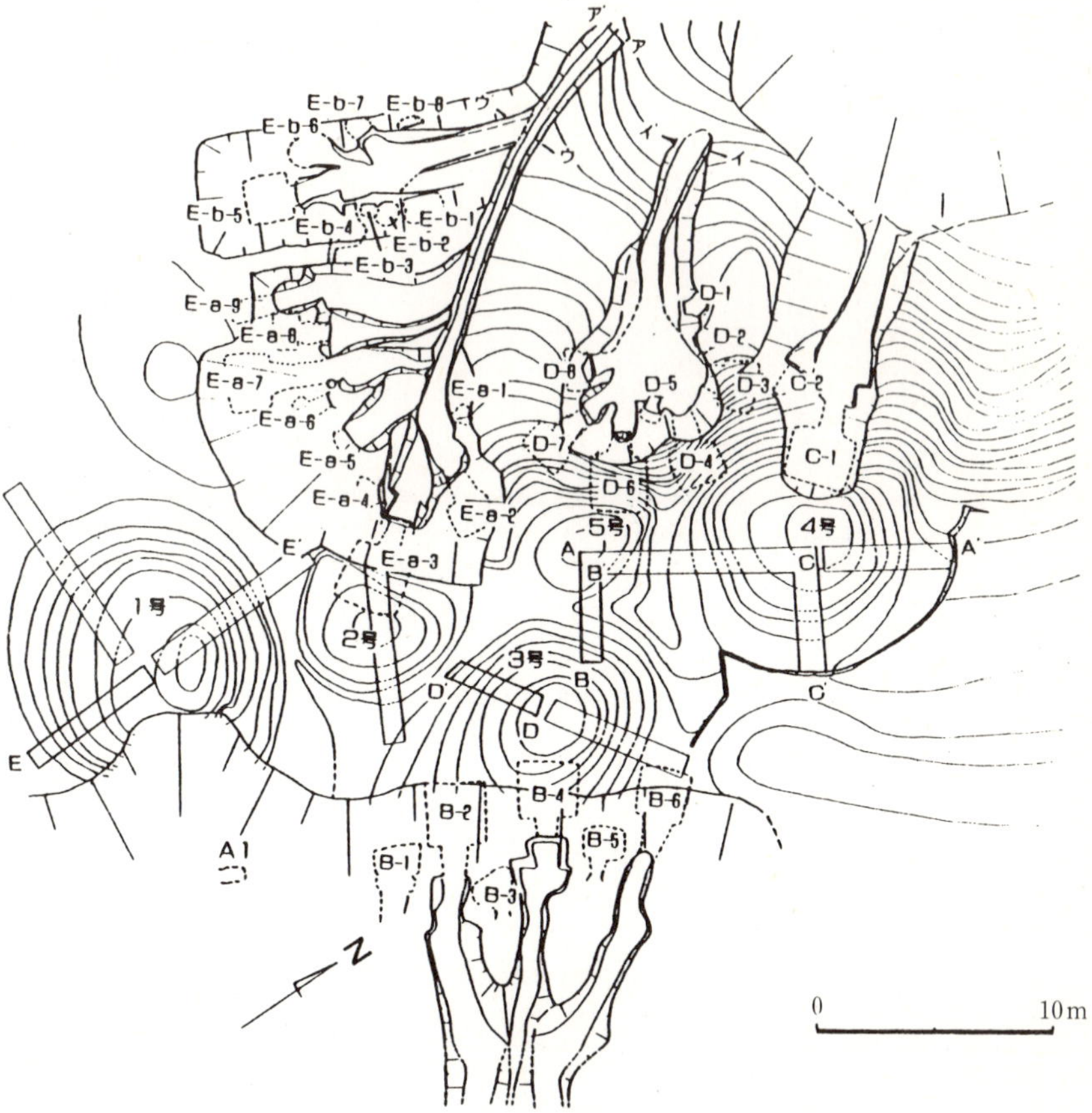

図 3　田川市・長谷池横穴墓群

ⅢA期すなわち六世紀第3四半期頃の群形成の初期に造営された横穴墓は、玄室が矩形平面で家形天井ないしはドーム形天井構造を呈するものであり、玄室床面には扁平な河原石を敷いている。第4四半期以降の構築にかかる横穴墓の構造は、玄室平面形が縦長あるいは横長を呈して徐々に小形化し簡略化する傾向を窺知することができる。

墓道を共有し多数の横穴墓が造営される形態は、墓道の最奥に位置する横穴墓がまず構築され、順次前側に新規に横穴墓を構築した結果として密集形態を採るものである。当該地である遠賀川流域を含め北部九州地方に特徴的な群形成であり、単位群の把握に有効である。この様相はまた横穴墓の使用方法すなわち埋葬様式に関連するところと思われ、大人一人を伸展葬するに不十分な規模の横穴墓は、改葬に伴うものと想定されるところであるが、この横穴墓群においては出土人骨がほとんど遺存しておらず、確定することはできない。

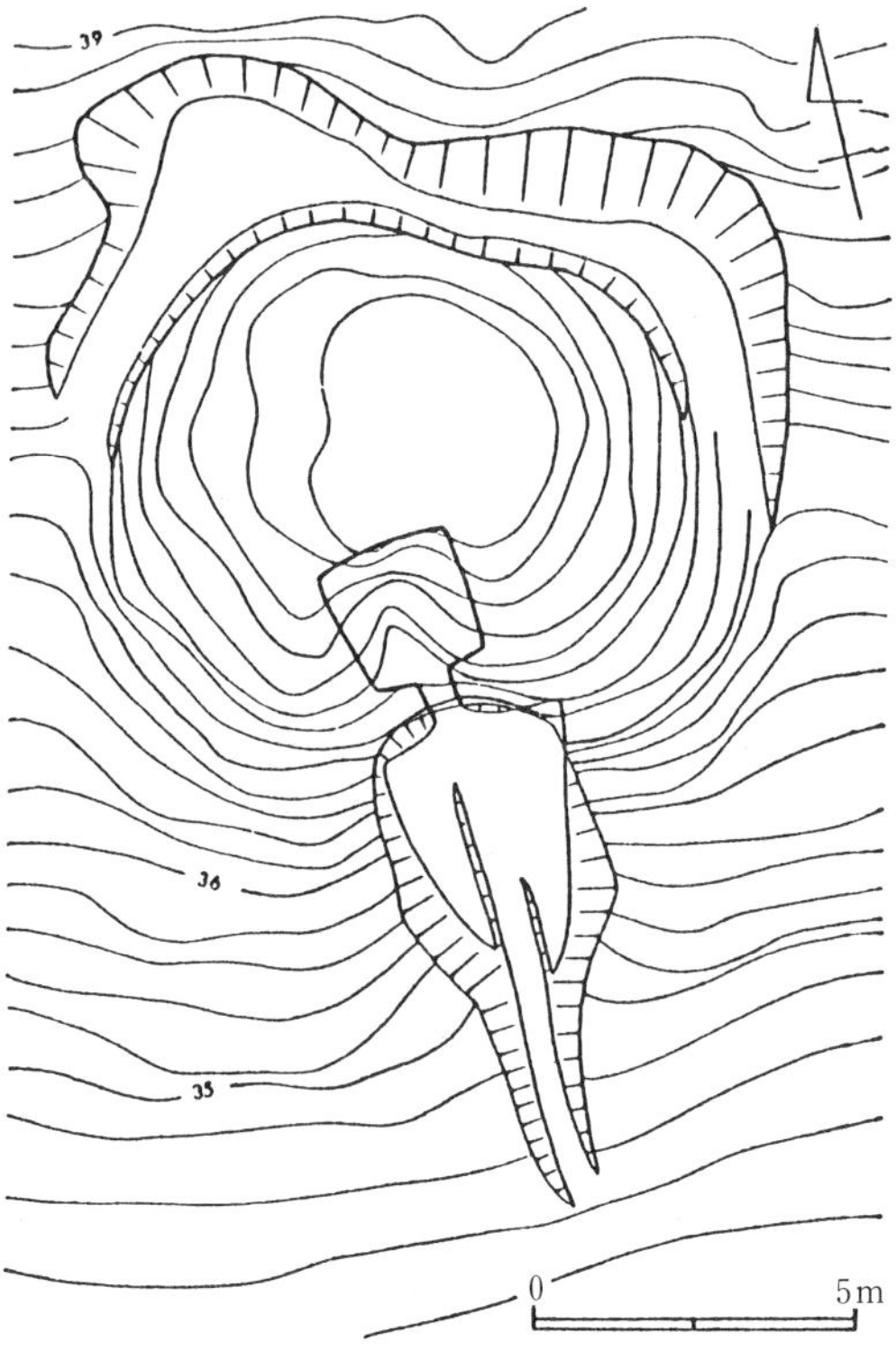

図4　山口市・朝田第1号墓

この横穴墓群における墳丘横穴墓は、群形成の端緒を担う存在として造営され、一基のみの単独横穴墓が造営されている。しかしながら次期に造営された墳丘横穴墓には、結果として複数の横穴墓が一墓道を共有する形態が採用されており、あわせて墳丘を伴わない横穴墓も造営されており、この段階における被葬者数の拡大が想起されるとともに、被葬者間の差異を墳丘の有無により表出するものと理解される。六世紀末頃に新たに構築された横穴墓には墳丘は伴ってはいない。これは前代の墳丘横穴墓の長い墓道を利用して、この段階に新規に営まれた横穴墓には新規の墳丘を構築してはいない点にも関連するところであり、基本からの逸脱といえよう。

上述のように九州地方においては、とくに遠賀川流域において墳丘横穴墓の確認・調査が顕著である。(12) 上述した内容の明確な横穴墓群以外に、田川郡大任町・稲荷山A一号墓、鞍手町・古月第九・一二号墓、頴田町・城腰横穴墓、中間市・羅漢山横穴墓群で墳丘横穴墓が知られており、さらに田川市・経塚横穴墓群、同・田中横穴墓群、同・法光寺横穴墓群では墳丘横穴墓の存在の可能性が指摘されている。まさに遠賀川流域においては、横穴墓制は優位な造営主体にあっては墳丘横穴墓として始源し、展開したものということができよう。

九州に近い本州西端部においても早く墳丘横穴墓が確認されている。昭和五〇年代に発掘調査された山口県・朝田横穴墓群は、Ⅰ区で一基、Ⅳ区で二基、Ⅱ区で七基の合計一〇基の墳丘横穴墓が調査されている。(13) これらのうちの七基が六世紀の前半代の構築であり、いずれも単独の横穴墓を主体部として構築している。Ⅱ区においては続く六世紀の中頃にも継続して三基の墳丘横穴墓が構築され、あわせて既構築の墳丘を意識しても横穴墓が造営されており、結果として同一の墳丘に複数の横穴墓が位置する例も第二号墳に窺われる。この朝田横穴墓群における様相は、まさに北部九州に起源した横穴墓が、埋葬主体部として墳丘と組み合わさった墓制として伝播し来った実際を物語っており、六世紀前半代の定着以後に墳丘を欠落させる状況を明示している。

以上の九州地方における墳丘横穴墓は、次のような様相に総括することができる。

①古墳群をなす高塚古墳の主体部としての単独横穴墓の構築。久戸古墳群

②横穴墓群形成の初期に被葬者の格差を墳丘により明示しての構築。上ノ原横穴墓群

③横穴墓群形成の次期に造営数の増加に従っての盟主墳としての墳丘横穴墓の構築。竹並横穴墓群A地区

④地区全体を統括する横穴式石室墳に従属するものとしての墳丘横穴墓の構築。竹並横穴墓群F地区

⑤墳丘横穴墓としての群形成の開始。狐塚古墳群・相坂横穴墓群・長谷池横穴墓群・水町横穴墓群・朝田横穴墓群

これらの時期的様相は、①が五世紀後半から六世紀初頭の事象と位置づけられてはいるものの、現在のところ②に後出しており、遡及する例の発見がまたれる。しかしながら墳丘横穴墓の様相としては石室の簡略化に始源した状況をよく示すところであり、石室墳に従属する被葬者の性格をも明示するところである。

②は五世紀後半代の古いところとするのが穏当であろう。前代には高塚古墳の主体部として必ず墳丘を伴うものとして構築されたであろう横穴墓は、この段階で集団内における被葬者の格差を反映して墳丘を伴うものと伴わないものに分化し、六世紀の初頭頃まで同様相を保持した後に墳丘横穴墓は消失している。

竹並横穴墓群に認められる③の様相は、②の顕在化したものとしての限定された墳丘横穴墓の構築であり、地区に転換されたものとして④の様相が理解できよう。

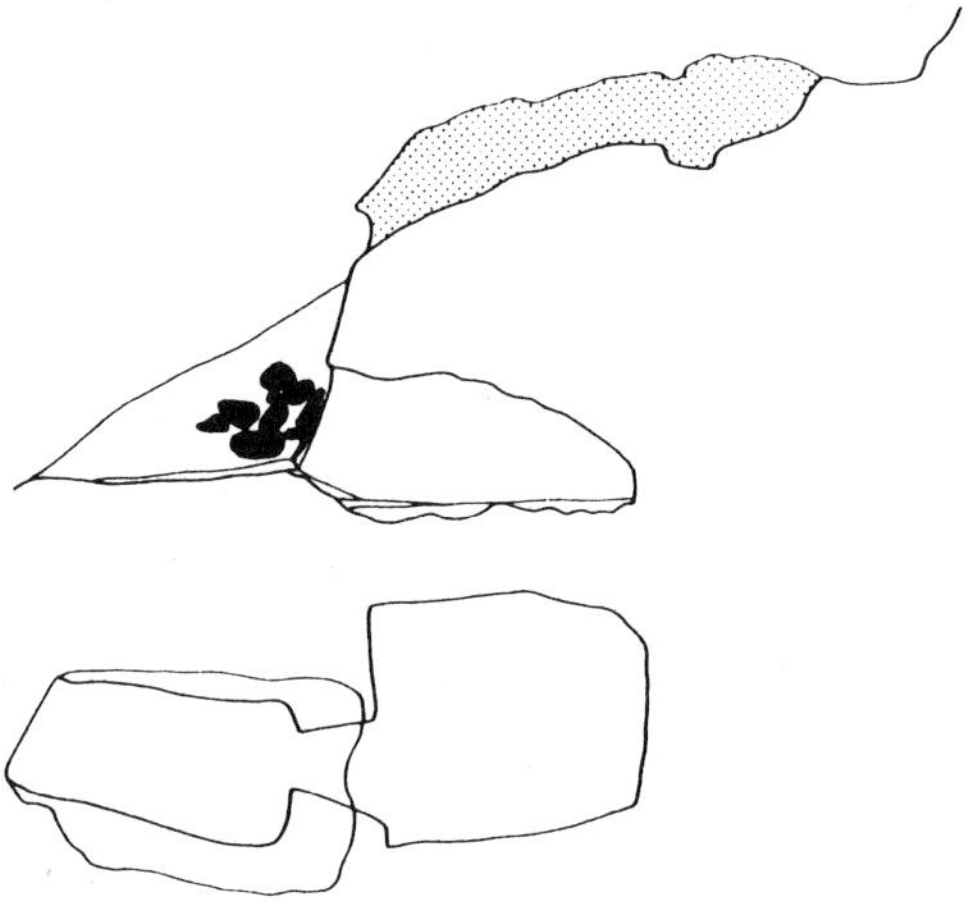
第25号墓

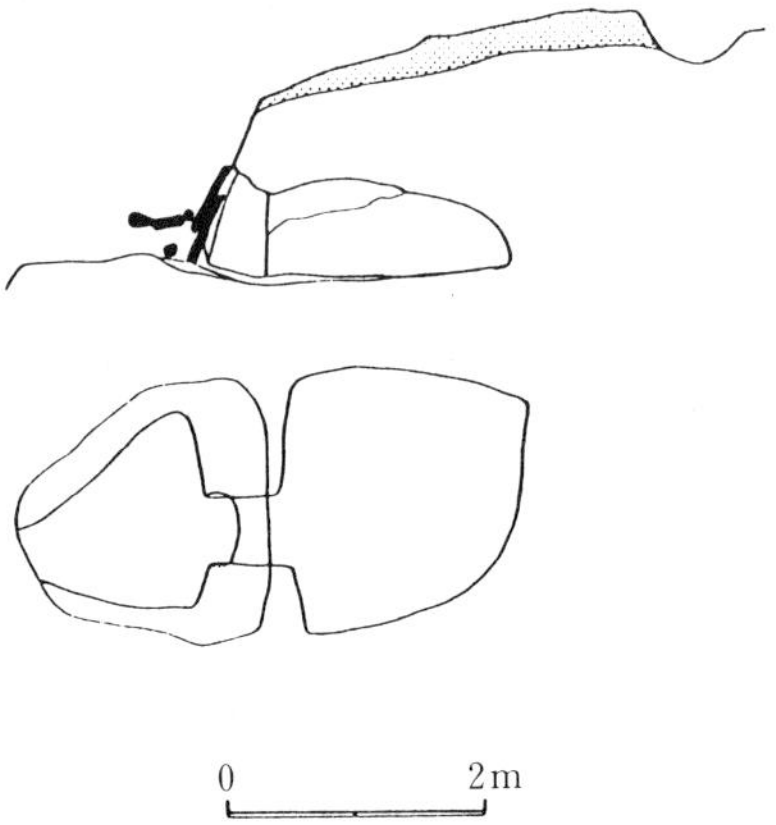

第27号墓

図 5　大分県・上ノ原横穴墓群

遠賀川流域に顕著な⑤の様相は、現在の資料からは六世紀の中葉に近い後半以降の事象として把握されるところである。豊前東部における六世紀前半代の総体としての墳丘の消失傾向とは、対照的である。この様相は現在のところ九州地方における六世紀前半代の類例を欠如するものの、①に始源した様相の継続として理解することができよう。離れた地区に所在する朝田横穴墓群の六世紀前半代の様相は、①の様相の継続として考えられる。

三、山陰地方の様相

山陰地方における墳丘横穴墓の確認は、昭和五〇年代の終わりの古代出雲の中枢地区である意宇平野西縁の丘陵上に立地する、松江市・中竹矢第二号墳を嚆矢とする。[14] 以前より横穴墓に墳丘を伴う可能性は指摘されていたものの、発掘調査により確認されたのは始めてであり、しかも出雲に特徴的な全長一四メートルの前方後方形を呈する点において、古墳時代出雲に占めた横穴墓の位置を暗示するものがあり、きわめて重要な事象と認識されるところである。横穴墓型式は変形した玄室矩形平面のものであり、羨道部は偏る。玄室周囲に排水溝を巡らす点に特徴があり、山陰横穴墓の初現期すなわち六世紀第3四半期の後半の所産にかかるものと想定される。

昭和の六〇年代および平成の時代に入ってから、出雲・伯耆・因幡地域における開発は道路網の整備を伴って大々的に推進され、多くの遺跡が大規模に調査されている。

この中でとくに出雲東部および隣接する伯耆西部における多数の横穴墓群の調査は、従前に集積された横穴墓研究の成果をいっそう推進させ、平成九年には当該地域の横穴墓の総括研究も果たされるなど横穴墓は地域的に高揚しつつある。

以前より留意していたこの地域の横穴墓については、近時報告された成果をもとに山陰中央部の横穴墓について、地域における受容と展開過程について総括し、[15] また特徴的な複数の横穴墓を同時期に使用する埋葬様式について考察した。[16] ここではとくに墳丘横穴墓の様相を纏めて他地域の様相と比較する前提としたい。

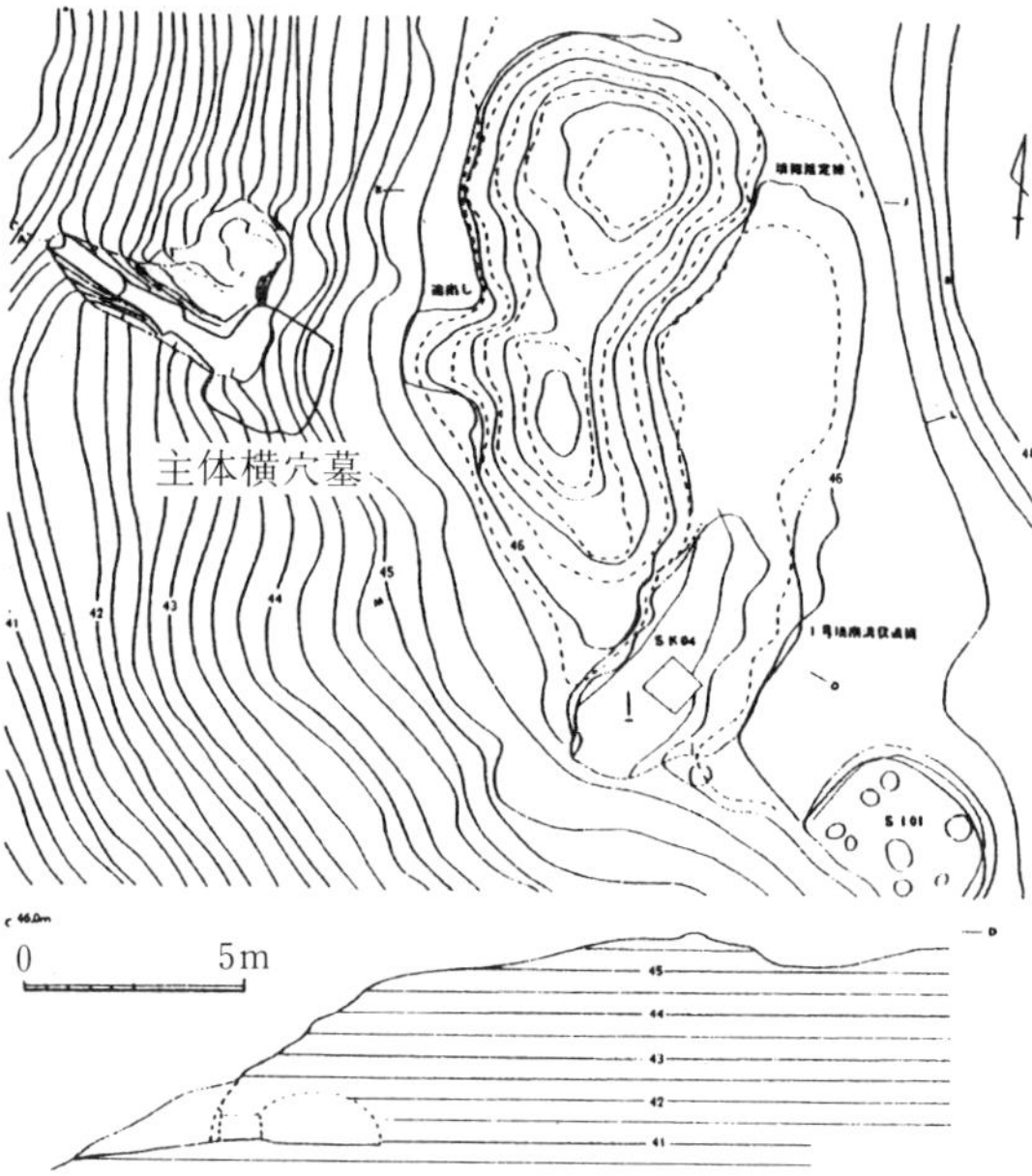

図 6　安来市・岩屋口北第 1 号墳

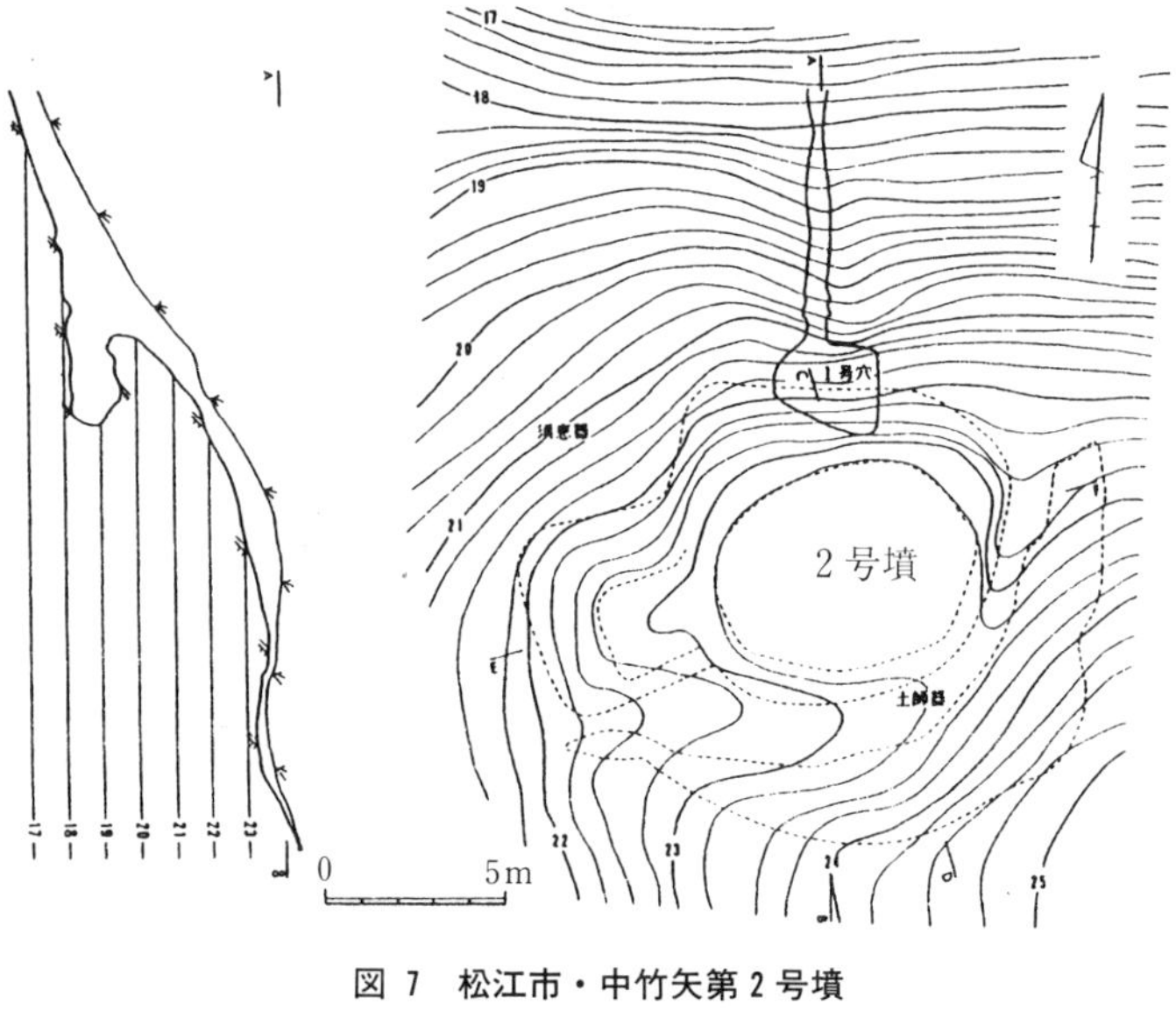

図 7　松江市・中竹矢第 2 号墳

現在までに確認されている墳丘横穴墓は、墳形として出雲に特有な前方後方形のほか、前方後円形、方形、円形と一般的な古墳の墳形のすべてが出揃っている。このうち前方後円形は、出雲東部の伯耆に隣接する安来平野周縁部のみに確認されており、留意すべき状況を呈している。

調査により明確になった前方後円形の墳丘を伴う横穴墓は、岩屋口北第一号墳のみである。[17] 尾根の西側縁辺に立地する全長一六メートルの小形の墳丘であり、斜面側に造り出しを造作し埴輪を巡らしており、斜面に掘削された狭長な墓道を有する矩形玄室平面の横穴墓が主体部となる。出土遺物よりする所産時期は、山陰横穴墓の初現期すなわち六世紀の第3四半期頃と考えられるものの、横穴墓型式は、北部九州から伝播し来った型式要素をもとに在地化したものであり、初現期後半の構築と理解される。

このほかでは単独で立地する宮内II―一号墓[18]が、全長三〇メートルほどの前方後円墳の主体部としての可能性が指摘されており、穴神第一号横穴墓[19]では墳丘の遺存したところは径八メートルほどの円形であるが、須恵器の集中出土地点を考慮すると全長一六メートルの前方後円形と想定される。さらに大原第一号墓[20]、高広横穴墓群[21]においても遺物の出土地点を考慮すれば前方後円形の墳丘を伴った可能性は高いものと考えられる。

また豊富な遺物の出土で著名な鷺湯病院址横穴墓、あるいは古く調査された初現期の横穴墓として知られる矢田横穴墓群などにも前方後円形の墳丘の存在の可能性が指摘されるなど、安来平野周縁部には初現期後半から山陰横穴墓の展開期、すなわち六世紀の第4四半期、さらには継続期である七世紀の初頭にかけてかなりの数で存在したものと考えられる。

安来平野周縁部にはまた、円形の墳丘を伴う横穴墓も認められる。臼コクリ横穴墓群は東西に派出する尾根上に径一〇～一二メートルの墳丘を有し、この南北両斜面に都合一五基の横穴墓が二～四基纏まって造営されている。これらの横穴墓はほぼ同時期、六世紀の第4四半期頃の造営にかかるものと想定されるところであり、人骨の出土状況より同時期に骨化と収納と機能を分け組み合わさって埋葬が完結する山陰中央部に特徴的な埋葬様式を採ったものと理解される。したがって墳丘は、個別の横穴単位群に伴うというよりも東西二群の横穴墓群の象徴的な存在として意識して構築されたものと考えることができる。横穴墓型式は展開期の安来平野部に特徴的な玄室横長平面で家形天井構造を採るものである。

円形の墳丘を有する横穴墓は隣接する伯耆西端部にも確認されている。米子市・尾高第一号墓[22]は、墳丘が斜面上半部のみの径八メートルほどの周溝の遺存により復元されるものであり、横穴墓型式も在地化する以前の北部九州地方に系統の辿り得る玄室隅丸方形平面で低平なドーム状天井構造のものであり、初現期前半の年代が想定され墳丘横穴墓としての典型と認識できるものである。

鳥取県西伯町・マケン堀横穴墓群[23]は西側に派出する尾根に径六〜一二メートルの墳丘が認められ、北側斜面を中心として三〇基の横穴墓と小形の改葬施設と考えられる横穴墓が展開している。六基の墳丘のうち三基は初現期に遡及して構築されたものと考えられ、基本的には単独横穴墓が小形の改葬施設を伴って埋葬を完結している。この様相に対して展開期には骨化と収納を目的とする横穴墓が組み合わさる複数の横穴墓が同時に使用される埋葬様式を採ったものと考えられ、したがってこの時期に造営された三基の墳丘には複数の横穴墓が伴う。また新たに分出した単位群は墳丘に隣接して造営されており、墳丘は横穴墓群の象徴的な位置も占めたものと考えられる。横穴墓型式は初現期以降一貫して玄室縦長平面の家形を採っており、出雲地域とは異なるものの埋葬様式は同様相を呈しており、横穴墓型式には横穴墓造営集団間の格差もまた内包するものかと考えることができるものである。

米子市・大峪山横穴墓群[24]は、尾根上に二基の径六・九メートルを測る不整円形の墳丘が認められ、両側の斜面にあわせて一一基の横穴墓が造営されている。大部分の横穴墓は展開期に構築されたものであり、本来的には墳丘には単独の横穴墓が伴うものと思われるが、複数同時使用の埋葬様式として、複数の横穴墓が伴う結果となっている。横穴墓型式は玄室矩形平面を呈するものである。

このほか山間部の島根県仁多郡横田町・小池横穴墓群でも、二基の円形の墳丘を伴い複数の横穴墓が造営されており、初現期から展開期に及ぶようである。

出雲に特徴的な前方後方形の墳丘を伴う横穴墓は、東出雲町・島田池横穴墓群で類例を増している。[25] この横穴墓群ではあわせて方形の墳丘を伴う横穴墓も認められ、墳丘を有さない横穴墓を含めて、墳形と墳丘規模により集団内の序列を反映したものと想定できる、きわめて重要な横穴墓群である。

東出雲町は意宇平野の東縁部に位置している。したがって現在のところ前方後方形の墳丘を伴う横穴墓は、古墳時代後期の六世紀代に、山代二子塚古墳以降に前方後方墳体制を採った出雲後期古墳文化の中枢部にのみ認められるものである。まさに墳形に従って支配階層の一翼を占めた被葬者の性格をよく物語るものといえよう。

島田池横穴墓群は調査された範囲の様相がわかるのみで全容は把握されていない。派出する尾根の斜面各所に横穴墓は地区を分かって分布しており、確認総数は三七基を数える。六世紀第3四半期の初現期の所産と考えられる横穴墓は四基認められ、この段階では六区の第六・八号墓の一辺六メートルほどの墳丘を伴う横穴墓が盟主的な位置を占めたであろうことが想定できる。当該期の横穴墓型式は、玄室縦長平面の低平なドーム状天井構造のものと、次期の展開期に確定する玄室矩形平面のものが認められる。

展開期には横穴墓の造営数は二七基と飛躍的に増加する。この数の増加に従って、前方後方形の墳丘も築造されている。六区では初現期の第六・八号墓に伴う方形の墳丘の上に全長二一メートルの前方後方形の墳丘が築かれ、第七号墓が主体部として構築されている。一区では第二号墓に伴って全長二一メートルの前方後方形の墳丘が築かれている。隣接する第一号墓内部には横口式の家形石棺が安置されており、同形の同規模の墳丘を有してはいるものの六区第七号墓との格差を明示している。

この横穴墓群においては、展開期にあって複数の横穴墓が骨化と収納という機能を分化して同時に使用されている。四区の横穴墓は出土遺物の確認されるものはすべて展開期の所産と目されるところであり、隣接して立地しており単位群の把握が容易である。これらの単位群のうち第九・一〇号墓には全長九メートルの前方後方形の墳丘が伴い、第一一・一二・一三号墓と第一四・一五号墓には一辺四メートルほどの方形の墳丘が伴う。また第一七・一八号墓には、第九・一〇号墓に伴う程度の前方後方形の墳丘が構築されたものと考えられる。

すなわちこの横穴墓群においては、個別の横穴墓造営主体の格差を、大形の前方後方形の墳丘──→小形の前方後方形の墳丘──→方形の墳丘──→無墳丘と明瞭に表示している。ここにあってはまさに古墳に表示される被葬者の秩序をそのまま横穴墓群に反映したものと理解でき、出雲東部にあっては高塚群集墳が築かれていない点に関連するところであろう。

方形の墳丘を伴う横穴墓は、伯耆西端部の米子市・陰田横穴墓群にも顕著に窺うことができる。(26) ほぼ東西に派出する尾根の東側斜面に横穴墓群が展開しており、尾根の東側斜面縁辺にコの字形に周溝を掘削して方形の墳丘を築造したものと想定されるものである。初現期に第七号墓が単独で墳丘を伴って構築された後、展開期に七基の墳丘が基本的に複数の横穴墓を伴って造営されている。人骨の出土状況は良好ではないものの、この横穴墓群においても複数横穴墓を同時に使用する埋葬様式が実践されたようである。

以上に山陰中央部における墳丘横穴墓について瞥見したが、その様相は一様ではない。出雲中枢意宇平野周辺部では、まさしく墳丘に反映する被葬者の秩序を明示している。すなわち横穴墓導入の当初は方形の墳丘、次いで初現期後半からは前方後方形と方形の墳丘が、横穴墓造営主体の格差を反映して墳丘を有さない横穴墓の上位に位置して造営されている。一方、安来平野周縁部においては、意宇平野の前方後方形と方形の墳丘が、前方後円形と円形の墳丘として秩序しているようであり、際立った差異を顕現している。この様相に対して伯耆西端部にあっては、横穴墓制が墳丘横穴墓として導入された群を顕著に確認できる。

山陰中央部における墳丘横穴墓は、無墳丘横穴墓と同じく横穴墓の造営数が激増する展開期、すなわち六世紀の第4四半期頃を最盛期として築造され、七世紀の初頭頃までは認められるようである。

四、東国の様相

山陰地方より東の地方における墳丘横穴墓は、従来問題とされなかった。むしろ存在しないものとして、横穴墓制の東国への伝播の過程で墳丘という要素は欠落したものと考慮されて来た。しかるに近年千葉県長南町・米満横穴墓群において墳丘を伴う可能性の高い横穴墓群が調査され、こうした視点で既往の報告を再点検すると、かなりの可能性を有する横穴墓を考えることができる。

千葉県長生郡長南町・米満横穴墓群[27]は、約三〇メートルの比高差の丘陵斜面に展開する横穴墓群であり、二〇基のうちの一〇基が調査されている。また丘陵上の一〇基の塚もあわせて調査されている。道路開鑿に伴う事前調査として斜面に立地する横穴墓のみではなく、尾根上部をも調査対象とした結果の成果である。尾根上の塚は径二〜八メートルの規模であり、旧地表を削平した後に盛土しており、半数の五基から横穴墓に並行する時期の遺物が出土しており、横穴墓群に伴う点が明白である。

横穴墓群は総体として斜面の上部に立地しており、この点からも尾根を意識した立地が窺え、他地方の墳丘横穴墓の立地に類似する。最上部に立地する第八・九号墓の二基は、二メートル規模の隅丸方形平面の小形の低平な横穴墓型式であり、従前から当該地域で初現期に属する型式と位置づけられていたものであり[28]、この横穴墓群の形成の端緒を担ったものである。これらに墳丘が伴う点、横穴墓からの出土遺物を勘案すると、従前よりは一段階遡及して六世紀の第3四半期のうちの所産と見なすことが可能であろう。

残る八基の横穴墓型式は、当該地域に特徴的な大形の玄室が高い高壇式のものであり、小形低平ドーム型式の二基の下位に展開する四基と、西側の四基に分かれる。個別横穴墓の内容は報告書の刊行をまちたいが、これらはほぼ六世紀の末葉以降、七世紀の中頃にかけて造営されたものと考えられる。

尾根上の墳丘との関連は、西側の高壇式の四基中の三基は径八メートルほどの大形の墳丘一基を象徴的に伴うが、

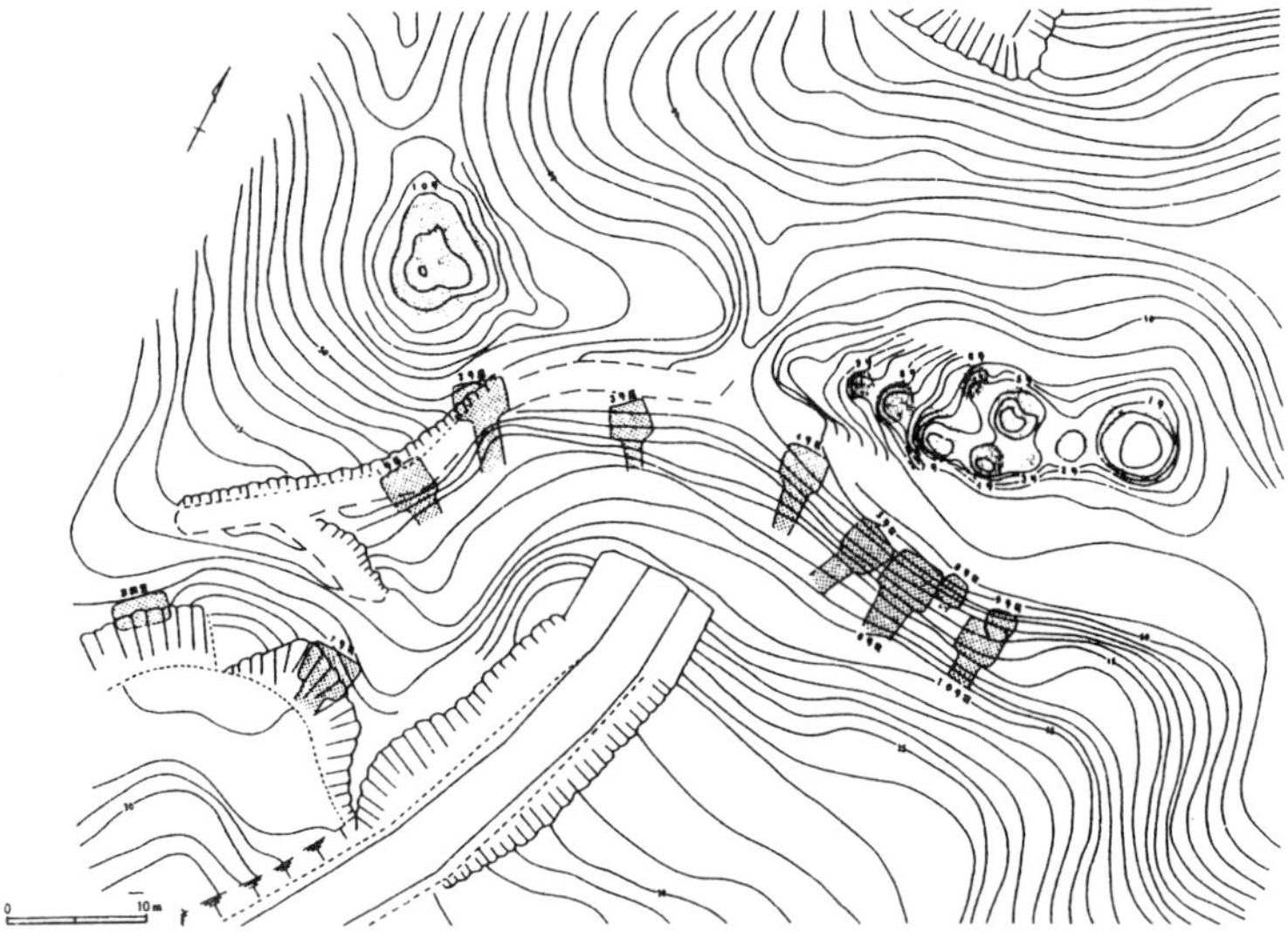

図 8　長南町・米満横穴墓群

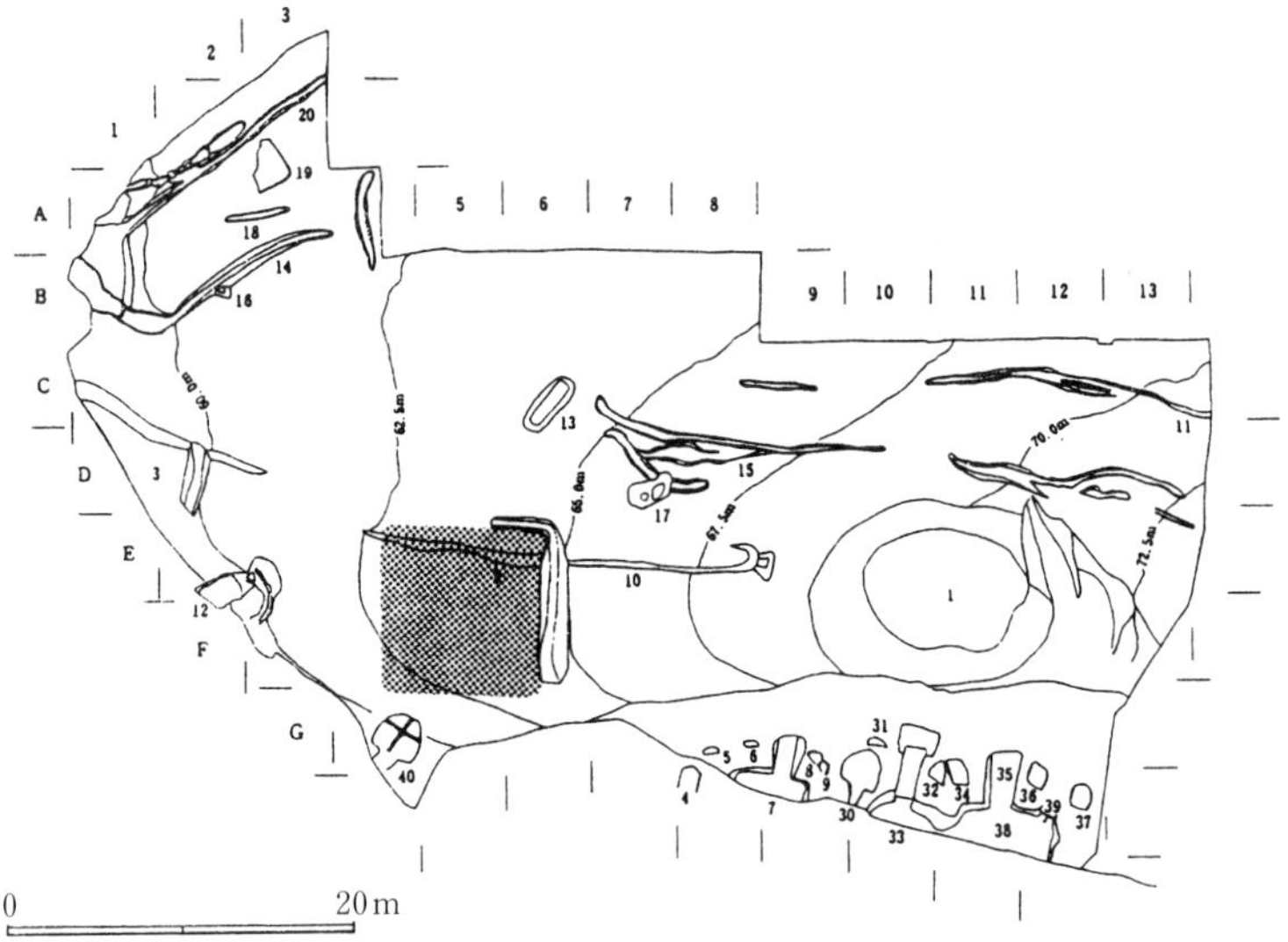

図 9　市原市・大和田横穴墓群

初現期の横穴墓を含む東側の横穴墓六基には小形の墳丘九基が伴う点が問題となる。初現期の二基の横穴墓に、大形の二基の墳丘が伴うものと考えると、残る四基の高壇式の横穴墓に七基の小形の墳丘が伴うこととなる。この様相は西側の一群とは異なる。すべての塚を横穴墓に伴う墳丘とするには、問題があるかもしれない。

千葉県市原市・大和田横穴墓群[29]は、養老川中流域の従前より横穴墓の分布の知られていた地区に位置する。所在地は明確に墳丘横穴墓が確認された上述の米満横穴墓群に近い。台地上の古墳と、台地の南側斜面に展開した横穴墓群が一体となって調査されている。台地上には三基の古墳、南側斜面には一六基の横穴墓が調査されている。台地上の第二号墳は東側と北側の一部分の周溝が確認され、一辺一〇メートルほどの方墳と考えられるが、埋葬主体部は検出されてはいない。

この斜面直下に、他の一五基とは離れて立地する第四〇号墓が位置する。この横穴墓の玄室は一辺二四〇センチの矩形平面を呈するものであり、床面には四周と中央十字に排水溝を巡らす。天井部は崩落して遺存しないものの、奥壁および側壁の一メートルの高さに軒線が巡っており、家形を呈していたものと考えられる。出土須恵器より六世紀の後半代の所産と考えられるものであり、方形の墳丘を伴う墳丘横穴墓であった可能性は高いものと考えられる。

他の一五基の横穴墓は、第三〇号墓が長方形玄室平面の古い型式であるが、第四・七・三三・三五号墓は高壇式のものであり、第四号墓で四基、第七号墓で三基、第三五号墓でも三基の小形の改葬墓と思われる施設を伴う[30]。このうち第三五号墓に伴うものと考えられる小形の第三七号墓の奥壁際には大甕が割って敷かれた状態で出土しており、山陰中央部の横穴墓に顕著な「須恵器床」との関連も想起されるところである。

千葉県富津市・向原横穴墓群[31]は、隣接する中学校の校庭の拡幅のために調査されたものであるが、斜面に位置する横穴墓群と尾根上の古墳が同時には調査されていないために、対応関係に問題を残す[32]。横穴墓群六基は、一・二・二・一基に分かれて立地しており、尾根上に確認された古墳との対応では第一号墓が第二号前方後円墳の後円部の直下に位置することとなる。尾根上の第一号墳は長径一二メートルを測るものであり、直下に第四・五号墓が位置するものの埋葬主体部が確認されており、横穴墓に伴う墳丘とはならない。全長二五メートルほどの第二号前方後円墳は盛土により成形されているものの墳丘内部からは埋葬施設は確認されておらず、横穴墓の墳丘として築造された可能性の高いものである。後円部直下に位置する第一号墓は玄室縦長平面を呈するものであり、出土遺物を勘案して六世紀の後半代に造営されたものと考えられる。この例を含めて現在千葉県下では円形・方形・前方後方形の墳丘が六世紀後半代の横穴墓に伴うようである。

神奈川県横浜市・市ヵ尾横穴墓群は学史に著名な横穴墓群であるが、正式報告書の発行はかなり遅れた[33]。南に派出する尾根の西側斜面にA群一二基、B群七基の横穴墓群が二〜三基の単位群として、六世紀後半代より七世紀の中頃にかけて造営されている。尾根を挟んで反対側の東に開く谷の奥には小黒谷横穴墓群三基が立地しており、六世紀後半代より七世紀中頃にかけて造営された最小単位の横穴墓群である。

両横穴墓群の間の尾根上には長径二〇メートル、短径一七メートル、高さ三・五メートルを測る円墳の車塚古墳が立地している。墳丘部からは須恵器大甕の破片が出土しているものの、埋葬施設は確認されていない。この墳丘の性格としては、斜面に展開した横穴墓群との関連が想定されている。すなわち斜面各所に展開した横穴墓群の象徴としての墳丘の築造であり、遺物の出土は墳丘での埋葬にかかわる祭祀の実践されたであろうことが想定される[34]。

神奈川県藤沢市・代官山横穴墓群[35]は、台地の南側斜面に幅広く展開するものであり、西側に密集して七基、東側に散在して八基の合計一五基の横穴墓が確認されており、以前の調査された三基を含めて一八基からなる。出土遺物から西側の第五・一六・一八号墓の三基が六世紀の末から七世紀の初頭にかけて造営を開始し、以後七世紀後半まで継続して群形成が行われたものと想定されている。

台地上の第一号墳は、幅三〜四メートルの溝を巡らした内径一九メートルを測る円墳であるが、埋葬主体は確認されてはいない。これは封土を削平された結果として、周溝内からの出土遺物により横穴墓群の造営に先立つ六世紀後半の構築と想定されている。

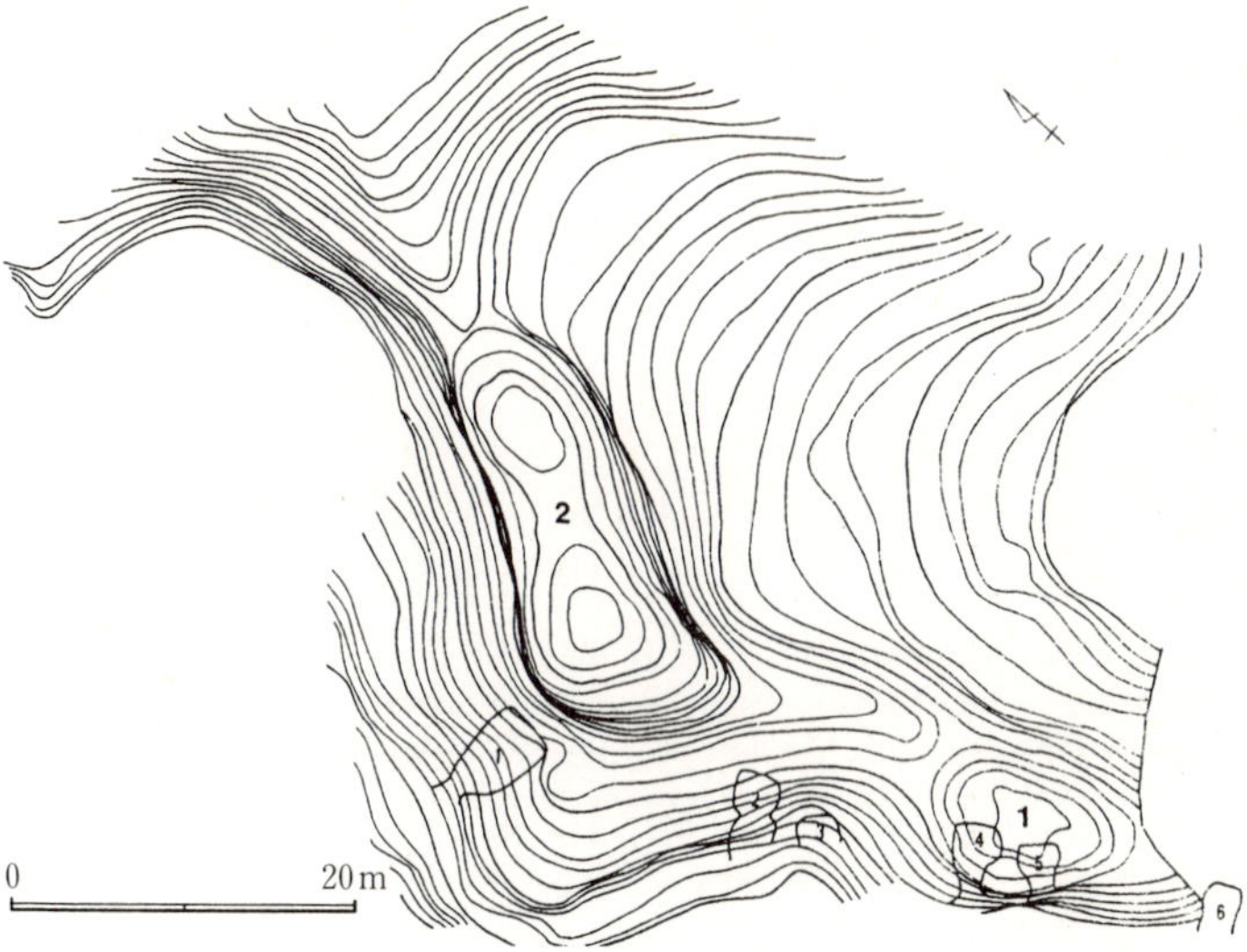

図 10　富津市・向原横穴墓群

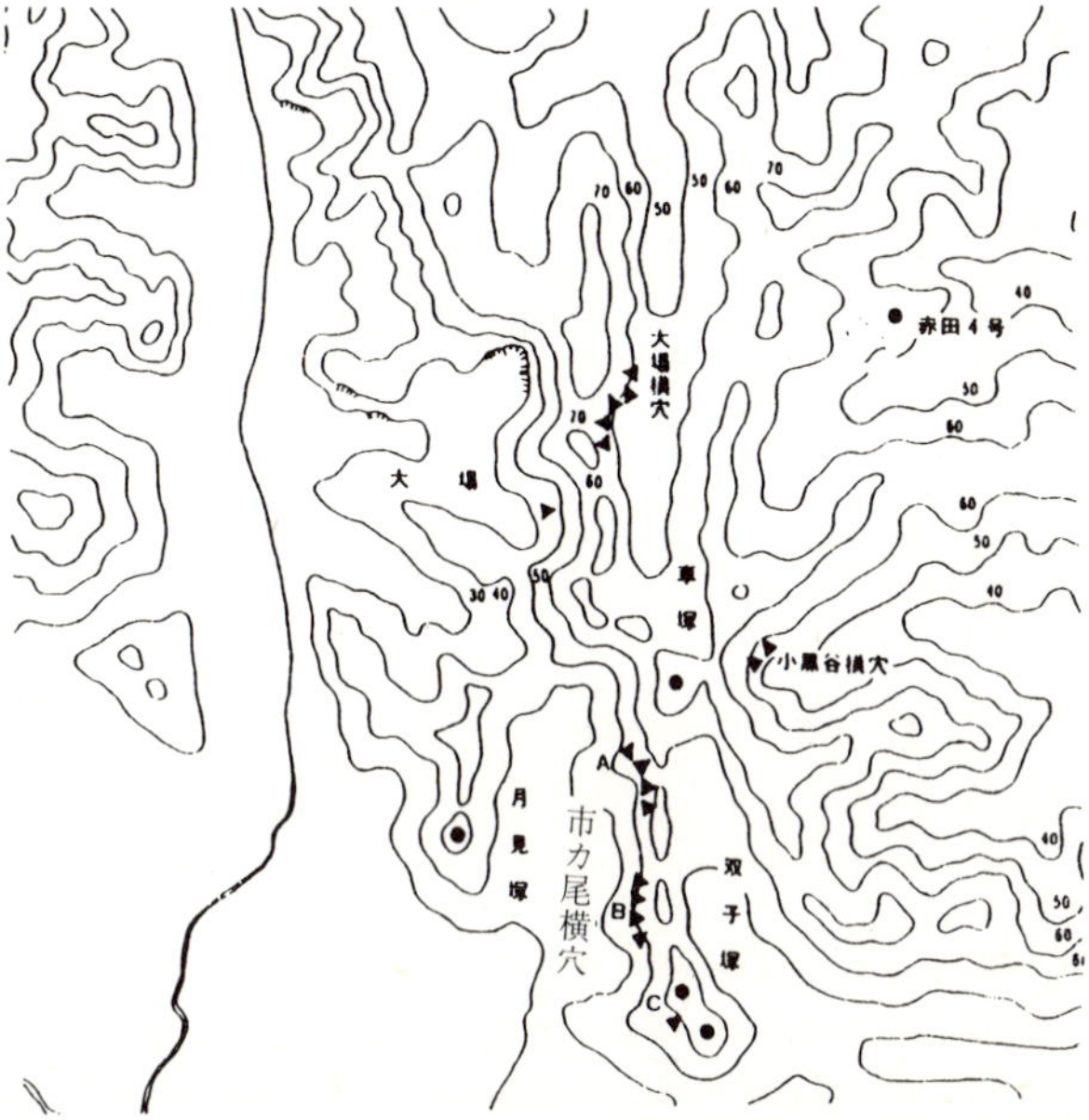

図 11　横浜市・市カ尾横穴墓群

しかしながらその立地は極端に縁辺に寄っており、当該期にはこの地区でかなり普遍化していたと思われる横穴式石室の掘り方も確認されていないこと、さらにはこの横穴墓群で最古の位置を占めるものとしての第五号墓は、奥壁際の造り付け石棺の様相など六世紀後半に遡及する可能性の高い点などを考慮すれば、立地が最初に造営を開始した西側密集横穴墓群の直上である点を勘案して、市カ尾横穴墓群に想定されている横穴群の象徴としての墳丘として構築された可能性もあるものと考えられる。

茨城県常陸太田市・幡山横穴墓群は、台地斜面に展開した三群五六基の横穴墓と、台地上の高塚古墳が調査されている。[36]このうち台地縁辺に立地した第二五号墳は、径一七メートルほどの明確な盛土を有する遺構であるが、埋葬施設が確認されなかったことにより古墳ではないものとして報告されている。しかしながら報告された図面を検討すると、この直下にはC群横穴墓九基が位置しており、横穴墓群の象徴としての墳丘であった可能性は否定できないものと考えられる。

この横穴墓群における初現期の横穴墓型式は、大形の玄室縦長平面の切妻妻入り天井構造で床面を礫敷とするものである。この型式は六世紀後半代の所産と想定される、有縁により玄室を前後に区分する北部九州からの伝播を想定できる構造からの変遷が辿れるものであり[37]、B群の第三・四・五号墓などを含め六世紀の末頃の年代が考えられるところである。

福島県東村・笊内横穴墓群は、発掘調査後約二〇年を経て、平成八年に正式報告が出されたものである。[38]この横穴墓群については、墓道を共有する特徴的な様相、小形改葬墓を伴う横穴墓型式などから、群形成にあたっては北部九州との関連が強く窺われるところであり、関連する問題については別稿で検討したところである。[39]

墳丘との関連については、横穴墓群の前面に堆積した横穴墓掘削に伴う排土が円墳状をなす点である。これらは径八・五～一一・五メートルの規模で、土層堆積の図示されている例では厚さ二メートルを測る。単に横穴墓掘削による排土を前面に捨てたのでは、円墳状にはならないものと考慮されるところであり、意識して構築されたものとも考えられるところである。

六世紀後半代に始まるこの横穴墓群は、横穴式石室を内蔵する前方後円墳一基と円墳二基とともに展開している。古墳群の形成の端緒はこれらの石室墳が担ったものと考えられ、横穴墓は集団の有力構成員の墳墓として始まっている。円墳状の遺構は各単位群に対応するようであり、それぞれの単位群の象徴としての墳丘が、変質して横穴墓群上の尾根ではなく前面に形成されたものとも考えられる。[40]

三重県四日市市・広永城跡横穴墓群は、第二名神高速道路建設に伴う事前調査として平成一〇年に調査されたものである。[41] 現在概要しか報告されていないものの、広く東海地方の横穴墓の展開過程を考慮する時にきわめて重要な横穴墓群といえる。径一五メートルほどの円墳状の高まりの北側斜面に三基の横穴墓が並列して確認されており、その立地、遺物の出土状況より墳丘を伴う可能性の高いものと考えられる。横穴墓型式は玄室縦長平面で玄室床面が羨道より一段高くなる構造であり、出土土器類からは七世紀前半代の所産と考えられる。横穴墓型式は東海地方の横穴墓密集地帯である遠江地方との関連も考慮されるものであり、墳丘横穴墓として当該地に伝播したものと考えると、遠江地方の六世紀代には墳丘横穴墓が造営されていたものと想定される。

この想定のもとに既往の調査報告を検討すると、静岡県掛川市・向山第一号横穴墓が墳丘を伴っていた可能性がきわめて高いものと想定することができる。調査概要が平成九年度に報告されており、これによれば向山第一号墓は、出土の須恵器により東国最古の六世紀初頭の所産年代の推定されるきわめて重要な横穴墓と認識される。横穴墓構造は、横長玄室平面の小形のものであり、玄室幅二五〇センチ、長さ一三七センチを測る。

横穴墓の構造・所産時期より、横穴墓発生の地である北部九州地方からの伝播の結果と理解されるところであり、斜面上位に立地する横穴墓の上の尾根より須恵器が纏まって出土している。横穴墓上の尾根を意識しての儀礼の実修が想定されるところであり、墳丘の伴う可能性の高いものといえよう。

東海地方で横穴墓の密集分布する遠江地区における類例は、菊川流域の菊川町所在の横穴墓群に確認できる。大淵

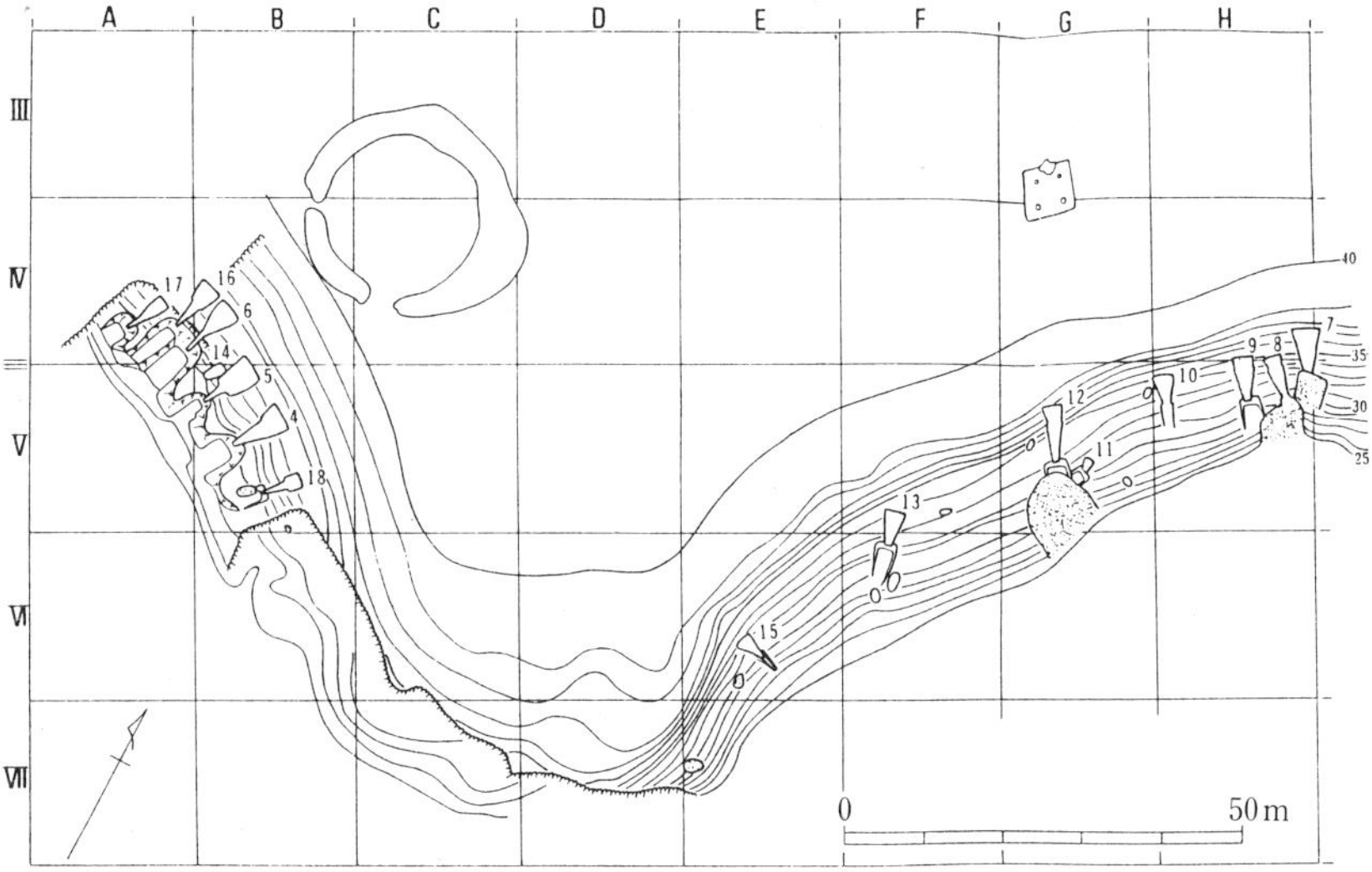

図 12　藤沢市・代官山横穴墓群

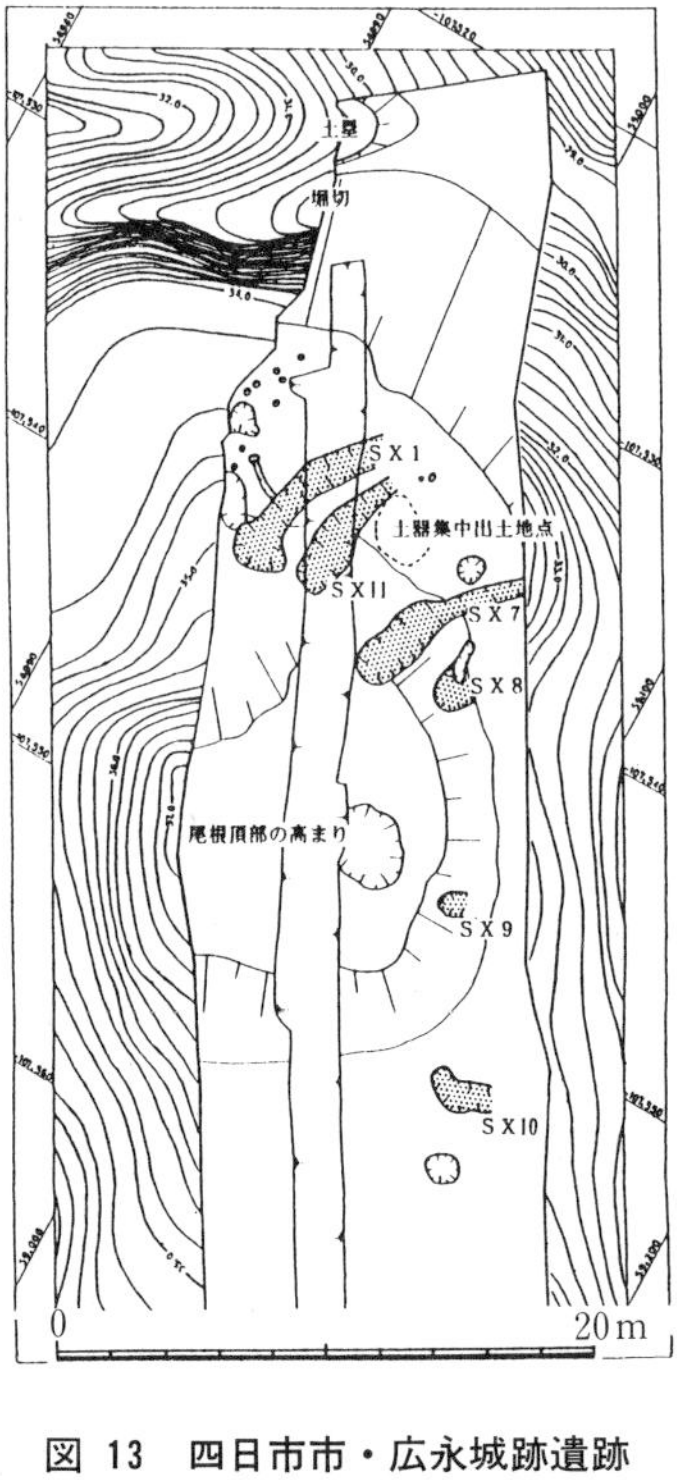

図 13　四日市市・広永城跡遺跡

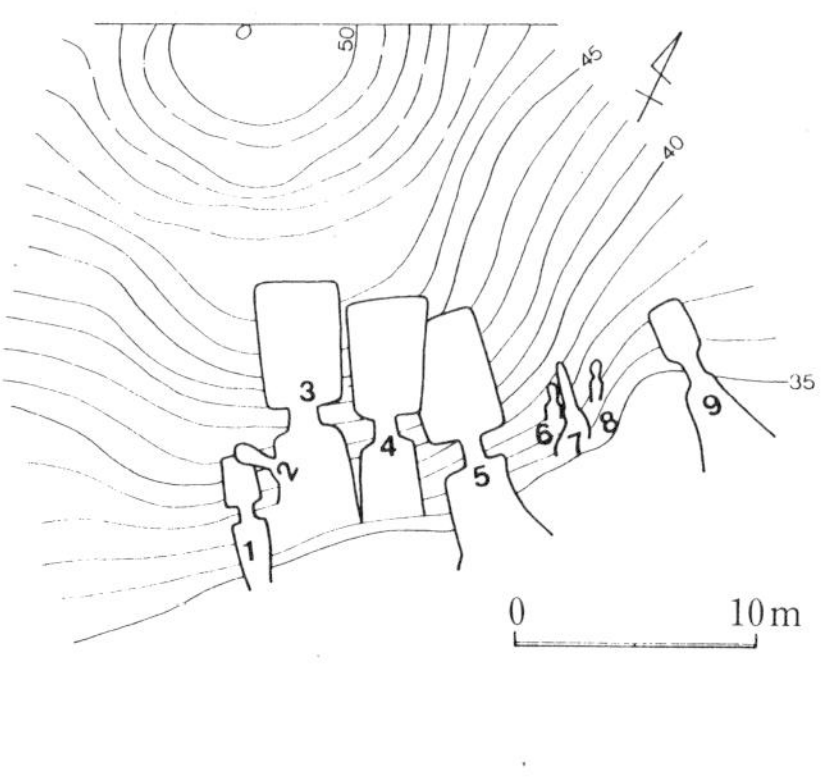

図 14　常陸太田市・幡山C横穴墓群

ケ谷横穴墓群と下本所横穴墓群中の、横穴墓群形成初期に認められるところである。いずれも横穴墓群に伴う墳丘と意識しての調査は行われていないものの、横穴墓群全体の立地が斜面上位の尾根に近く、尾根上の八～一〇メートルの高まりの直下に六世紀前半代と想定される横長玄室平面の横穴墓が所在している。

これらの横穴墓群の様相からすると、東海地方の遠江地区においては、六世紀前半代に墳丘を伴う横穴墓の築造の風が北部九州から伝わり、限定された被葬者を対象として構築されたものと想定される。しかしながら六世紀後半代以降には一般には墳丘築造という要素は欠落するようであるが、伊勢地区における七世紀代の墳丘の確認は、地区によっては継続していた点を暗示するところである。

以上の東国各地における墳丘横穴墓ないしはその可能性の高い横穴墓群は、多様な様相を呈して展開していることが理解できる。これもまた西国の各地より、東国各地に横穴墓制が伝播し来った結果と考えられるところであり、従前の横穴墓型式さらには埋葬様式に加えて検討すべき重要な要素と確認できるところである。

五、まとめ

以上に検討した日本各地の墳丘横穴墓を纏めると、次表のようになる。すなわち北部九州において石室の代用として五世紀の中頃に始源した横穴墓は、当初はすべてが高塚古墳の埋葬主体部として構築されたものと考えられるところであるが、古墳時代社会の秩序に従い上ノ原段階で造営主体の優劣を墳丘の有無に表すように変容している。この方向は上ノ原にあっては六世紀初頭をもって消滅するものの、一方竹並においては六世紀代を通じて石室墳に追随する地区の支配者の墳墓の表示として機能している。

地区の有力な横穴墓造営主体が、墳丘横穴墓の造営として群形成する様相は遠賀川流域の諸横穴墓群に顕著であり、本州西端の周防の地にも六世紀の前半という早い時期に確認できる。遠賀川流域にあっては六世紀の中頃に始源して、末頃には消滅の方向を確認できる。この中で墳丘には従前単独横穴墓のみが伴っていたのであるが、継続して構築さ

表　日本の墳丘横穴墓

	九州		山陽	山陰				東海	関東		東北
								（畿内）			
								（北陸）			
	上ノ原A										
		久戸A									
—500—	上ノ原A	竹並A									
		久戸A	朝田A・B					向山1A			
		竹並A						下本所B			
	水町A							大淵ケ谷			
								B			
—550—											
	水町A☆狐塚C			中竹矢2	岩屋口北1	島田池B	尾高1A				
		竹並B		A	A		マケン堀B		米満B		
	長谷池B	相坂B			穴神1B						
				島田池B		島田池B	マケン堀B		大和田A	幡山B	
	水町B	相坂B			大原1A	陰田B	大峪山B			市カ尾C	（笊内D）
—600—							臼コクリB	◎	☆（向原B）	代官山C	
						島田池B		↑	米満B		
								広永城跡B			

A～単独横穴墓
B～複数横穴墓
C～横穴墓群
D～変　質
☆～前方後円形

れた横穴墓が墳丘を築造しない結果として、複数の横穴墓が伴うように変容している。

この方向の極まるところは、群形成の端緒のみに単独の墳丘を築造し、以後継続して造営された横穴墓にはすべて墳丘を築造しない結果としての、横穴墓群の象徴的な墳丘の存在であり、現在のところ狐塚前方後円墳を最古とするようである。前方後円形の墳丘を伴う横穴墓は南九州の日向の地にも存在しており、北部九州に普遍的な円形を主とし、上ノ原で顕著な方形の古墳よりも上位の秩序を反映した結果と考えられるが、その序列は個別地区の様相に従うところであろう。

山陰中央部の墳丘横穴墓の様相は、九州とは異なった様相を呈示している。すなわち当初より墳形に従う序列を明示するものとしての墳丘の存在であり、後期古墳文化の中枢である意宇平野周縁部に顕著である。この地域においては前方後方形、前方後円形、方形、円形の墳丘が認められる。このうち前方後方形は後期出雲に特異な墳形であり、すでにこの事実をもって墳丘横穴墓の在地における導入時の変容が窺知できる。ちなみに山陰中央部における横穴墓型式と墳丘の関連を見ると、在地の主体性で横穴墓制を受容した点が明確となる。当該地域における初現期の横穴墓型式は、横穴墓発生の地である北部九州から導入された型式と、在地で確立した型式に区分できるが、墳丘を伴う様相は地域の主体性によるところであり、横穴墓総体に占める優位性の表示として機能したものと考えられる。

東国へは北部九州と山陰地方以外の中間の畿内・東海地方の初現期の様相が不明である現在、両地方との関連を問題とせざるを得ない。米満の初現期の隅丸方形低平ドーム構造の横穴墓は、山陰中央部の初現期横穴墓との関連を考えることもできよう。かく考えれば当該地域で後続して盛行する高壇式の横穴墓を山陰中央部の系統とした従前の想定を補強することになろう。至近地に認められる大和田の例は、矩形家形型式としてこれまた山陰中央部との関連が問題となる。方形の墳丘も出雲東部にあっては前方後方形に従属する序列として機能しており、可能性は高いものと考える。また周辺に認められる後期の所産にかかる前方後方墳との関連も想起されるところである。

また向原の前方後円形の墳丘は、当該地域内における前方後円墳の総体的な分析の中での位置づけが必要となろう。

第一号横穴墓の縦長平面・ドーム形構造の横穴墓は、それほどは古く年代づけられるものでない時に、この型式の横穴墓の導入について再検討を要するものと考える。幡山の例は北部九州から導入された型式の在地化した段階に伴う円形の墳丘であり、源流の地においては現在墳丘を伴う例は知られていない。

横穴墓群に象徴的に一基の墳丘を伴う例は、現在のところ六世紀中頃の遠賀川流域に始源し、山陰にも看取され、東国にも認められる。高塚古墳の主体部としての横穴墓、墳丘横穴墓の優位性の表示、横穴墓群の象徴としての墳丘の造営と、墳形・規模に階層制を表示した古墳時代社会の所産として、その意義を無視することはできない。墳丘を明確に伴わないものの、墓前域の覆土上位からの遺物の出土状況より、尾根上における何らかの埋葬に伴う儀礼の実修されたであろうことが想定される横穴墓群は多い。墳丘の痕跡化としての様相であるが、横穴墓造営主体のかかわりを窺知することができる。

註

(1) 山本清「横穴の型式と時期について」『島根大学人文科学論集』第一一号　昭和三七年
(2) 竹並遺跡調査会『竹並遺跡』　昭和五四年
(3) 赤崎敏男「初期横穴墓の展開」『竹並遺跡』　昭和五四年
(4) 宗像町教育委員会『久戸古墳群』　昭和五四年
(5) 橋口達也「横穴発生過程についての覚書」『古文化談叢』第三〇集（中）　平成五年
(6) 大任町教育委員会『狐塚古墳群』　昭和五一年
大任町教育委員会『狐塚古墳群II』　昭和五三年
(7) 大分県教育委員会『上ノ原横穴墓群』　平成元年
(8) この横穴墓群の個別横穴墓の所産時期については、報告とは異なる見解も呈示されており（大森円「豊前における群集墳造墓単位の分節過程」『古文化談叢』第三九集　平成九年）、ここでは出土遺物と横穴墓型式を勘案して分析した。
(9) 北九州市教育委員会『相坂横穴群』　平成八年
(10) 田川市教育委員会『長谷池遺跡群』　平成五年

(11) 直方市教育委員会『水町遺跡群』平成九年
(12) 長谷川清之「遠賀川流域における横穴墓の研究」『古文化論集』平成三年
(13) 山口県教育委員会『朝田墳墓群』Ⅰ・Ⅴ 昭和五一・五七年
(14) 島根県教育委員会『国道九号線バイパス建設予定地内埋蔵文化財発掘調査報告書Ⅳ』昭和五八年
(15) 池上悟「山陰地方における横穴墓の受容と展開」『立正考古』第三七号 平成一〇年
(16) 池上悟「山陰横穴墓の埋葬様式」『多知波奈考古』第四号 平成一〇年
(17) 島根県教育委員会『岩屋口北遺跡・臼コクリ遺跡』平成九年
(18) 島根県教育委員会『越峠遺跡・宮内遺跡』平成五年
(19) 島根県教育委員会『平ラⅡ遺跡・吉佐山根一号墳・穴神横穴墓群』平成七年
(20) 島根県教育委員会『臼コクリ遺跡・大原遺跡』平成六年
(21) 島根県教育委員会『高広遺跡発掘調査報告書』昭和五九年
(22) 鳥取県教育文化財団『尾高一号横穴墓』平成七年
(23) 西伯町教育委員会『マケン堀古墳群・北福王子遺跡』平成二年
(24) 中原斉ほか『大峪山横穴墓群』(鳥取県教育文化財団) 昭和六二年
(25) 島根県教育委員会『島田池遺跡・鶴貫遺跡』平成九年
(26) 杉谷愛象ほか『陰田』(米子市教育委員会) 昭和五九年
(27) 津田芳男「米満横穴墓群」『平成九年度千葉県遺跡調査研究発表会発表要旨』平成一〇年
(28) 松本昌久「睦沢町の横穴墓について」『睦沢町立歴史民俗資料館研究紀要』第一号 平成六年
(29) 市原市教育委員会『大和田遺跡』昭和六三年
(30) 池上悟「東国横穴墓の型式と交流」『日本古代史叢考』平成六年
(31) 野中徹ほか『向原横穴群』昭和五五年
(32) 富津市教育委員会『向原古墳群』昭和五六年
(33) 甘粕健・田中義昭ほか「市カ尾古墳群の調査」『横浜市史資料集二一』昭和五七年
(34) 大塚初重「市カ尾車塚の調査」『横浜市史資料集二一』昭和五七年
(35) 神奈川県文化財センター『代官山遺跡』昭和六一年
(36) 常陸太田市教育委員会『幡山遺跡発掘調査報告』昭和五二年

（37）池上悟「東国横穴墓の型式と伝播」『おおいた考古』第四集　平成三年
（38）福島県教育委員会『笊内古墳群』　平成八年
（39）池上悟「東北横穴墓型式の成立と展開」『立正大学文学部研究紀要』第一四号　平成一〇年
（40）発掘調査されたものとしては、福島県・笊内横穴墓群が最北の資料であるが、墳丘横穴墓の可能性のある横穴墓群は、横穴墓分布の最北の地である宮城県大崎平野北部の、古川市・朽木橋横穴墓群を指摘することができる。この横穴墓群は、南に派出する尾根の東・南・西側に約四〇基の横穴墓が展開し、尾根の頂部には径一〇メートルほどの円墳が所在している。発掘調査されたのは東側の一三基のみであり、尾根上の円墳との関係は不明である（宮城県教育委員会『朽木橋横穴古墳群』昭和五八年）。しかしながら、この横穴墓群は墓道を共有させる群形成の様相、小形の改葬墓を伴う点など、北部九州との関連が窺知されるものであり（池上悟「東国横穴墓の型式と交流」『日本古代史叢考』平成六年）、円墳の周囲斜面に展開する横穴墓群の様相、七世紀初頭と想定できる群形成開始年代を勘案して、横穴墓群の象徴としての墳丘の可能性の高いものと考えられる。
（41）三重県埋蔵文化財センター第二名神発掘調査事務所『あさけのいにしえ』（近畿自動車道名古屋神戸線埋蔵文化財発掘調査ニュース）第三号　平成一〇年
（42）掛川市教育委員会『出土文化財展図録』　平成九年
（43）明星大学考古学研究部『大ケ淵谷・篠ケ谷・西宮浦』　昭和五八年
（44）内藤晃・藤田等「小笠郡菊川町下本所横穴古墳群発掘調査概報」『東名高速道路関係埋蔵文化財発掘調査報告』　昭和四三年
（45）池上悟「南関東の家形横穴墓」『王朝の考古学』　平成七年

第四章　横穴墓制の展開

一、横穴墓の地域相

古墳時代の五世紀後半代に北部九州に初現し、六・七世紀に盛行した横穴墓は、群集性を最大の特徴として日本各地に展開している。しかしながらその性格としては、初期の横穴式石室としての竪穴系横口式石室の模倣を主体とするという、新出の横穴系埋葬施設として始まる初現の状況に明示されるように、けっして地域の有力な首長の墳墓として採用されることはなかった。すなわち、地域にあってはもっぱら新たに古墳造営が許容された新興の集団の墓制として採用された結果としての盛行という点が顕著である。

初現期の特徴としては、古墳時代という首長の墳墓に政治性が顕著に象徴される時代にあって、墳丘を有する横穴墓も階層性を明示して築造されているものの、絶対数は僅少なものである。横穴墓が横穴式石室の模倣として横穴系埋葬施設として発生している点を考慮すれば、墳丘を有するのは当然のことである。しかしながら、横穴墓に伴う墳丘は優勢な被葬者を限定する施設として、多くの横穴墓には伴わなくなる。六世紀後半代の山陰中央部における様相は、墳形・規模により秩序を明確に明示している[1]。

墳丘横穴墓は近年広く東国各地にまで認められるようになってきたが、その性格は九州・山陰の例とは異なり、地域の支配体制との関連性は稀薄である。むしろ墳丘を伴う特異な墓制として各地に受容され変質して消失している。

初現以降約一〇〇年を経過して、崖面に墓室を掘削する特異な構造の埋葬施設である横穴墓は、東北地方まで造営されるようになる。これを後期古墳の一般的な埋葬施設である横穴式石室と比較すると、石室がほぼ古墳の造営されたすべての地域に展開しているのに対して、横穴墓は分布が極端に偏っている。横穴墓を造営する土質に関連するところもあろうが、実際には凝灰岩・砂岩のほかに礫を混じえた粘土層あるいは南関東地方に顕著なローム層などの硬質の土層を掘削して造営されており、土質の点とは別の要素に基づくところが大きいようである。

すなわち、後期に顕在化する古墳造営階級の飛躍的な拡大に起因して群集性を特徴とする墳墓が造営されてくるが、地域による対応が異なったものと考えられ、横穴式石室を内蔵する高塚古墳を主体的に造営した地域と、横穴墓をもって充当した地域の差異であり、両者の混在が認められる地域も多い。

横穴墓は古墳時代の墳墓様式の一つであり、時代の特徴として墳墓に顕著に政治性が明示される点を勘案すれば、新出の墳墓様式である横穴墓がそれぞれの地域内の要因のみで受け入れられたものではないであろう。

横穴墓は北部九州に発現した後、中九州にあっては六世紀の初頭、本州では西に早く周防の地では六世紀の前半代に造営が始まり、畿内では六世紀の前半のうち、山陰地方では六世紀の中頃に出現している。しかしながら東海地方にあっては、横穴式石室の伝播に類する様相にて、北部九州との関連できわめて早く六世紀の初頭に出現し、以後畿内横穴墓からの影響を受けて発展している。

横穴墓は北陸地方以東、東北地方は陸前地方まで認められるが、新資料の増加によりいずれの地方にあっても六世紀の後半の早い時期に出現しているようである。この間の南九州・山陽・四国・中部山岳地方には認められず、北陸では越中西部までで以東には及ばず、東北も北部には認められない。

横穴墓制の各地への展開は、初現期に特徴的な構造の横穴墓を起源として、地域に特徴的な構造を具現している。すなわち横穴墓発生の地である北部九州にあっては、規範となった竪穴系横口式石室の構造をうけ、入り口部である羨道が遺体を埋葬する玄室に向かって下る特徴的な構造に始まるものの、横口式家形石棺の要素を導入して家形構造の横穴墓も現出し、以後各地で長く築造されている。また特徴的な内部に下降する入り口部構造は、横穴式石室と同じく六世紀に入ると解消されて水平化し以後の基本形となっている。[2]

地域に特徴的な横穴墓型式は、それぞれの地域に展開した横穴式石室の構造を模倣して定型化している。早く五世紀代のうちに、北部九州にあっては肥後地方に展開した、埋葬施設を奥および左右に三区画造成する肥後型石室[3]の形成をうける例も確認されるが、六世紀の肥後地方には主体的に展開して、東北地方北部にまで波及している。[4]

六世紀中葉に横穴墓制を受容した出雲地域にあっては、当初九州各地からの系譜の想定される横穴墓型式が見受けられるものの、やがて東部地区にあっては独自の横長平面で家形構造の大型の横穴墓が定型化している。これはまた関東・東北各地に波及して初現期の横穴墓型式の一つとなっている。(5)

この肥後および出雲地域に顕著な横穴式石室と横穴墓の構造的な類似は、同じ構造を共有する地域の墓制の確定と捉えられ、ともに群集する墳墓としては横穴墓が卓越する地域的特徴を共通させている。

東国にあっては、七世紀の横穴墓の展開期に特徴ある型式が定型化しているが、北関東地区にあっては当該地域の首長墓である切石使用の横穴式石室からの影響と考えられる構造を呈する例も認められるが、西の地域とは内容を異にしている。

地域内の首長墓としての横穴式石室の構造と関連する横穴墓構造の展開が認められるのはこの三地域のみであり、他の多くの地域にあっては横穴墓は独自の構造を呈して地域色を顕示させている。北部九州に起源する構造が畿内地方に伝播し、河内地域で定着し奥壁に沿って造り付け石棺を造作して定型化した型式は、東海・関東・東北地方に波及しており、横穴式石室とは異なる伝播経路を想定させる。(6)

二、横穴墓の埋葬様式

横穴墓の各地への展開は、結果として各地に定型化した独自の横穴墓型式を創出しているが、実際の墳墓としての横穴墓の使用法、すなわち埋葬様式も異なる展開をみせている。五世紀後半代の埋葬様式は、基本的には複数回の使用に耐える構造に基づき、単独横穴墓の内部処理に従って追葬を行っている。

しかしながら六世紀に入ると西国各地において、追葬時に先葬者の遺骨を集骨して横穴墓から運び出し、改葬用の小型施設を造作するようになる。これはすなわち横穴墓への埋葬数の増加に伴う新様式の確定と考えることができる。この小型改葬墓を伴う横穴墓の造営は、北関東から東北南部にかけては初現期の横穴墓として認められるところであり、よく系譜関係を明示する資料となっている。(7)

北部九州は遠賀川流域の筑前・豊前地域に展開した横穴墓群にあっては、墓道を複数の横穴墓で共有する特異な群構成を特徴とするが、この様相は多数の小型改葬墓を増設するところであり、中部九州は肥後地方にわずかに波及する一方、中間地帯を飛び越えて東北地方に現出している。小型改葬墓を伴う点と一体となって北部九州との関連性を表示するところである。

改葬墓を伴う横穴墓の造営は、六世紀中頃以降に展開した出雲東部および伯耆西部の山陰中央部にも認めることができる。この地域の埋葬様式の特徴は、小型改葬墓の増設から発展して、通常規模の横穴墓を改葬用に使用する点であり、遺体を第一次に埋葬し骨化を図る横穴墓と組み合わさって複数の横穴墓を同時に使用している。すなわち複数横穴墓同時使用の類型であり、横穴墓への極端な埋葬数の増加に起因して考案された埋葬様式と捉えられる。この様式にあってはまた、須恵器の大甕を破砕してその破片を敷いた「須恵器床」を特異な施設として造作するなど、顕著な地域色を明示している。[8]

この特異な埋葬様式もまた東国に波及している。埋葬様式の実際は、そこに埋葬された人骨の検出があって初めて考慮されるところであり、現在確認できる資料は少ないものの、南関東の武蔵・上総、東北南部に認められており、東国における出雲型の横穴墓の分布を勘案すれば、かなり普遍化した埋葬様式であったものかとも思慮される。すなわち東国にあっては、基本的な三様式が混在して実践されたものと考えられるところであり、横穴墓型式の多様性もまたこの点を反映した結果と理解される。横穴墓の埋葬の実際が確認できるところは、きわめて少ない。従前の横穴墓構造の分析に、新たな視座を開拓するものとしての重要性は高く、今後もっとも期待される研究分野であろう。

横穴墓出土の人骨を対象とした研究は、以上の出土状況の把握に基づく埋葬様式の研究のほかに、特定横穴墓からの出土人骨そのものを形質的に検討する、被葬者相互の親族関係を追及する研究も近年行われている。[9]その成果に基づけば、豊後・上ノ原横穴墓群[10]出土例を対象とした五世紀後半代の横穴墓初現期の様相は、同一の横穴墓に埋葬される被葬者の関係は、夫婦ではなく家長とその子供と想定されるのに対して、六世紀前半代以降の様相は、周防・朝田横穴墓群出土例などをも対象として、単婚家族を基本とするものに変化する点が確認されている。すなわち六世紀代以降の横穴墓は、家族墓として造営された点を従前の想定から、検証したものとしての評価は高いものがある。

三、西国横穴墓の様相

群集墳の盛行を最大の特徴とする後期古墳文化に占める横穴墓の位置づけは、それぞれの地区における横穴式石室を内蔵する高塚群集墳と、在地の首長墓との関連を明確にすることにより把握することができよう。

後期古墳文化に占める横穴墓の様相は、各地において異なる様相を示している。昭和四〇年代の初頭に地域的な特質としての古墳と横穴墓との存在様相が問題とされたことがあったものの[11]、以後この視点にての研究は、個別地域の分析が主体をなしたこともあり、あまり進展してはいない。既往の研究の中で留意すべき論考は、畿内横穴墓を取り扱った花田勝広の分析であろう[12]。ここでは畿内横穴墓の系譜、地域型式の特定、時期的変遷、群構成を明確にし、横穴墓群の類型として次のように四分している。

すなわち内容の明確な著例をして、大型群集墳に隣接して個別の墓域を形成する高井田型、大型群集墳の墓域中に展開する龍王山型、古墳群に隣接して横穴墓群が存在する堀切型、横穴墓群のみで展開する狐谷型である。時期的には高井田型が六世紀代に展開し、他の類型は七世紀代に認められる。

畿内における横穴墓の展開は、大型横穴墓群が特定の地区に集中する特質を有する。河内の生駒山地においては代表的な大型群集墳である約一五〇〇基からなる平尾山古墳群に隣接して高井田横穴墓群約二五〇基が存在し、近接して安福寺横穴墓群約四〇基、玉手山東横穴墓群二七基が認められる。奈良盆地の東側の山地に展開する龍王山古墳群は、横穴式石室内蔵墳約三〇〇基と横穴墓群約三〇〇基からなる。これらの大型横穴墓群は横穴式石室を内蔵する大型高塚群集墳の形成と背景を同じくしている。すなわちこのような大型群集墳の展開はきわめて政治性格の強いものとして把握されており、政権内における特定有力氏族との関連が強調されるところである。

畿内における様相は、大型横穴墓群が特定の大型群集墳に関連して存在する点を最大の特徴とするところであり、一つの類型として設定できよう。畿内の大型群集墳は白石太一郎の論考を基本として考慮されるものであり、有力豪族との擬制的同族関係に基づく大型群集墳の造営と認識されている。大和・龍王山古墳群は近接して存在する初期大王陵としての崇神天皇陵古墳と景行天皇陵古墳を盟主とする柳本古墳群との関連から、六世紀の大王家が初期大王陵を媒介として設定した擬制的同族関係に基づいて自己の支配下に組み込んだ大和各地の中小氏族の共同墓地との理解が呈示されている。[13]また河内・高井田横穴墓群を包括する平尾山古墳群は、特定の職掌を担う集団の墓域として物部氏との関連が想定されている。[14]かかる様相は、畿内地方においてのみ勘案されるところであり、地方にあっては認められない。

一方畿内にあっても、小規模な横穴墓群は存在している。大和盆地周辺部で四地区で八群三四基、山城南部の木津川西岸の大住地区で八群五〇基を数える。これらの様相は、横穴式石室内蔵群集墳に比較すれば、限定された分布と捉えることができる。すなわち畿内における横穴墓の特質としては、大型横穴墓群の存在と限定された分布と認識することができよう。

また、多くの横穴墓群中における限定的な階層性を明示する指標は、各地の横穴墓で異なっており、地域色を表示している。多くの中から何によって特定の横穴墓を限定しているかという点は、横穴墓制の各地への分布とも関連して重要な点である。

畿内においては、河内型に顕著な造り付け石棺の存在が考えられる。高井田横穴墓群における内容明確な八一基に占める造り付け石棺の総数は一六基であり、山城大住地区では組み合わせ石棺を配置する横穴墓も知られるところである。また七世紀代に盛行する大和・龍王山横穴墓群にあっては入り口部に石積施設を造作する例も確認されるところであり、これも階層性を明示する一つの指標と理解することができよう。

横穴墓が明確に地域に特徴的な墳丘を有して展開し、支配階層の一部を構成する様相を明示するのは山陰・出雲東部における横穴墓群である。この地域においては、横穴墓の受容は六世紀の中頃であり、当初は方形および円形の墳丘のみが認められる。しかし横穴墓の造営数の増加に従って、後代に出雲国府および国分寺の建立された中枢地区である意宇平野周縁部では前方後方形と方形の墳丘、東部の安来平野周縁部では前方後円形と円形の墳丘という顕著な差異をもって造営されている。これにあわせて横穴墓型式は、在地の首長墓に採用された切石を使用した横穴式石室である「石棺式石室」[15]を規範とした特殊な型式を定型化させており、石室と横穴墓という差はあるものの在地の首長墓と従属する有力集団の墳墓型式の一致という注目すべき様相を示している。

出雲東部と隣接する伯耆西端部においては墳丘横穴墓はかなり造営されているとはいえ、総体に占める比率は低く限定された被葬者が墳丘横穴墓を支配秩序に従って造営したものと想定される。この様相を確認できるのは現在のところ山陰・出雲東部のみである。まさに古墳秩序を体現する存在としての横穴墓と位置づけることが可能であろう。

当該地域における横穴墓における階層性を明示する指標としては墳丘が顕著であるが、内部に横口式家形石棺を配置する例もより広範に認めることができ[16]、相対的に上位に属する被葬者に関連するものであろう。また出雲東部の安来平野周縁部の横穴墓においては環頭大刀の出土も顕著であり、個別地区の支配者としての地位に関連する遺物と考えられるところである。

横穴墓発生の地である北部九州における様相は、発生の当初より在地の首長墓に従属する様相を想定することができる。五世紀代の横穴墓群として著名な福岡・竹並横穴墓、大分・上ノ原横穴墓群の様相は、群集墳としての墓域中に同時期の横穴墓が複数近接して存在する集団墓的様相を示すものであり、けっして地区の首長墓として存在するものではなく、新出の墳墓造営集団として従属する様相が顕著である。

この様相は横穴墓の基本的な性質として、各地において認められる。竹並・上ノ原横穴墓群ともに墳丘横穴墓の存在を認めることができるが、竹並横穴墓群においては隣接して同時期の石室墳が存在しており、六世紀代以降は優位性を明示する指標として存在している。また上ノ原横穴墓群にあっては横穴墓型式と関連して、出現期より限定された横穴墓にのみ墳丘が伴っており、階層性を明示するものとなっている。

六世紀中頃以降に横穴墓の盛行した遠賀川流域にあっては、有力な横穴墓には墳丘を伴うとともに、入り口部分に石積施設を構築している。整った例では門柱石の上に楣石を横架しており、横穴式石室の入り口部に類似する。[17] 以後顕著な階層性を示す地域的特質として認めることができるが、ここを起源として東国各地へ伝播したものと想定されるところである。また北部九州にあっては、六世紀代に彩色による装飾横穴墓の存在が知られ、これまた限定された存在としての階層性を明示するところである。

六世紀初頭以後横穴墓の盛行した中九州・肥後地方にあっては、出雲東部と同じく在地首長墓として構築された「肥後型石室」を構造的規範とした肥後型横穴墓が広範に展開している。群集墳としては横穴墓が主体となる点も出雲と同様であるが、墳丘に示される地域支配者階層の一部としての存在は知られてはいない。階層性の明示は地域の特質となっている多数の彩色による装飾横穴墓の存在であり、[18] わずかに知られる複室構造の横穴墓である。存在様相としては地区の石室墳に従属するようであるが、後半代には横穴墓のみが顕著に展開し、首長墓との関連が明確ではなくなるようである。[19] この横穴墓のみの顕著な展開は横穴墓のいま一つの特質であり、各地に認められる。

四、東国横穴墓の様相

以上の横穴墓が造営された西国各地の様相を総括すると、

A～大型横穴墓群の存在を最大の特質とし、限定された地区にのみ展開する畿内の様相
B～墳丘横穴墓が在地の支配階層の一部を形成し、多くの横穴墓群が従属する出雲東部の様相
C～在地の首長墓である石室墳に従属する様相
D～横穴墓のみが顕著に展開し、首長墓との関連が明確ではない様相

に区分できる。

これに対して東国各地における様相は、この四類型のうちのC・D様相として捉えることができる。東海地方で横穴墓がもっとも顕著に分布する遠江地区の様相は、必ずしも首長墓との関連が明確ではない様相として理解される。階層性を示すものとしては環頭大刀などの特殊な遺物の存在と、内部の石棺の配置である。このうちとくに顕著な事例は、掛川市・宇洞ヶ谷横穴墓[20]であり、玄室内部の大半を占める大形の造り付け石棺と多数の飾り大刀を特徴としており、当該地区における初現期横穴墓の著例とされる。組み合わせ石棺は、遠江東部の菊川流域に顕著である。[21]横穴墓群中の優位な単位群に累代的に施設されており、[22]よく階層性を明示している。

北陸地方では横穴墓造営の時期はやや遅れるようであり、総体の内容が明確ではない。しかしながら特徴的な構造としては加賀・法皇山横穴墓群[23]に顕著な複室構造が知られている。内容の明確な約七〇基の横穴墓のうち複室構造の横穴墓は三五基であるが、単室構造の横穴墓が構築されるようになる七世紀代では、約二〇基と単室構造の横穴墓よりも数は少なくなる。数基よりなる単位群の中では中核横穴墓が複室構造を採用する点が顕著であり、被葬者の階層性を示す指標と捉えることができよう。また羽咋郡志雄町の子浦川流域の横穴墓群のように首長墓としての石室墳との関連が想定できる地区も認められるものの、[24]多くは横穴墓群のみの展開が顕著である。

関東地方では、地区ごとの特定横穴墓型式の展開が顕著である。しかしながら六世紀代後半には首長墓としての石室墳に従属しての横穴墓群の存在が普遍的であり、七世紀前半以降には横穴墓群のみの造営が目立つようになる。鏡あるいは環頭大刀の出土横穴墓が他の多くの横穴墓から区別され、墓前域の石積施設も限定性の要素として考えることができる。

墓前域の石積施設は東北地方にも認められ、階層性を明示する指標として、これの認められる横穴墓を群中の盟主墓として位置づけることが可能なところであるが、関東地方例とは系統を異にするようである。すなわち東北地方の諸例は、優位な横穴墓に伴う要素として初現期に北部九州地方から導入されたものと考えられるのに対し、関東地方の例は地域内で石室墳との関連で後の展開期に付設されたものと考えられる。

地域内における石室墳との関連にての横穴墓の石積施設の造作という点は、東国に波及した横穴墓の源流の地である北部九州の発生期の様相でもあるが、関東地方以外では中国地方山間部[25]、畿内・龍王山例も同様に理解される。

東北地方にあっては、限定された存在としての彩色をもってする装飾横穴墓の存在が特徴となっている。福島県の泉崎横穴墓、中田横穴墓、羽山横穴墓、宮城県の愛宕山横穴墓、山畑横穴墓群などであり、分布の南限は茨城県北部に及んでおり、それぞれの地区の盟主墓と考えられている。この装飾横穴墓の系譜は明確に九州地方と考えられるところであり、よく横穴墓型式との関連を明示している。しかしながら、特定横穴墓型式と装飾図文との関連は、東北地方特有の存在様相を示しており、受容にあたって独自に変容した点を確認することができる[26]。

これらの装飾横穴墓のうち、福島県の中田横穴墓[27]は地域に稀な複室構造を採っており、出土遺物にも金銅装の馬具・銅鋺などの特殊遺物を含んでいる。東国における複室構造の横穴墓は、北陸・法皇山横穴墓群以外は稀である。関東・東北の地に数例認められる程度であり、これも源流の地としての北部九州地方との関連が想起されるところである。

五、横穴墓の性格

以上、各地における横穴墓の展開を、それぞれの特徴から瞥見した。その示すところは、横穴墓の発生以後各地に横穴墓制が拡散するに従い性格が変質する点であり、とくに六世紀代の群集墳盛行期における様相が顕著に地域色を明示している。

総体として横穴墓は、群集墳として各地に築造されたものであり、横穴式石室を内蔵した高塚群集墳との関連で性格を異にするようである。高塚群集墳の展開が顕著ではない地域にあっては、横穴墓は地域支配階層の一端を担う存在であるが、高塚群集墳が主流をなす地域にあっては、相対的に下位の集団の墳墓と想定される。

表　横穴墓制の展開

	中九州	北九州	山　陰	畿　内	北　陸	東　海	関　東	南東北	北東北
450—									
		C							
		墳　丘							
500—	C	D				横穴墓初現年代			
						墳　丘			
		墳　丘		A					
550—			B						
	装飾横穴墓	装飾横穴墓	D	石　棺		D			
			墳　丘				C	C	D
	複室構造	石積施設	石　棺		C	石　棺	特殊遺物	D	
600—	墳　丘			石積施設	D			装飾横穴墓	装飾横穴墓
	D		特殊遺物	D	複室構造	特殊遺物	D	石積施設	石積施設
							石積施設		
								特殊遺物	
650—						D	C・D	D	D
	横穴墓終末年代								
700—									

A ～大型・特定分布　　B ～支配階層の一部
C ～首長墓に従属　　D ～横穴墓群の展開

横穴墓群はすべてが等質的な存在ではない。集団の盟主としての特定の横穴墓はさまざまな要素により階層性を明示している。特殊な横穴墓構造・特別な遺体埋納施設・特殊な遺物・特異な埋葬儀礼に基づく内部の装飾・横穴式石室に類似する入り口部の石積施設などである。これらが各地の横穴墓に限定されたものとして、それぞれの出現に至る系譜を示しながら認められる。

特殊な墓制に伴う特殊な埋葬様式の存在は、被葬者集団の性格を明示するところであり、横穴墓制を通じての地域間の交流の実際を物語るものである。しかしながら、時期を代表する特殊遺物に顕示されるように、古墳時代にあっては畿内中枢と個別地域との関連を閑却しての地域間の交流は考え難いところである。したがって畿内以西と東国との間における横穴墓に窺知される関連性は、後期古墳あるいは群集墳の存在様相(28)として認識される、前方後円墳体制から方墳体制に転換する時代相(29)を反映した古墳時代支配体制の一端を示すものとして理解されるところである。

註

(1) 池上悟「日本の墳丘横穴墓」『立正大学文学部論叢』第一〇九号　平成一一年
(2) 村上久和「九州周辺の横穴墓」『おおいた考古』第四集　平成三年
(3) 柳沢一男「肥後型石室考」『古文化論考』　昭和五五年
(4) 乙益重隆「装飾古墳系横穴の伝播」『考古学叢考』中巻　昭和六三年
(5) 池上悟「山陰地方における横穴墓の受容と展開」『立正考古』第三七号　平成一〇年
(6) 花田勝広「畿内横穴墓の特質」『古文化談叢』第二二集　平成二年
(7) 池上悟「東北横穴墓の埋葬様式」『立正考古』第三二号　平成五年
(8) 池上悟「山陰横穴墓の埋葬様式」『多知波奈考古』第四号　平成一〇年
(9) 田中良之『古墳時代親族構造の研究』　柏書房　平成七年
(10) 大分県教育委員会『上ノ原横穴墓群』　平成三年
(11) 佐藤興治「古墳時代後期における横穴墓の様相」『駿台史学』第一六号　昭和四〇年
(12) (6)に同じ

(13) 白石太一郎「大型古墳と群集墳」『考古学論攷』第二冊　奈良県立橿原考古学研究所　昭和四八年
(14) 花田勝広「倭政権と鍛冶工房」『考古学研究』第三六巻第三号　平成二年
(15) 出雲考古学研究会『石棺式石室の研究』昭和六二年
(16) 第二三回山陰考古学研究集会『古墳時代後期の棺』平成七年
(17) 長谷川清之「遠賀川流域の横穴墓」『古文化論集』平成三年
(18) 熊本県教育委員会『熊本県装飾古墳総合調査報告書』昭和五八年
(19) 松本健郎「中九州の横穴墓」『森貞次郎博士古稀記念古文化論集』昭和五七年
(20) 静岡県教育委員会『掛川市宇洞ヶ谷横穴墳発掘調査報告』昭和四六年
(21) 静岡県教育委員会『遠江の横穴群』昭和五八年
(22) 明星大学考古学研究部『大淵ヶ谷・篠ヶ谷・西宮浦』昭和五八年
(23) 加賀市教育委員会『加賀市法皇山横穴古墳群』昭和四六年
(24) 吉岡康暢「子浦川流域の古墳文化」『石川県志雄町史』昭和四九年
(25) 大谷晃二「山陽地方の横穴墓の諸問題」『古代吉備』第一四集　平成四年
(26) 池上悟「東国横穴墓の型式と伝播」『おおいた考古』第四集　平成三年
(27) いわき市教育委員会『中田装飾横穴』昭和四六年
(28) 広瀬和雄「群集墳論序説」『古代研究』第一五号　昭和五三年
(29) 白石太一郎「畿内における古墳の終末」『国立歴史民俗博物館研究報告』第一集　昭和五七年

あとがき

古墳時代後期に群集性を明示して展開した横穴墓についての研究は、現在必ずしも盛んではない。古墳発生以来の主流をなす高塚古墳研究の隆盛に比すれば、おのずと明白である。この理由の一つとしてその分布の偏在性があり、古くから指摘のある出土遺物の貧弱な点が考慮されるところである。

しかしながら、わが国考古学の揺籃期である明治期初頭には、学界を主導した坪井正五郎による著名な北武蔵の吉見百穴横穴墓群の調査を契機として横穴の性格についての論争が行われ、さらには出現に至る系譜、編年、地域的特徴の把握など、明治期には主要な考古学の研究対象として考慮されたようである。

その後昭和三〇年代にはようやく盛んになってきた後期群集墳の研究の一環として、関東・山陰地方で研究が進展し以後の基本的研究姿勢が確立した。次いで昭和五〇年前後からの大規模調査の成果に基づく研究の深化であるが、総じて一過性の傾向が顕著であり、長く定着しての研究の進展は認められない状況にある。

昭和四〇年代以降に東国各地で横穴墓の調査を行い、手掛けた横穴墓は一〇〇基を越えた。当時の大規模調査の一環としての調査であるが、後発の研究対象としては本格的な高塚古墳は望むべくもなかった。

昭和五五年に坂詰秀一先生の慫慂により、『横穴墓』という小著を「考古学ライブラリー」の一冊として纏める機会があった。当時明確になってきた横穴墓の初現期の様相を含め、全国的に展開する様相を纏めたものである。横穴墓を研究対象とした出版物がそれまで認められなかった点を鑑みれば、いかに横穴墓研究が劣勢であったかが明らかであろう。また従前さまざまに唱えられてきた名称も、この頃から横穴墓に定まってきた。

その後の一〇年間は、東国各地において後期古墳時代に横穴墓と共存する横穴式石室を研究対象として採り上げて横穴墓との関連性を追及し、平成三年に『東国の横穴式石室と横穴墓』(甎全舎)として一書に纏めることができた。

本書に纏めた論文は、平成三年以降の最近の一〇年間に執筆した横穴墓に関する論文一五本の中から対象地方と内容を考慮して選び、足らざる部分を補った。

第一章とした「横穴墓研究の現状」は、平成六年の『立正大学文学部論叢』第一〇〇号に載せたものであり、英国在外研修中に執筆したものを、その後の調査の成果をうけて一部書き改めた。

第二章一の「東国横穴墓の型式と伝播」は、初現期横穴墓として著名な大分県・上ノ原横穴墓群の発掘調査の成果をうけ、平成二年に大分県考古学会が企画した日本の横穴墓の検討会での発表をもとに平成三年の『おおいた考古』第四集に纏めたものである。東国各地に地域色を保持して展開する横穴墓が、九州・山陰・畿内などの西国から流入した多様な要素の集合として定型した点を明確にしたものであり、以後の研究の先駆をなすものである。

第二章二の「東北横穴墓型式の成立と展開」は、平成一〇年の『立正大学文学部研究紀要』第一四号に載せたものであり、西国各地からのさまざまな要素を集合して成り立つ東北横穴墓の型式定型の系譜問題を取り扱った。

第二章三の「東海横穴墓の受容と展開」は、三重県に稀な横穴墓の調査の実見と掛川市域における新資料の確認を契機に、大幅に遡及した東海地方の横穴墓の初現問題とその後の展開を纏めたものであり、平成一二年に立正大学考古学会の『考古学論究』第七号に載せたものである。

第二章四の「山陰横穴墓の受容と展開」は、近年の大規模調査により内容を一新した出雲東部地域と伯耆西部地域の様相を、九州から伝播した型式と地域内で定型した型式を考慮して纏めたものであり、立正大学考古学研究会の『立正考古』第三七号に載せたものである。

第三章一の「東北横穴墓の埋葬様式」は、東北各地の横穴墓から確認された人骨の出土状況を検討して第一次埋葬と改葬墓の関連を考慮し、平成五年の『立正考古』第三二号に載せたものである。

第三章二の「山陰横穴墓の埋葬様式」は、出雲および伯耆地域の横穴墓から確認された人骨の出土状況を検討して、横穴墓の第一次埋葬と改葬という個別横穴墓の機能の差異をも検討したものであり、平成一〇年の橘考古学会の『多知波奈考古』第四号に載せたものである。

第三章三の「九州横穴墓の一様相」は、近年の調査にかかる北部九州における横穴墓群を検討し、とくに横穴墓群中の数基からなる纏まり、単位群の様相を検討したものであり、新たに執筆したものである。

第三章四の「日本の墳丘横穴墓」は、最近明確になりつつある東国における墳丘を伴う初現期横穴墓の系譜問題の追及を眼目に検討したものであり、平成一一年の『立正大学文学部論叢』第一〇九号に載せたものである。

第四章の「横穴墓制の展開」は、古墳時代後期に地域色を顕示して展開する各地の横穴墓の様相を通覧したものであり、新たに執筆したものである。

以上に記したように、既往の論文はもっぱら立正大学関係の雑誌類に発表したものであり、必ずしも広く読まれてきたものとはいい難いところである。本書の出版を機会として、研究の成果が横穴墓研究にいささかでも寄与するところがあれば幸甚である。

本書をなすにあたっては、坂詰秀一先生に適切なご教授と多大なご援助を賜った。三〇年に及ぶ学恩に深謝するところである。また雄山閣出版の宮島了誠氏には編集にあたって懇切なるお世話をいただいた。『横穴墓』以来二〇年に及ぶご高誼に感謝したい。

さらに全国各地で行われた横穴墓の調査時に見学の機会を与えていただいた大分県・島根県・三重県・富山県・神奈川県・東京都・千葉県・福島県などの多数の埋蔵文化財調査関係者にもあわせて感謝申し上げたい。

なお本書の出版にあたっては、立正大学石橋湛山記念基金からの出版助成を受けた。助成にあたりご尽力を賜った坂詰学長および手川文学部長をはじめとする関係者に感謝申し上げたい。

二〇〇〇年四月二〇日

日本《にほん》の横穴墓《よこあなぼ》

●考古学選書●

ISBN4-639-00055-3〈全〉

■著者紹介■

池上　悟（いけがみ　さとる）

1950年　鳥取県に生まれる
1977年　立正大学大学院修士課程修了
現　職　立正大学文学部助教授
主論文　「横穴墓の被葬者と性格論」（『論争・学説日本の考古学』第5巻）、「伯耆赤碕塔考」（『立正史学』第66号）、「南武蔵における古墳終末期の様相」（『国立歴史民俗博物館研究報告』第44集）、「古墳出土の琥珀玉」（『立正大学文学部論叢』第97号）

検印省略

Printed in Japan

2000年5月5日　初版発行

著　者　池《いけ》　上《がみ》　悟《さとる》
発行者　長　坂　慶　子

印　刷　新日本印刷株式会社
製　本　協栄製本株式会社

発行所　**雄　山　閣　出　版**

〒102-0071　東京都千代田区富士見2-6-9
振替00130-5-1685・電話03(3262)3231

ISBN4-639-01668-9 C3321